Dschingis Khan

Franklin Mackenzie

Dschingis Khan

Der Fürst, der aus der Wüste
kam, das größte Reich
der Welt gründete und
zum Schrecken des
Abendlandes wurde

Magnus Verlag

Lizenzausgabe mit freundlicher Genehmigung
des Scherz Verlages Bern/München
Gesamtherstellung: SMS
Printed in Germany
ISBN: 3-88400-003-9

Inhalt

Vorwort

Eine der schicksalhaften Gestalten der Weltgeschichte ist Dschingis Khan, dessen Reich größer war als das jedes anderen Herrschers vor ihm oder nach ihm.

Mein Interesse für den größten Eroberer aller Zeiten erwachte im Jahre 1932. Ich gehörte damals als Freiwilliger dem Internationalen Korps in Shanghai an und hatte die Aufgabe, die 19. Heerstraße in Kanton zu überwachen, wo ich mich, ohne schwere Waffen, zerlumpt und einsam, dem vollen Ansturm der Kaiserlich Japanischen Streitmacht gegenübersah. Später, in Kalgan, am Rande der Mongolischen Hochebene im Schatten der Großen Mauer, beobachtete ich mongolische Reiter, die, wie einst ihre siegreichen Vorfahren, über die weite Steppe Nordasiens dahinjagten.

Während der beiden Jahre, die ich in China verbrachte, hatte ich Gelegenheit, viel von dem riesigen Land zu sehen. Ich erinnere mich an einen Abend im ehemaligen Mandschu-Viertel von Peking, als wir hinter den rosenroten Mauern der Verbotenen Stadt (die übrigens zur Zeit der mongolischen Besetzung noch weiß glänzten) einen berühmten Kriegsherrn unserer Tage, den neuernannten Marschall der Mandschurei, Chang Hsueh-liang, erblickten, der an einem stillen Lotusteich saß und ernst an seinem Jasmintee nippte. Später, auf dem Flußdampfer über den gelben Wellen des Yangtsekiang erfuhren wir, derselbe junge Marschall habe in Siang, der einst von Dschingis Khans Heer erstürmten und geplünderten Hauptstadt Chinas, Tschiang Kai-scheck gefangengenommen.

Die Spur der Mongolen zieht sich durch ganz China. Die große Provinz Yünnan – zu Lebzeiten Dschingis Khans noch ein eigenständiges Königreich – wurde unter den Mongolen erstmals dem chinesischen Reich angeschlossen. Burma, Tibet und Vietnam waren Satellitenstaaten des mongolischen Weltreichs. Formosa stand unter mongolischem Einfluß, Okinawa diente ihnen als Stützpunkt gegen Japan. Und kein Geringerer als Mao Tse-tung hat ein chinesisches Gedicht über Dschingis Khan geschrieben.

Bevor ich China endgültig verließ, besuchte ich Mukden, die prächtige alte Mandschu-Hauptstadt, und folgte von dort aus den Fuß-, oder besser gesagt Hufspuren von Dschingis Khans Generälen. Ich überquerte den Jalu von Norden her und reiste durch Korea, um mich nach Japan einzuschiffen. Dieselbe Route hatte das mongolische Heer beim Feldzug gegen das Inselreich zurückgelegt, wo der mongolische Einfluß noch immer festzustellen ist an so unterschiedlichen Dingen wie *sukiyaki* (geschnetzeltes Rindfleisch) und der Erinnerung an den *Kamikaze,* den fürchterlichen Taifun, der die riesige Flotte des Kubilai Khan, des Enkels von Dschingis Khan, vernichtete.

Eigenartigerweise erzählt eine alte japanische Legende, Dschingis Khan sei mit den Shogunen verwandt, der Familie der kaiserlichen Feldherren, die in Kamakura nahe dem heutigen Tokio lebten. Obwohl es sich lediglich um eine Legende handelt, sieht man doch, welche Ereignisse der Geschichte das Volk wirklich interessieren.

Ein halbes Jahr lebte ich dann in Indien, das der Khan ebenfalls unterworfen hatte. Man kann verstehen, daß Nehru sich in seinen historischen Werken fasziniert über die Mongolen äußert.

Ich besuchte Darjeeling und Kalimpong in den Hochtälern des Himalaya-Gebirges. Zu Lande reiste ich von Peshawar nach Bagdad, jenen einst mongolischen Satrapien, zwischen denen jeder Fußbreit Boden dem Nomadenvolk gehörte.

Ich zog im Iran umher, der von den Generälen Dschingis Khans überrannt und von seinem Enkel Kubilai Khan regiert wurde, der den gesamten Mittleren Osten beherrschte.

Danach hatte ich das große Glück, das weit weniger zugängliche Afghanistan kennenzulernen, und konnte feststellen, daß hier die Erinnerung an Dschingis Khan noch besonders lebendig ist.

Inmitten der afghanischen Bevölkerung habe ich drei Jahre gelebt, zwei davon in Diensten des afghanischen Königs. Ich habe viele Reisen gemacht, oft über weglose Gebiete zu Fuß oder zu Pferde. Da meine Liebe für dieses Land bekannt war, händigte mir das Außenministerium sehr zuvorkommend ein amtliches Schreiben aus, das an die Provinzgouverneure adressiert war und eine Art Ehrenpaß darstellte. Unter anderem bin ich die Mittelgebirgsroute zwischen Herat und Kabul geritten, eine Strecke von achthundertfünfzig Kilometern durch eine Landschaft, die ehemals von Mongolenstämmen bevölkert war. Ich habe auch den weiteren Weg über Maimana im afghanischen Turkestan genommen durch Gegenden, wo, soweit mir bekannt ist, noch kein Europäer seinen Fuß hingesetzt hat. Immer folgte ich dabei den Spuren Dschingis Khans.

Der Ritt über die Hochländer beschert dem Reisenden viele unvergeßliche Eindrücke und Erfahrungen. Wenn das Wetter sehr heiß war, ritten wir nachts

»Bis überm aufglühenden Himmelsrand
Die Morgensterne von Osten her ziehn,
Und nach Westen hin die Gestirne der Nacht
Gleich einem geschlagenen Heer entfliehn.«

Dank der Hilfe meiner Freunde gelangte ich über die Hochländer bis hinauf zum Hindukusch (dem »Hindutöter«), eine auch Dschingis Khan wohlvertraute Gegend, wo der eisige Windhauch der Gletscher und ewigen Eisfelder weht, die bis Nuristan im Himalaya, dem vormaligen Kafirstan, hinüberreichen. Hierher gelangt man nur per pedes, nicht einmal Maulesel, geschweige denn Pferde schaffen den Weg über die steilen Pässe. Den Fuß der Berge bedeckt dichter Wald, und aus den jähen Schluchten brechen reißende Gebirgsbäche, die zum Indus und ins Arabische Meer fließen.

Hier lebt ein blondes, blauäugiges Volk, das geradewegs von

einem skandinavischen Fjord kommen könnte. Ich sah ein Mädchen mit strahlend blauen Augen, rosigen Wangen und goldblondem Haar, das von einem Stirnreif gehalten wurde; es mutete an wie eine Prinzessin aus einem altnordischen Feenmärchen.

Am Westrand des Hindukusch ritt ich in Gesellschaft von Tataren, deren Ahnen einst dem schwarzweißen Banner Dschingis Khans folgten, an einem vereinzelt aus der Ebene aufragenden Berg vorüber; Berg und Ebene trugen den Namen des großen Eroberers. Zwischen diesen Gebirgshängen, die im Frühling über und über mit wilden Blumen bedeckt sind, in der köstlichen, nach Schnee riechenden kühlen Luft erholte sich der Khan mit seinen Leuten und Pferden von der lähmenden Hitze des indischen Feldzugs. An dieser Stelle empfing er den berühmten chinesischen Weisen, der mit einer Schar chinesischer Schöner eiligst aus Peking hergereist war, um dem Khan die Langeweile zu vertreiben.

In den heißen Tälern der wasserarmen, sanddurchfegten *chul*, wie die Wüste Gobi in Dschingis Khans Tagen hieß, begegnete ich Völkerstämmen, die einen altertümlichen persischen Dialekt, vermischt mit altmongolischen Wörtern, sprachen.

Durch die Provinz Badachstan, ehemals ein unabhängiges Land, windet sich die Straße nach Tibet über den Hohen Pamir – das »Dach der Welt« –, den Marco Polo überquerte, bevor er in die Dienste Kubilai Khans trat. In den Bazars von Badachstan wurden ebensolche Troddeln aus seidigem weißen Yakhaar zum Kauf angeboten, wie sie einst an der Standarte des Khans gehangen hatten.

Hier werden noch heute Legenden über den Khan erzählt, dessen Andenken lebendig geblieben ist. Hier habe ich Silbermünzen mit seinem Namen erworben, und in einem Buchladen in Kabul erstand ich eine kolorierte persische Handschrift, die eine berühmte Erzählung aus dem 13. Jahrhundert enthielt, die *Ta'rikh-i-Djahan-kuchai,* die »Geschichte des Eroberers der Welt«.

In der Nähe des mächtigen Oxus, der heute Amu-darja

heißt und über viele Hunderte von Kilometern die Grenze zwischen Rußland und Afghanistan bildet, liegt im afghanischen Turkestan das berühmte Balch, eine der prächtigsten Städte der Welt, ehe Dschingis Khan sie im Jahre 1222 zerstörte. Noch heute sind die Ausmaße der Ruinenfelder eindrucksvoll, sie erstrecken sich über vierzig Kilometer! Doch von der einstigen Herrlichkeit der Stadt Balch zeugen nur noch kümmerliche Überreste.

»Sieh, hier in der zerfallenen Karawanserei,
Wo Nacht und Tag wie Sand durch die Portale wehen,
Hat mancher Sultan einst mit Fürstenprunk
Die Stunde des Geschicks erlebt, um dann zu gehen.«

Ich will nur kurz erwähnen, daß ich auch Wien besucht habe, wo sich die beiden mongolischen Armeen vereinten, die eine von Norden her, aus Ostpreußen kommend, die andere über Ungarn vordringend, ehe sie gemeinsam zur Adriaküste des heutigen Jugoslawien und Albanien umschwenkten.

Auf einem so riesigen und komplizierten Feld wie dem der mongolischen Geschichte muß der Nichtfachmann praktisch überall mit Fußangeln und Fallstricken rechnen, trotzdem hoffe ich, dem Leser ein deutliches und lebendiges Bild des großen Khans vor Augen zu führen, doppelt gesichert dadurch, daß ich die historischen Stätten aus eigener Anschauung kenne und die Originalquellen eingehend studiert habe.

Franklin Mackenzie

Erster Teil

Temudschin wird Dschingis Khan
1155-1206

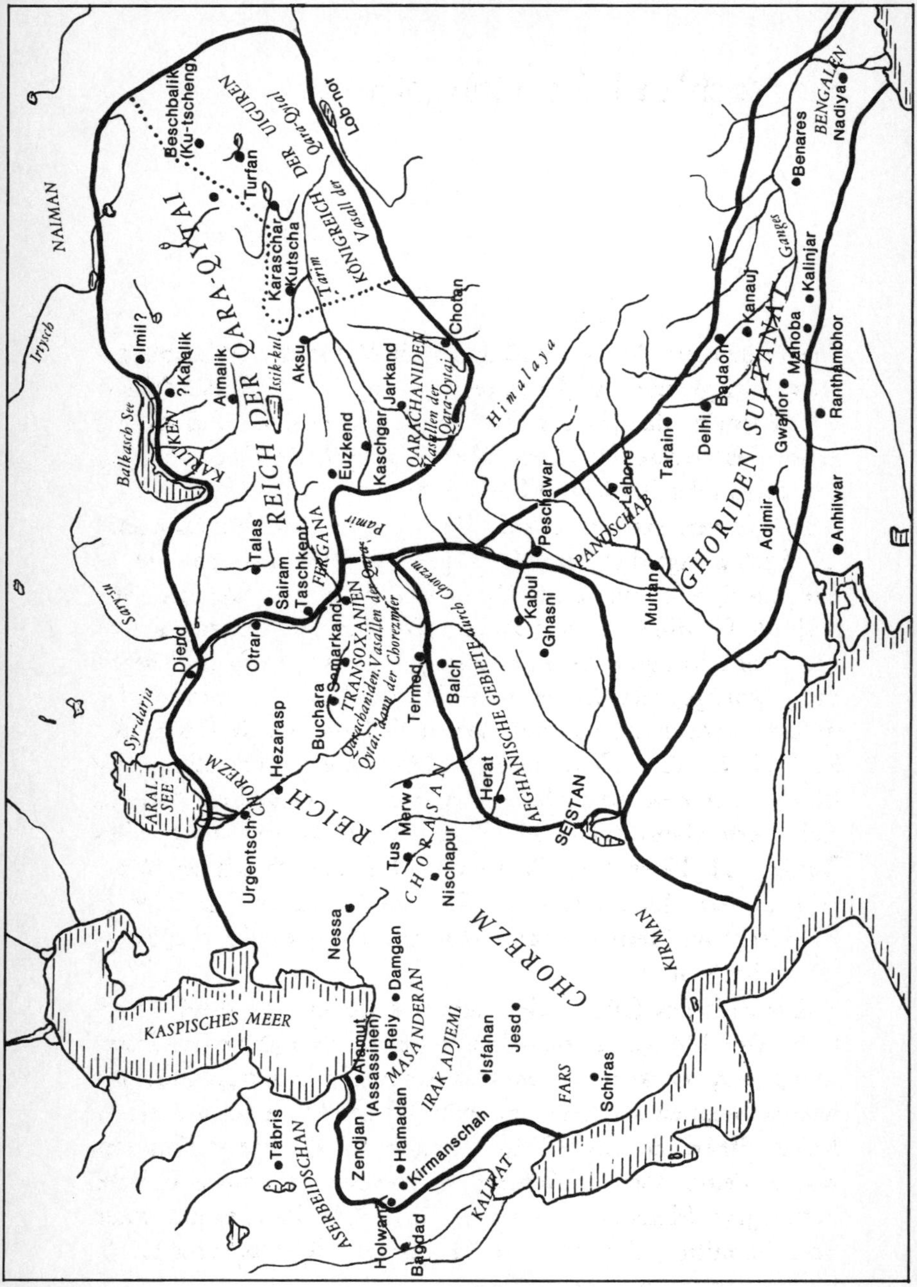

Die Reiche von Chorezm und Qara-Qytai zu Anfang des 13. Jh.

Im Hochland der Mongolei

Die Mongolei: Das sind zweieinhalb Millionen Quadratkilometer Bergweide und Hochsteppe, Wagen und Zelte, Pferde und Kamele, dazwischen Eis- und Sandwüsten, und in der Mitte das riesige »trockene Meer« der Wüste Gobi, das die Innere von der Äußeren Mongolei trennt.

Im Norden erstrecken sich die düsteren Einöden Sibiriens, im Westen ragt das Altai-Gebirge mit seinen Tannenwäldern und Eisgipfeln auf, nach Osten hin steigt das Gelände allmählich, bis die Grassteppen und Wälder der Mandschurei in das Große Khingan-Gebirge übergehen, und im Süden riegelt die gewaltige, mit Zinnen und Türmen bewehrte Große Chinesische Mauer, bereits bei Christi Geburt ein alter Bau, die Landschaft ab. Gleich einem Schuppendrachen steigt die Mauer aus den strudelnden Wassern des Gelben Meeres, zieht sich dann zweieinhalbtausend Kilometer lang über Berge und Täler hin bis an die Grenzhänge Tibets. Nach Ansicht der Astronomen ist die Große Mauer das einzige Bauwerk von Menschenhand, das vom Mars aus für das Auge erkennbar wäre.

Zur Zeit des frühen Christentums wurde das Gebiet noch nicht von Mongolen bewohnt, auch im benachbarten Hsinkiang und Turkestan siedelten keine Turkvölker. Über die weiten Steppen streiften indoeuropäische Stämme, die ersten Reitervölker, die das Wildpferd in seiner Urheimat zähmten, wo es heute noch freilebend vorkommt. Es waren blonde, blauäugige Menschen, deren Dialekte zur indogermanischen Sprachfamilie gehörten; das Sanskrit ist die älteste uns bekannte Sprache aus dieser Familie.

An den Nordhängen des Tienschan, des »Himmlischen Gebirges«, schlugen sie ihre Zelte auf und weideten die Herden in den Flußtälern. Sie bevölkerten ganz Ostturkestan und einen Teil der Provinz Kansu. Ihre Lebensform war hochorganisiert. Allerdings betrieben sie keinen Ackerbau, sie verstanden sich vielmehr darauf, große Menschenmassen zu lenken und Nachschubprobleme zu lösen. Als hervorragende Bogenschützen wurden sie berühmt für jene Taktik der Blitzüberfälle und vorgetäuschten Rückzüge, die unter dem Namen »Parthische Pfeilsalven« in die Geschichte eingegangen sind. Im Stil der nördlichen Nomadenvölker schufen sie Kunstwerke von außerordentlicher Schönheit und Lebendigkeit, die die Tiere der Steppe und des Waldes darstellten. Sie teilten die Zeit in jeweils zwölf Jahre umfassende Zyklen ein, in denen nach festgelegter Reihenfolge jedes Jahr im Zeichen eines bestimmten Tieres stand – Tiger, Widder, Eber usw. Dieser Kalender wurde später von den Mongolen übernommen.

Wie weit die helläugigen Völker ins Innere der Mongolei vorgedrungen sind, läßt sich heute schwer sagen. Man hat im Jenisseibecken, an der Schwelle zur Mongolei, menschliche Skelette aus vorchristlichen Zeiten gefunden. An einigen der länglichen Schädel mit meist schmalen Nasenlöchern war noch die Haut erhalten und »kastanienfarbiges, zu Zöpfen geflochtenes Haar«, also eine Haartracht und -farbe, wie sie uns von Dschingis Khan überliefert ist. Ein paar mumifizierte Leichen hatten Gesichtsmasken aus Gips, in denen »gelegentlich blonde Haare eingeschlossen waren«.

Bei Noin-Ula in der Äußeren Mongolei öffneten die Russen Gräber, die aus den ersten nachchristlichen Jahrhunderten stammten und vermutlich Hunnenführern als letzte Ruhestätte dienten. Sie bildeten eine Art natürlichen Kühlschrank, aus dem erst das Eiswasser gepumpt werden mußte, bevor man die darin liegenden Gegenstände bergen konnte: So vergängliche Stoffe wie Filz und Pelze waren wunderbar erhalten geblieben. Man fand chinesische Jade, Lackarbeiten und Seidenstoffe, manche davon mit Mustern iranischer Herkunft. Außerdem gab es Stoffe mit griechischen Motiven, die nur aus Südeuropa stammen konnten.

Erst in jüngerer Zeit wurden im Altai ebenfalls zweitausend Jahre alte Gräber entdeckt, zum Beispiel die Leichen eines Paares, das man aus dem Eisblock, in den es eingefroren war, »heraustauen« mußte. Die Frau hatte europäische, der Mann mongolische Gesichtszüge. Neben ihnen lagen frisch gebliebene Lebensmittel und eine Räucherpfanne für Haschisch.

Die Hunnen, die im zweiten nachchristlichen Jahrhundert in der Steppe herrschten, waren überhaupt stark von den Indoeuropäern beeinflußt. Einer alten Überlieferung nach soll einer der fünf Hunnenstämme blond gewesen sein.

Die Hunnen waren Türken, obwohl diese Bezeichnung damals noch nicht üblich war. Ihre Sprache gehörte zu der Gruppe, die nach dem Ort ihrer Entstehung das »Altaische« genannt wird, und zu der man auch das Mongolische zählt.

In der Folgezeit teilten sich die Hunnen in zwei Unterstämme, die dem Kaiserreich China ein ständiger Dorn in der Flanke waren. Bald wurde die Mongolei für beide zu eng, die Westhunnen wanderten gen Sonnenuntergang, siedelten jahrhundertelang in Westsibirien und fielen dann mordend und sengend in Europa ein. Ihr Heerführer war Attila, dessen Reich sich vom Ural bis zum Rhein erstreckte.

Unterdessen waren die in der Mongolei gebliebenen Osthunnen keineswegs tatenlos. Sie überrannten die eigens gegen sie gebaute Große Mauer und trugen ihre Schreckensherrschaft bis weit in den Süden Chinas.

Den kultivierten Chinesen wie auch den zivilisierten Römern mußten die Hunnen als abscheuliche Barbaren erscheinen. Die Hunnen wiederum verachteten Römer wie Chinesen als verweichlichte Nationen, die sich in Städten und Dörfern eng zusammendrängten und ihr Leben mit eintönigem Handwerk fristeten.

Ein chinesischer Gesandter besuchte einst ein hunnisches Fürstenlager. Er war in elegante seidene Gewänder gehüllt und trug auf dem Kopf einen hohen, glitzernden Hut, der einer Mitra ähnelte. Als der kaiserliche Gesandte über die schlechten Manieren der Hunnen spöttelte, gab ein hunnischer Würdenträger freimütig seine Meinung kund:

»Für uns Hunnen ist der Krieg ein Handwerk. Wir geben nicht viel auf Zeremonien und höfische Etikette. Wir essen das Fleisch der Rinder und Schafe und trinken ihre Milch, wir kleiden uns in Felle und Filzdecken. Den Jahreszeiten entsprechend treiben wir die Herden aus. Wir üben uns höchstens im Bogenschießen für den Krieg, aber sonst sind wir in Friedenszeiten faul und glücklich. Unsere Art zu Regieren ist direkt, Fürst und Untergebener stehen sich von Mann zu Mann, ohne Zwischenträger gegenüber.

Ihr dort drüben in China hingegen vergeudet eure Kraft mit dem Bauen von Palästen und dem Streben nach Luxus. Damit sie Nahrung und Kleidung haben, müssen eure Leute das Land bestellen und Maulbeerbäume anpflanzen. Um eure Habe zu schützen, baut ihr weitere Häuser und Dörfer. Deswegen ist euer Volk im Notfall nicht für den Krieg gerüstet, weil ihr es im Frieden mit unnützer Plackerei erschöpft habt. Und das wegen ein paar Backstein- oder Holzbauten. Schau dich selber an! Da schnatterst du vor Kälte in deinem Seidenfetzen! Und was soll der alberne Hut auf deinem Scheitel?«

Ähnliches bekamen die römischen Gesandten in Attilas Heerlager an der Donau zu hören. Eigentlich kein Wunder, daß sowohl Rom als auch China diesen Angreifern unterlagen.

Im Fernen Osten wurde der Name »Hunnen« allmählich verdrängt und durch »Türken« ersetzt, ein Wort, das soviel wie »männlich« oder »stark« bedeutet. Die Chinesen haben die Türken stets als die Nachkommen der Hunnen betrachtet. Nur der Name verschwand, das Volk, das ihn getragen hatte, lebte weiter.

Im 3. Jahrhundert n. Chr. rücken die Horden aus der Mongolei in China ein, wo sie mehrere kleine Königreiche gründen. Ein paar der eingedrungenen Stämme sind die Vorfahren der Mandschus, andere die Ahnherren der späteren Mongolenherrscher. Von einem ihrer größten Könige wird berichtet, er habe einen blonden Haarschopf getragen. Noch immer sind die Türken in der Überzahl, man trifft sie in der ganzen Mongolei an, während die eigentlichen Mongolen noch irgendwo in den Wäldern des Nordens und Ostens hausen. Erst im folgenden Jahrhundert werden sie Bedeutung erlangen.

Das erste Mongolenreich wurde von den Awaren gegründet, ihrer Herkunft und Sprache nach ein mongolisches Volk, wenn auch der Name »Mongolen« erst viel später aufkommen sollte. Die Awaren trugen bereits die für die Mongolen charakteristische Haartracht: Sie schoren sich den Scheitel kahl und ließen lediglich eine in die Stirn fallende Strähne und zwei Strähnen an den Schläfen stehen, die hinter den Ohren zu Zöpfen geflochten wurden. Diese typische Frisur wurde weder von Türken noch von Hunnen je getragen.

Ab 400 n. Chr. herrschten die Awaren anderthalb Jahrhunderte lang über die Hochsteppen des vormaligen Hunnenreiches, bis die im Altai-Gebirge ansässigen Türken, ihre langjährigen Vasallen, sich mit Erfolg gegen ihre awarischen Lehnsherren erhoben und ein türkisches Reich gründeten, dessen Westgrenze bis zum Iran reichte, während seine Haupstadt am Orchon, einem Fluß im Norden der Äußeren Mongolei, lag.

Einige Awarenstämme, von den Türken aus der Mongolei verdrängt, schlugen sich westlich bis nach Europa durch, wo sie zur Zeit Karls des Großen viel von sich reden machten.

Andere Stämme ließen sich am Kuku-nor nieder, der lieblichen Seenlandschaft Tibets mit hohen blauen Bergen und Flüssen, die Goldsand führten. Über dreihundert Jahre lang blieben sie in der Gegend, bis sie im Jahre 663 von den Tibetern vertrieben wurden, die hier zum ersten und einzigen Mal in der Geschichte Asiens als Eroberer auftraten.

Zu den Mongolen rechnet man ferner die mit den Awaren verwandten Weißen Hunnen – auch »Hephtalitische Hunnen« genannt –, die um das Jahr 500 Afghanistan und den Iran durchstreiften und mit verheerenden Raubzügen Nordindien heimsuchten. Trotz ihres Namens waren diese wilden Steppensöhne keine Hunnen, sondern nach Sprache und Sitten echte Mongolen, die sich lediglich beim Plündern »hunnisch« aufführten und deshalb von den unterjochten Völker mit ihnen gleichgesetzt wurden.

»Weiße Hunnen« nannte man sie wegen ihres auffallend hellen Teints. Münzenfunde zeigen die Gesichter ihrer Fürsten mit stark gebogener Nase, kahlgeschorenem Scheitel und Schläfenzöpfen.

Auf diesen ersten Ausbruch folgte ein zeitweiliger Rückzug. Die Türken gewannen erneut die Oberhand in der Mongolei, wo man am Ufer des Orchon noch heute auf mächtige Stelen aus Stein trifft, die angeblich in »Runenschrift«, tatsächlich jedoch in Türkisch, Chinesisch und anderen Sprachen von der Herrlichkeit jener türkischen Herrscher künden, zu deren Ehren sie im 7. Jahrhundert aufgestellt worden waren.

Hier auf den Hochflächen der Äußeren Mongolei, nördlich der Wanderdünen der Wüste Gobi, stand die Wiege aller großen Eroberer, die vom Sattel aus ihr Nomadenreich regierten. Von hier aus brachen kleine Völkerschaften auf, um sich als Herren über Kontinente zu setzen.

Während die türkischen Völker in der Mongolei eine zweite Blüte ihrer Macht erlebten, zogen sich die Mongolen bis an die Grenzen im Norden und Osten zurück, wo sie auf den Wald- und Steppenböden ihre Zelte aufschlugen. China, das stets aufmerksam nach Norden spähte, registrierte genau, wo sie sich aufhielten. Zeitgenössische Chronisten erwähnen sogenannte »Shi-wei-Mongolen« mit gelben Köpfen, offensichtlich eine Anspielung auf einen blonden Stamm, dessen Verwandtschaft mit den alten Nomadenvölkern Zentralasiens damit erwiesen sein dürfte.

Unter dem Sternenhimmel, der in der Mongolei besonders hell leuchtet, schleichen die grauen Wölfe über die Steppe.

Die Nomaden bewunderten die Kraft, die Grausamkeit und die wilde Entschlossenheit dieses Räubers so sehr, daß sie ihn zu ihrem Totemtier wählten. Auf diese Weise wurde der Graue Wolf zum legendären Ahntier der Türken, während die Mongolen einen Blauen Wolf verehrten. Die Mythen über letzteren sind insofern interessant, als sie Rückschlüsse auf die Urheimat der Mongolenstämme erlauben, aus denen Dschingis Khan hervorging.

Der Legende nach schwamm der Blaue Wolf über den Baikalsee und trabte zu den östlichen Ausläufern des Kentei-Gebirges, wo am heiligen Berg Burqan-qaldun die Flüsse Onon und Kerulen entspringen. Hier stand die Jurte*, in der Dschingis Khan aufwuchs, hier war seine Heimat.

Wie eine andere Geschichte berichtet, in der sich Legende und Wirklichkeit vermischen, gab es unter den Vorfahren Dschingis Khans eine gewisse Alan-qo'a, eine ungewöhnliche Frau von großer Schönheit, die schon in sehr jungen Jahren Witwe wurde.

Als die schöne Alan-qo'a eines Nachts vor Anbruch der Morgendämmerung friedlich in ihrem Zelt schlummerte, fiel ein goldener Lichtstrahl durch die Öffnung im Zeltdach und weckte sie. Alan-qo'a versuchte zu schreien und ihre Dienerinnen herbeizurufen, doch war sie außerstande, einen Laut hervorzubringen. Wie gelähmt blieb sie liegen, obwohl sie bei vollem Bewußtsein war.

Im Lichtkegel gewahrte sie die Gestalt eines Mannes mit blonden Haaren und dunkelblauen Augen, der sich ihr leise näherte. Schweigend ließ er sich auf ihrem Bett nieder und erkannte sie als sein Weib. Dann verschwand er wieder.

Obwohl sich die Erscheinung mehrfach wiederholte, erzählte Alan-qo'a niemand davon. Sie gebar drei Söhne, die alle das helle Haar und die blauen Augen ihres nächtlichen Besuchers geerbt hatten.

Als man im Lager über sie zu reden begann, erklärte Alan-qo'a:

»Ein Lichtwesen steigt in überirdischem Glanz durch die Deckenöffnung meines Zeltes herab und durchdringt meinen Leib. Es drängt sich an meine Schenkel und schickt einen Lichtstrahl in meinen Schoß. Danach gleitet es davon wie ein Sonnen- oder Mondstrahl. Wie soll ich euch das mit Worten kundtun? Das Zeichen ist deutlich genug: Der Himmel hat sein Licht in meinen Leib gegossen und mir Söhne geschenkt, die zu großen Taten vorbestimmt sind. Wenn dereinst meine

* Rundes Filzzelt mittelasiatischer Nomaden.

Kindeskinder die Welt sich untertan machen, wird jeder es verstehen.«

So steht es in der *Geheimen Geschichte der Mongolen,* so weiß der persische Geschichtsschreiber Raschid-ad-Din zu berichten*.

Die meisten ihrer Landsleute glaubten, sie habe die ganze Geschichte nur erfunden, um einen Fehltritt zu vertuschen. Doch einige zweifelten nicht an dem Wunder der »unbefleckten Empfängnis« und hielten sie für eine Prophetin.

Nach dem Tode Alan-qo'as wurde ihr jüngster Sohn Bodontchar von seinen älteren Brüdern um sein Erbteil gebracht. Trotzdem kämpfte er sich zum Anführer einer Kriegshorde empor und genoß unter dem Namen »Bodontchar der Gerechte« großes Ansehen unter den Mongolen.

Bodontchar ist eine historische Gestalt. Er gründete den Stamm der Bordjigin, zu dem auch Dschingis Khan gehörte. *Bordjigin* bedeutet auf Mongolisch soviel wie «dunkelblaue Augen«. Die meisten Abkömmlinge Bodontchars sollen solche Augen und blondes oder rötliches Haar gehabt haben. Die Stämme, die ihren Ursprung auf die wundersame Empfängnis Alan-qo'as zurückführten, wurden *Nirun,* »Söhne des Lichts«, genannt, und galten als reinrassige Mongolen.

Während die mongolischen Klans und Stämme in den Hochsteppen zwischen Onon und Kerulen an Zahl und Stärke zunahmen, ohne einer fremden Macht zu huldigen, formierten sich im fernen China bereits jene politischen Kräfte, die ihr künftiges Geschick mitbestimmen sollten.

Im Jahre 960 gelangte in Peking die Dynastie der Sung an die Macht. Kaum saß der erste Sung-Kaiser fest auf seinem Thronsessel, als auch schon von Norden her eine Nomadenschar anrückte, die ständig zu Ärger Anlaß gab. Es waren die Ch'itan aus den östlichen Grenzländern der Mongolei, dem Ursprung nach ein mongolisches Volk, wenn auch mit starkem Mandschu-Einschlag.

* Die genauen bibliographischen Angaben der im Text erwähnten oder zitierten Werke sowie Quellenangaben und weiterführende Literatur sind der Bibliographie am Ende des Buches zu entnehmen.

Die Sung wichen dem Druck der Ch'itan und überließen ihnen den Landstrich nördlich des Gelben Flusses. Die neuen Herren der chinesischen Nordprovinzen nannten sich fortan *Liao* – »Eisen«.

Verwöhnt von den Fleischtöpfen Chinas, verloren die Ch'itan allmählich ihre kriegerische Mentalität. Eine neue Barbarenhorde tauchte im Norden auf, das tungusische Volk der Djürtschäten, die den träge gewordenen Ch'itan oder Liao schwer zu schaffen machten. Im Jahre 1115, vierzig Jahre vor der Geburt Dschingis Khans, eroberten die Djürtschäten die Stadt Peking, zehn Jahre später hatte das Reich der Ch'itan aufgehört zu existieren.

In jenen Zeiten lockten die Schätze Chinas ständig beutegierige Nomadenvölker aus der Steppe an. Das Land war reich an Weizen, Reis, Seide, Gold, Sklavinnen und vielen anderen begehrenswerten Dingen. Außerdem war es dicht bevölkert; eine kaiserliche Volkszählung aus dem Jahr, in dem das Ch'itan-Reich zusammenbrach, verzeichnet mehr als hundert Millionen Einwohner im damaligen China.

Die Djürtschäten begnügten sich nicht lange mit der Eroberung der Ch'itan, sondern stießen weit nach Süden vor bis zum Yangtse, an dessen Ufer sie haltmachten. Eingedenk des Untergangs der »eisernen« Ch'itan-Herrschaft nannten sie die ihre *Chin* – die »Goldene«. Nach ihrem neuen Dynastienamen wurden die djürtschätischen Eroberer Nordchinas von der Zeit an »Goldene Kaiser« genannt.

Die aus China vertriebenen Ch'itan oder Liao zogen mit achtzehn Stämmen westwärts und gründeten fernab ein Reich, das sich später von Samarkand bis zum südlichen Hindukusch erstrecken sollte. Als Qara-Qytai-Reich gelangte es zu großer Macht und hohem Ansehen.

Diese breit angelegten Völkerverschiebungen brachten Unruhe und Aufruhr über ganz Asien, bis hin zu den abgelegenen Flußauen am Onon und Kerulen, wo die Nachkommen Alan-qo'as und Bodontchars ihre Hengste und Stuten weideten.

Unter der Herrschaft Kabul Khans, des Großvaters von Dschingis Khan, waren die Mongolenvölker im Norden zu einer Macht herangewachsen, die sich nicht länger übersehen ließ. So bedrohlich schien Kabul Khan den Chinesen, daß der Goldene Kaiser ihn nach Peking an seinen Hof lud.

Kabul Khan war nicht im mindesten beeindruckt durch die Eleganz und die feinen Manieren der Höflinge. Er gab sich reichlich unbekümmert und setzte jedermann durch seinen pantagruelischen Appetit in Erstaunen. Auf einem Staatsbankett vertilgte er ungeheure Mengen von chinesischen Delikatessen, die man vor ihm aufhäufte. Hin und wieder entledigte er sich nach gutem mongolischen Brauch seines Mageninhalts und fuhr dann mit dem Schlemmen fort. Umringt von hübschen Sängerinnen und Tänzerinnen leerte der Khan solange den Weinbecher auf ihre Gesundheit, bis er mehr als betrunken war. Ausgelassen beugte er sich vor und zupfte seinen kaiserlichen Gastgeber am Bart . . .

Nachdem er anderntags seinen Rausch ausgeschlafen hatte, erinnerte man ihn taktvoll an seinen »Mißgriff«. Freimütig, wie er war, eilte der Khan sofort zum Kaiser und bat ihn um gerechte Bestrafung für seine Keckheit. Der Goldene Kaiser lächelte huldvoll. So lange war es schließlich noch nicht her, daß seine djürtschätischen Vorfahren ihre Lagerfeuer verlassen hatten; die rauhen Sitten der Nomadenvölker waren ihm keineswegs fremd. Er verzieh seinem reuigen Gast und schickte ihn mit Juwelen und Seidenstoffen beladen zurück zu seinen Herden am Onon.

Kabul Khan hatte viele Söhne, die wegen ihres kriegerischen Mutes den Namen *Qiyat,* »reißender Bergbach«, erhielten. Als Nachfolger Kabul Khans wurde jedoch sein Vetter Ambaqai gewählt.

Gleich zu Beginn seiner Regierungszeit brach ein Krieg mit den Tataren aus. Die Tataren waren ein wildes Volk, deren Territorium an den Seen westlich des Khingan-Gebirges lag. Sie sprachen einen mongolischen Dialekt und gehörten ebenfalls zur mongolischen Rasse.

Vorgeschobener Grund für die Feindseligkeiten zwischen

den beiden verwandten Völkern war ein tatarischer Schamane oder Zauberpriester, der den Bruder Kabul Khans nicht zu heilen vermochte. Als der Patient trotz aller Zaubergesänge starb, glaubten die Angehörigen, der Schamane sei schuld an seinem Tod. Sie verfolgten ihn bis auf tatarisches Gebiet und ermordeten ihn.

Die Tataren rüsteten zum Vergeltungskampf, bei dem ihnen Peking zur Seite stand. Ambaqai Khan wurde gefangen und der Goldene Kaiser, diesmal alles andere als milde gestimmt, verurteilte den Steppenfürsten zum Tod durch Pfählen. Bei dieser wahrhaft teuflischen Hinrichtungsmethode setzte man den Delinquenten auf einen sogenannten hölzernen Esel, aus dessen Sattel eine lange scharfe Speerspitze aufragte, die Beine wurden an den Seiten festgenagelt. Übrigens wurde auch ein Großonkel Dschingis Khans auf diese Weise hingerichtet.

Der sterbende Ambaqai prophezeite den Djürtschäten und ihrem Goldenen Kaiser blutige Rache.

Ein *qurultai* wurde einberufen, eine Versammlung der Fürsten und Stammeshäuptlinge, zur Wahl eines neuen Mongolenkhans. Man entschied sich für Kabul Khans Sohn Qutula und hob ihn mit der weißen Filzdecke hoch, wie es dem Ernennungsritus entsprach. Danach wurden ausgelassene Feste in den Wäldern längs des Onon gefeiert.

Qutula Khan war der Großonkel des späteren Dschingis Khan. Er soll ein Riese von einem Mann gewesen sein, der täglich einen ganzen Ziegenschlauch voll gegorener Stutenmilch trank und ein gebratenes Schaf verzehrte. Man berichtete von ihm, seine Stimme halle über die Berggipfel wie Donner und seine Hände seien wie Bärentatzen, mit denen er das Rückgrat eines Mannes durch einen Hieb zerbrechen könne. In Winternächten lag er im Schnee nackt neben dem Lagerfeuer, »unbekümmert um die auf seinen Leib fallenden Funken, deren Brandmale er beim Erwachen für Insektenstiche hielt«.

Einmal wurde er auf einem Streifzug von feindlichen Reitern überrascht. Qutula ritt in vollem Galopp mitten in einen

Sumpf, wo sein Pferd bis an die Gurte im Morast versank und hilflos steckenblieb. Qutula sprang auf den Sattel und von dort mit einem mächtigen Satz auf festen Boden. Als die Feinde sich verzogen hatten, kehrte er zurück und zog das zitternde Roß am Schwanz aus dem saugenden Schlamm. Auf dem Rückweg fing er eine Stutenherde samt ihrem Leithengst ein und trieb die Tiere vor sich her in sein Lager.

Trotz seiner Körperkräfte hatte Qutula Khan nicht viel Erfolg im Kampf gegen die Tataren. Dreizehnmal versuchte er vergeblich, Ambaqai an ihnen zu rächen. Am Ufer des Buir-nor erlitt er schließlich eine vernichtende Niederlage. Mit Billigung Pekings übernahmen die Tataren anstelle der Mongolen die Macht im Osten der Mongolei.

Mit Qutula endete die erste Reihe der Mongolenkhane. Ein Neffe von ihm, ein gewisser Jesügei, wurde zum Häuptling des kleinen Klans der Qiyat aus dem Stamm der Bordjigin gewählt. Jesügei, der die dunkelblauen Augen und das helle Haar seines Ahnherrn Bodontchar besaß, wurde der Vater Dschingis Khans.

»Es ist Feuer in seinen Augen und Glanz auf seinem Antlitz!«

Ein Planwagen rumpelte mit seinen beiden großen, speichenlosen Rädern über den harten Boden des Onontales; sie knirschten und ächzten, wenn das pechschwarze, mit roten Bändern und Troddeln aufgeputzte baktrische Kamel schnaubend den Karren hügelan zog. Bergab hingegen flog und tanzte er hinter dem weit ausschreitenden Zugtier her, daß die Ledersäcke und feinbemalten Hochzeitstruhen nur so durcheinanderrutschten.

Auf dem Wagen saß Ölün-eke, kurz auch Ölün genannt, die immer wieder zu Tschiledü hinblickte, ihrem jungen Ehemann, der auf einem kastanienbraunen, mit buntseidenen Brustbändern geschmückten Hengst neben ihr herritt. Unlängst war dieser Fremde beim Stamm der Qongirat, Ölüns Volk, erschienen und hatte sie zur Frau begehrt. Er wies sich aus als ein Steppenfürst der Merkiten, und Ölün hatte sich sofort in ihn verliebt. Nun waren sie auf der Hochzeitreise; fünfhundert weglose Meilen hatten sie bereits zurückgelegt, zweihundert lagen noch vor ihnen bis zum Lager der Merkiten am Südufer des Baikalsees.

Als Zeichen ihres ehelichen Standes trug die schöne Braut eine prunkvolle *bokta,* einen sehr hohen, zylinderförmigen Frauenhut, der wie eine kleine Säule ellenhoch über ihrem Kopf aufragte. Das Gerüst des Kopfputzes war aus leichter Birkenrinde angefertigt und innen hohl. Darüber war rote und schwarze Seide gespannt, auf die dicht an dicht Steine aus Türkis, Bergkristall, Jade und Koralle gestickt waren. Gekrönt wurde das Gebilde von den vielfarbenen Federn einer Stockente oder eines Kranichs.

Unter der Bokta, die sie unter dem Kinn festgebunden

hatte, trug Ölün ihr Haar zu einem Knoten gesteckt. Nase und Mund schützte ein weißer Schleier gegen die Staubschwaden.

Jesügei hatte den heiteren Frühlingsmorgen zur Jagd genutzt. Er ritt sein Lieblingspferd und trug einen Jagdfalken mit übergestülpter Haube auf der Hand, den er von Zeit zu Zeit spielerisch in die Luft warf. Nirgends ein Zelt, nur sanft gewelltes, mit Birken und Tannen spärlich bestandenes Hügelland soweit sein Auge reichte.

Plötzlich bemerkte Jesügei eine Staubwolke über dem trockenen Flußtal. Instinktiv riß er sein Pferd herum und suchte Deckung hinter einem Baum.

In der Staubwolke zeichneten sich nach und nach die Umrisse eines zweihöckrigen Kamels ab, das einen Karren hinter sich herzog. Daneben ein Reiter. Jesügei reckte interessiert den Kopf. Er kannte die Sitte der Qongirat, ihre Töchter mit einem festlich geschmückten Wagen in die neue Heimat des Ehemannes zu entlassen. Auch die Mongolen hatten sich schon oft eine Frau unter den schönen Mädchen des Stammes gesucht, so war Jesügeis Großmutter, die Frau Kabul Khans, ebenfalls eine Qongirat gewesen.

Das hochrädrige Gefährt kam näher, und Jesügei erblickte Ölün-eke, die ahnungslos mit ihrem Tschiledü vorbeizog. Jesügei schnalzte leise mit der Zunge – Ölün war eine außergewöhnlich hübsche Frau. Er wartete, bis sie sich weit genug entfernt hatten, und jagte dann ins Lager zurück. In Begleitung zweier Brüder kehrte er wieder und holte die Reisenden bald ein.

Als Tschiledü die Verfolger bemerkte, gab er seinem Pferd voller Schreck die Peitsche und sprengte davon. Jesügei und seine Brüder folgten ihm. Tschiledü, der im Kreis geritten war, kehrte weit vor ihnen zum Planwagen seiner Braut zurück, die aufs höchste entsetzt ihn beschwor, sein Leben zu retten. Tschiledü zögerte noch. Da warf ihm Ölün ihren seidenen Schleier zu und rief: »Atme diesen meinen Duft und flieh!«

Tschiledü fing den Schleier auf. Als die Brüder in Sicht kamen, hieb er auf sein Roß ein und floh den Onon aufwärts.

Jesügei zügelte sein Pferd und ritt zu Ölün. Was er sah, gefiel ihm noch besser als vorhin aus der Ferne. Er stieg ab, band das schwarze Kamel von der Deichsel los und spannte sein Reitpferd vor den Karren. Die Brüder zur Seite, die verzweifelt schluchzende Ölün hinter sich, so brachte Jesügei seine Beute ins Zeltlager. Ölün-eke weinte, daß »die Wellen des Onon sich mitleidig hoben und die Tannenwipfel im Wind mit ihr klagten«.

Jesügei ließ die geraubte Braut in ein Zelt bringen und schickte ihr Sklavinnen zur Bedienung.

Nun war Jesügei weder Khan noch König, sondern nur ein schlichter *Ba'atur* oder *Bagadur,* ein Titel, der soviel wie »Ritter« bedeutete, und Klanhäuptlingen zukam. Dennoch genoß er hohes Ansehen und herrschte über ein großes Territorium, da außer seinem eigenen, dem Qiyat-Klan, noch mehrere kleine Stämme ihm Gefolgschaft leisteten.

Ein Nomadenlager wurde in einer ganz bestimmten Ordnung errichtet. Die einzelnen Gruppen stellten ihre Zelte in Kreisen, den *kuriyen,* um das Häuptlingszelt in der Mitte. Die Karren bildeten das äußerste Rund, während das Vieh verstreut auf den nahen Wiesen weidete. In jedem Zelt wohnte eine Familie, im Durchschnitt etwa sechs Leute, so daß Jesügei, dem mehrere tausend solcher Zelte unterstanden, im Ernstfall über eine beträchtliche Anzahl berittener Krieger verfügen konnte.

Es war ein wunderschöner Frühling im blühenden Onontal, wo kalte Bergbäche sich ihren Weg durch saftige Wiesen bahnten und an den Hängen des heiligen Burqan-qaldun eine Fülle von Wildblumen prangte. Nach und nach legten sich Ölün-ekes Zorn und Verzweiflung. Und da die Merkiten offensichtlich keinen Versuch machten, sie zurückzuholen, fügte sie sich mit dem Gleichmut des Steppenkindes in ihr Schicksal, Jesügeis Frau zu werden. Er hatte zwar bereits eine Frau, Sütschigil, die ihm den Sohn Bekter geboren hatte, aber er gelobte Ölün-eke, sie stets als seine Hauptfrau zu lieben und in Ehren zu halten. Ihre Söhne sollten dereinst seine Nachfolge antreten.

Nun wohnte Ölün in einem Rundzelt, das etwa fünf Meter im Durchmesser maß. Ein hölzernes, meterhohes Lattengerüst bildete den Unterbau, auf dem grobgewebte, bunte Teppiche ausgebreitet waren. Darüber wölbte sich ein leichtes Gestänge aus biegsamen Pappelstämmen, die zu einem kegelförmigen Dach zusammengebunden waren. Über den Stangen lag weißer Filz, dicht und glänzend, solange er neu war. Wenn er nach einiger Zeit grau und schmuddelig wurde, bestäubte man das Zelt mit weißem Knochenpulver, so daß es von weitem immer noch weiß aussah. In der Mitte des Bodens befand sich eine festgestampfte Feuergrube, deren Rauch durch eine Öffnung in der Zeltspitze entweichen konnte. Schläuche voller *kumyß* – gegorener Stutenmilch –, lackierte Gefäße und gehämmerte Kupfergeräte hingen von den Zeltstangen herab, während das Bettzeug gebündelt längs der Wand lag. Kleider, Seidenstoffe, Gold und Edelsteine wurden in bemalten Truhen aufbewahrt.

Den Zeltboden bedeckten Filzteppiche in bunten Farben, deren Muster sich von Klan zu Klan unterschieden. Einige waren aus fingerdickem weißem Filz gefertigt, mit Bordüren aus vielfarbenen Blumen, wie sie im Frühling auf den Steppen wuchsen, andere leuchtend rot gefärbt, und wieder andere zeigten auf dunklem Untergrund ein kunstvoll gewirktes Muster in Scharlachrot, Blau oder Gold, das meist Tiere, Blätter oder Regenbogen darstellte. Sehr beliebt war auch ein vom tobenden Wasser des Baikalsees inspiriertes Motiv, das dem Wellenmuster japanischer Farbdrucke ähnelte.

Im *ordu,* dem »Lager« des Häuptlings oder einer seiner Frauen, tönte lautes Rufen und fröhliches Lachen, Kinder liefen hin und her, und überall sah man Dienerinnen beim Filzwalken.

Die runden Filzzelte waren im Winter warm und gemütlich, sie trotzten den endlosen Regenschauern ebenso wie den heftigen Schneestürmen. Jesügei band seine Lieblingspferde dicht neben seinem Zelt an und pflanzte, wenn er zu Hause war, seine Lanze neben die Tür.

Kleinere Zelte wurden auf zweirädrige Planwagen gepackt,

die von Kamelen oder Ochsen gezogen wurden. Eine Dienerin konnte bis zu zwanzig oder dreißig solcher Wagen über die Ebene führen. Sie saß dabei im vordersten Wagen, während die anderen langsam, im Trott der Ochsen und Kamele nachfolgten. Nur die Dauerzelte wurden auf diese Weise befördert und in Kriegs- und Friedenszeiten vom Stamm mitgeführt. Das Gerüst der leichteren Zelte, die sogenannten »Knochen«, ließ sich leicht zerlegen. Solche Zelte wurden gefaltet und samt ihrem Inhalt auf den Rücken zweier Ochsen oder Kamele gepackt.

Wenn Jesügei einen Qurultai, eine große Versammlung, einberief, ließ er zu diesem Zweck ein besonders geräumiges Zelt aufschlagen.

Wenn Ölün das weiße Filzzelt durch die enge Türöffnung betreten wollte, hinderte sie die übermäßig hohe Bokta auf ihrem Kopf, so daß sie rückwärts ins Zelt kriechen mußte, um die Federn an der Hutspitze nicht zu knicken. Ihr größte Sorge war, jemand könne diese Federn berühren oder gar abbrechen.

Ihr gehörte die östliche, »linke« Zelthälfte, in der rechten wohnte Jesügei. Die Mongolenzelte waren stets nach Süden ausgerichtet, nach China hin, dem Wunschtraum und letzten Ziel aller Steppenvölker.

Hin und wieder begab sich Jesügei noch in das Zelt Sütschigils, doch meist hielt er sich bei Ölün-eke, seiner Hauptfrau, auf. Die beiden Frauen vertrugen sich trotzdem recht gut. Jeweils die Frau, bei der Jesügei die Nacht verbracht hatte, saß anderntags an seiner Seite und empfing die Gäste. Die Geschenke, die diese brachten, gehörten ihr. Ein Tisch mit Kumyß, Wein und Trinkbechern stand immer neben der Tür, denn Gastfreundlichkeit war eine Selbstverständlichkeit bei den Steppenvölkern.

In Ölüns Zelt bewahrte Jesügei das Feldzeichen des Qiyat-Klans auf: eine Stange, an deren Spitze mehrere weiße Yakschwänze oder Pferdeschweife befestigt waren. Da Jesügei nicht Khan war, besaß er nur ein Feldzeichen. Ein Khan konnte bis zu neun solcher Feldzeichen besitzen, was ihm höchstes Ansehen verschaffte. Neun war die Glückszahl der Mongolen.

Jesügei zog häufig in den Kampf gegen die Tataren. Kurz bevor Ölün ihren ersten Sohn gebar, gewann er ein Gefecht und nahm den Tatarenhäuptling Temudschin gefangen.

Als der Häuptling der Qiyat zu seinem Lager auf dem Dülün-boldaq, einem einzelnen Hügel im Ononbecken, zurückkehrte, trug ihm Ölün den neugeborenen Sohn entgegen. Man schrieb das Jahr 1155, das Jahr des Ebers.*

Das Kind, das später den Namen Dschingis Khan tragen sollte, hielt bei der Geburt einen Klumpen geronnenen Blutes in der rechten Hand, der wie ein »Knöchel« oder ein roter Edelstein aussah. Der freudig überraschte Vater sah darin das Vorzeichen einer glänzenden Kriegerlaufbahn und nannte den Knaben Temudschin nach dem gefangenen Tatarenhäuptling. *Temudschin* bedeutet »Schmied«, und das Schmiedehandwerk war hoch angesehen bei den Steppenvölkern, die ja ständig Bedarf an Waffen hatten.

Jesügei feierte die Geburt seines Sohnes mit einem großen Fest, zu dem die Gäste nicht mit leeren Händen kamen. Die Gaben, die sie brachten, waren, wenn möglich, weiß und hatten irgendeine Beziehung zu der Zahl Neun. Neben der Zahl Neun galt bei den Mongolen nämlich die weiße Farbe als glückverheißend, anders als bei den Chinesen, wo Weiß als Trauerfarbe und Rot als Glücksfarbe angesehen wurde.

Ein Schmied vom Berg Burqan-qaldun brachte Zobelpelze für den kleinen Temudschin und versprach, seinen eigenen Sohn als Diener und Gefährten für Temudschin aufzuziehen.

* Nach persischen Quellen wurde Dschingis Khan im Jahre 1155, nach chinesischen 1162 geboren. Paul Pelliot hält sogar 1167 für sein Geburtsjahr. Nach Aussagen von Zeugen, die Dschingis Khan 1221 und 1222 in Afghanistan persönlich begegnet sind, war er zu jener Zeit 65 Jahre alt. Um volle 12 Jahre dürften sie sich wohl kaum verschätzt haben. Der chinesische Gelehrte Tu Chi, der durch seine Arbeit viel zur Aufklärung der frühen Feldzüge Dschingis Khans beigetragen hat, ermittelte gleichfalls 1155 als mutmaßliches Geburtsjahr, ohne Djuzdjanis' Augenzeugenberichte zu kennen.

Zur Rechten Jesügeis saßen die Männer, zur Linken die Frauen. Bevor das Mahl begann, spritzte ein Schamane ein paar Tropfen Kumyß auf den Boden und verneigte sich dann in alle vier Himmelsrichtungen, auf diese Weise Himmel und Erde ein Trankopfer darbringend. Daraufhin leerte Jesügei allein den Becher, während die Musikanten mit Gitarren- und Lautenspiel begannen. Jetzt tranken auch die anderen Gäste. Sie tanzten zur Musik, wobei sie den Takt mit den Händen klatschten und mit den Füßen stampften. Sie tanzten in zwei Gruppen, die Männer vor Jesügei, die Frauen vor Ölün-eke.

Den Gästen, die verspätet eintrafen, reichte man den vollen Becher aufs Pferd hinauf. Auch sie sprengten erst ein paar Tropfen zu Ehren der Himmels- und Erdgottheiten auf die Mähne des Pferdes. Erst wenn sie mindestens zwei Becher geleert hatten, gestattete man ihnen, abzusteigen und sich den Feiernden anzuschließen. Denn, wie die Mongolen zu sagen pflegten, »ein Mann betritt das Zelt auch nicht mit einem Fuß«. Obwohl Trunkenheit als Zeichen von Männlichkeit galt, kam es bei solchen Gelagen nur selten zu Streitigkeiten.

Temudschin wuchs heran zur Freude Jesügeis. Der Junge hatte die dunkelblauen Augen und das rötlichblonde Haar seines Vaters geerbt, er besaß einen kräftig gebauten Körper mit starken Knochen und war groß für sein Alter. Außerdem zeigte er schon früh eine wache Intelligenz, Unternehmungsgeist und die Anlage zur Führerschaft. Das war wichtig, denn ein Häuptlingssohn, der sich nicht durchzusetzen vermochte, wurde rasch von einem Stärkeren verdrängt.

Noch ehe er laufen konnte, saß der kleine Temudschin schon fest im Sattel. Sowie er größer wurde, nahm er nach Kräften teil an den täglichen Arbeiten des Lagers. Er hütete die Ziegen und Fettschwanzschafe und trieb die Pferde auf die Weide. Er holte Wasser aus den klaren Bergquellen oder schöpfte es unterwegs aus salzigen Wüstenbrunnen. Im Winter schmolz er den Schnee in großen Kesseln. Er scheuerte die Töpfe mit Sand und legte Hammelfleisch zum Dörren in die

Sonne. Er kümmerte sich um die Feuerstellen und sammelte Reisig in den Wäldern oder Kameldung auf der Steppe, wobei er das Brennmaterial im hochgeschlagenen Gewand zum Feuer trug.

Er half bei der Herstellung von Kumyß oder *esuk,* wie er es nannte, und trank gewaltige Mengen davon. Um Kumyß zu machen, wurden die Stuten abends gemolken, die Milch dann in einen Schlauch gefüllt und die ganze Nacht hindurch mit einer Keule geschlagen. Bei Sonnenaufgang begann das Getränk zu sprudeln und zu schäumen wie neuer Wein. Es hatte einen scharf säuerlichen Geschmack bekommen, roch angenehm nach Mandeln und prickelte auf der Zunge. Es berauschte die Köpfe und regte wie Bier die Harnabsonderung an. Kumyß war das »Nationalgetränk« der Mongolen.

Im Winter gab es keinen Kumyß. Zu Beginn des Frühlings segneten die Schamanenpriester feierlich die weißen Stuten, die als erste gefohlt hatten. Nun begann eine lustige Zeit, jedermann trank täglich frischen Kumyß, wie in Ländern mit Weinbau den Most zur Zeit der Weinlese.

Im Winter aß Temudschin den bitteren Quark, *qurut* genannt, der bis heute in Zentralasien verzehrt wird. Er wurde aus Buttermilch gewonnen und im Sommer an der Sonne getrocknet, bis er hart wie Tuffstein war. Hatte man keine frische Milch, so tat man Qurut in eine Blase und goß kochendes Wasser darauf, bis er sich darin auflöste. Das bittere Getränk, das anstelle von Milch getrunken wurde, stellten die Frauen her, während das Schlagen der Stutenmilch zu Kumyß ein Vorrecht der Männer war.

Temudschins bester Freund Djamuqa war der Sohn eines benachbarten Häuptlings. Wenn tiefer Schnee den Burqanqaldun bedeckte, schnallten die Jungen flache Bretter an die Füße und glitten rasch über die Schneehänge, wobei sie sich mit Stöcken vorwärtsstießen. Oft spielten sie mit den riesigen Hunden, die von den Chasaren in der Kaspischen Steppe gezüchtet und nach ihnen »Chasaren« genannt wurden. Den trotz ihrer Körpermasse geschmeidigen Tieren kupierte man die Ohren, damit sie beim Kampf gegen die Wölfe weniger

Angriffsfläche boten. Zwei Chasaren brachten mit Leichtigkeit einen Wolf zur Strecke.

Aufmerksam verfolgten die Jungen die Zeremonien, mit denen die Schamanen die Geister von Erde und Himmel anriefen. Die Mongolen verehrten vor allem den Himmelsgott Tängri, wobei das mongolische Wort *tängri* sowohl »Firmament« als auch »Gottheit« bedeutete.

Die Feier begann mit dem Schlagen einer Trommel, zu deren Klang der Schamane mit tiefer, halb singender Stimme alte Beschwörungsformeln murmelte. Dann warf er die Trommel plötzlich zu Boden und geriet in ekstatische Verzückung, so daß die Gehilfen ihn mit Lederriemen fesseln mußten, bis der Anfall vorüber war. Man glaubte, der beschworene Geist habe sich in der Person des Schamanen manifestiert und durch ihn seinen Willen kundgetan.

Die Schamanen vollbrachten wahre »Wundertaten« – sie konnten beispielsweise einen Mann zwei bis drei Tage lang in (wahrscheinlich hypnotischen) Tiefschlaf versetzen und fragten ihn nach dem Erwachen nach seinen Träumen aus. Der jeweiligen Antwort entsprechend fielen dann ihre Prophezeiungen aus. Die Mongolen glaubten, sie könnten mit ihren Zaubersprüchen das Wetter beeinflussen und Regen oder Donnerschläge aus heiterem Himmel hervorrufen. Die Schamanen wurden allseits geachtet und von den meisten auch gefürchtet.

Eines Tages erschien Toghril, ein junger Khan aus dem Volk der Kereiten, mit knapp hundert Gefolgsleuten in Jesügeis Lager und bat um Hilfe. Temudschin war noch zu klein, um die Bedeutung des Besuchers zu erkennen. Er konnte auch nicht ahnen, welche Rolle dieser Mann in seinem späteren Leben einmal spielen sollte.

Die Kereiten waren ein großes, kriegerisches Volk. Heute läßt sich nicht mehr eindeutig feststellen, ob sie mongolisierte Türken oder Mongolen mit türkischem Einschlag waren. Jedenfalls standen sie auf einer höheren Zivilisationsstufe als die übrigen Mongolenstämme, denen sie auch an Macht überlegen waren. Ihr Territorium grenzte im Osten an den Fluß

Kerulen und erstreckte sich weit nach Süden über einen Großteil der Wüste Gobi, wo sie von den durchziehenden Karawanen Zoll erhoben. Rund einhundertfünfzig Jahre zuvor waren sie von Missionaren zum Nestorianischen Glaubensbekenntnis*, einer östlichen Variante des Christentums, bekehrt worden. Manche Kereitenkhane trugen christliche Namen, wie Toghrils Großvater Marghus oder Markus. Überdies hatte er sich den Titel *sarik khan*, »Gelber Khan«, zugelegt – nach dem chinesischen »Gelben Kaiser« vergangener Tage.

Dieser Markus, eine ziemlich schillernde Persönlichkeit, schlug sein königliches Lager am Ufer des Tola im *Kara Tun* oder »Schwarzen Wald« auf. Trotz seines christlichen Namens führte er ein ausschweifendes Leben und pflegte stets zu klagen, von seinen hundert Frauen entspräche keine einzige seinem Ideal.

Markus war ein kluger Mann und geschickter Anführer. Leider hatte er das Unglück, in die Gefangenschaft der Tataren zu geraten, die ihn dem Goldenen Kaiser auslieferten. Der chinesische Herrscher, der seit langem einen tiefen Groll gegen Markus hegte, ließ ihn prompt auf den Holzesel schlagen, der stets für solche Fälle bereitstand.

Eine seiner Witwen beschloß, Markus Khan zu rächen. Sie tat, als sei sie in Liebe entbrannt für den Tatarenhäuptling, der ihren Mann in den Hinterhalt gelockt hatte. Mit der hübschen Morgengabe von hundert Ochsenschläuchen voll Kumyß, die jeweils auf einen Karren gebunden waren, begab sie sich ins Tatarenlager.

Die Tataren begrüßten hocherfreut die freigebige Prinzessin, die schüchtern bat, man möge die Schläuche rings um das Hochzeitszelt stellen. Einige ließ sie gleich herbeibringen und öffnete sie in Gegenwart des Bräutigams. Die Tataren tranken, bis sie stockbesoffen umfielen. Nun gab die Prinzessin das verabredete Zeichen, und aus den restlichen Schläuchen kro-

* Nach Nestorius (ca. 381–ca. 451), Patriarch von Konstantinopel, benannte theologische Lehre, die behauptete, Gottheit und Menschheit hätten in Christus nebeneinander bestanden.

chen bis an die Zähne bewaffnete Kereitenkrieger, die den bewußtlosen Tatarenhäuptling und seine Leute niedermetzelten.

Toghril, der Besucher Jesügeis, war der Enkel des Markus und jener verwegenen Prinzessin. Er war Anfang Dreißig und trug seinen Namen – *Toghril* bedeutet »Falke« – nach einer Jagd, bei der sich ein wilder Falke auf seine Faust niederließ, was selbstverständlich von jedermann als merkwürdiges und glückverheißendes Zeichen gewertet wurde.

Toghril hatte eine bewegte Jugend hinter sich. Im Alter von dreizehn Jahren war er mit seiner Mutter Ilma von Tataren gefangen worden. Ein Tatar machte Ilma gewaltsam zu seiner Frau. Aus irgendeinem Grund entzweite er sich bald darauf mit seinen Stammesbrüdern und glaubte, als neuer Ehemann Ilmas den Kereiten willkommen zu sein. Er floh mit ihr und dem Knaben, wobei Toghril noch dafür sorgte, daß eine Herde Kamele mitging.

Nachdem die Kereiten ihm das Wort *humegay,* »Stinktier«, auf die Haut gebrannt hatten, überließen sie seine weitere Bestrafung Ilma und Toghril, die das gründlich besorgten.

Toghril, der Falke, hatte die Khanwürde durch eine schreckliche Tat erlangt: Er hatte alle Brüder, deren er habhaft werden konnte, kurzerhand umbringen lassen, und das waren immerhin rund vierzig an der Zahl, denn Markus hatte ja von Monogamie nie viel gehalten.

Über Toghrils Grausamkeit entsetzt erhob sich das Volk gegen ihn und jagte ihn davon. Mit einer Handvoll getreuer Krieger war er nun zu Jesügei um Beistand gekommen.

Nach langen Beratungen mit seinen Unterführern entschloß sich Jesügei, den Bitten seines Gastes nachzugeben. Er fiel mit seinen Reitern ins Land der Kereiten ein und errang einen überwältigenden Sieg gegen den neuen Throninhaber.

Triumphierend ritt Toghril in sein königliches Heerlager am Tola im Schwarzen Wald ein. Voll Dankbarkeit gegen seinen Retter schwor er diesem ewige Treue und Freundschaft. Um den Bund zu besiegeln, ließen der christliche Kereitenkhan und der schamanengläubige Qiyathäuptling nach einem alten Ritus Blutstropfen in eine Schale Kumyß fallen, die sie gemeinsam austranken. Damit wurden Jesügei und Toghril *anda,* »Blutsbrüder«.

Durch diesen Akt mit allen seinen Folgen ging der Name Toghrils in die Geschichte Asiens ein. Möglicherweise verbirgt sich seine Gestalt hinter der des legendären christlichen Herrschers »Priester Johannes«, von dem auch Marco Polo zu berichten weiß.

Oft blieb der Knabe Temudschin allein im sicheren Lager zurück, wenn seine Mutter Jesügei auf einem Feldzug begleitete. Bei seinen einsamen Spielen beobachtete ihn eines Tages Targhutai, der Häuptling der Taigighut, die Jesügei Gefolgschaft geschworen hatten. Targhutai war ein großer, ungeschlachter Mann, der Jesügei während dessen Abwesenheit vertrat. Er hob den Knaben zu sich empor und sah forschend in das kleine Gesicht, dann rief er: »Es ist Feuer in seinen Augen und Glanz auf seinem Antlitz!«

Die strahlend blauen Augen erinnerten Targhutai an die Sage vom Lichtgeist, der die schöne Alan-qo'a geschwängert hatte.

Von jenem Tag an trug Targhutai Sorge für den Knaben, wenn dessen Eltern abwesend waren. Er lehrte Temudschin den *ukriuk* zu handhaben, die lange Lederschnur mit einer Gleitschlinge an einem Ende, die zum Einfangen der Pferde diente. Temudschin lernte mit dem kleinen Bogen zu schießen und einen winzigen Säbel zu führen. Targhutai brachte ihm alle Fertigkeiten des Steppenlebens bei, und zwar keineswegs immer sanft – »als ob er ein junges Füllen gebändigt hätte«.

Der Treubruch der Klans

Die Mongolen pflegten früh zu heiraten. Als Temudschin neun Jahre zählte – nach anderen Quellen dreizehn –, beschloß sein Vater Jesügei, sich nach einer Braut für ihn umzuschauen.

Mittlerweile war Jesügeis Familie auf sieben Köpfe angewachsen. Temudschin hatte drei jüngere Brüder bekommen – Qasar war sieben, Qatschiun fünf und Temüge knapp drei Jahre alt. Qasar war nicht so groß wie Temudschin, aber breit und muskulös. Offensichtlich schlug er seinem kräftig gebauten Großonkel Qutula nach. Das Schwesterchen Temülün lag noch in der Wiege.

Außer den Kindern Ölün-ekes hatte Jesügei noch zwei Söhne von Sütschigil, Bekter und Belgütai. Bekter war ein wenig älter als Temudschin und sehr eifersüchtig auf den immer im Mittelpunkt stehenden Halbbruder.

Nachdem er sich mit seiner Frau Ölün besprochen hatte, entschied Jesügei, die Braut Temudschins unter den Töchtern der Qongirat zu suchen, dem Volk, dem auch Ölün entstammte und das zu den mächtigsten Mongolenstämmen des Ostens gehörte. Das Gebiet der Qongirat dehnte sich über einen breiten Streifen der nordöstlichen Mongolei und einen Teil der Mandschurei vom Khingan-Gebirge bis an die heutige russisch-chinesische Grenze. Im nächsten Frühling wollte Jesügei die über achthundert Kilometer lange und gefährliche Reise durchs Land der Tataren zu den Qongirat antreten.

Am Morgen der Abreise bestiegen Bagadur Jesügei und sein Sohn Temudschin zwei feurige Hengste (Stuten wurden nur geritten, wenn sie unfruchtbar waren), denen man während der letzten Monate Fettbrocken ins Futter gemischt hatte, damit sie kräftiger und widerstandsfähiger wurden für den langen Ritt. Mähnen und Schweife waren zurechtgestutzt, das sorgsam gestriegelte Fell glänzte in der Morgensonne. Ein drittes Roß, das Jesügei am Zügel mitführte, war beladen mit dem in Säcken verpackten Proviant aus getrocknetem Schafsfleisch und Qurut.

Jesügei trug eine Kappe aus Fuchspelz und einen warmen Mantel aus wattiertem Wollstoff, den er wie alle Mongolen auf der rechten Seite zuband. Die bis zum Knie reichenden Stiefel hatten hohe, schmale Absätze, um die Steigbügel besser halten zu können – Sporen waren bei den Mongolen unbekannt. Seine Reitpeitsche aus Antilopendarm war mit Kupferdraht verstärkt, so daß sie fest und elastisch zugleich vom knüppeldicken Stiel herunterschwang, eine allzeit bereite, wirksame Waffe.

Temudschin war ähnlich gekleidet wie sein Vater. Sommers wie winters, bei Regen, Schnee und Sonnenschein trug er einen Mantel aus Schafsfell, der ihn gleich gut gegen die Hitze wie gegen Frost schützte.

Ein letztes Winken für die zurückbleibende Familie, dann stob die kleine Gruppe davon. Nach einstündigem Ritt verabschiedeten sich die Gefolgsleute, die ihrem Häuptling das Geleit gegeben hatten. Nun zogen Vater und Sohn allein den Onon hinab. Ein Trupp fremder Reiter rief immer Argwohn bei den Steppenvölkern hervor; schneller und sicherer kam voran, wer allein reiste.

Sie ritten mit kurz gehaltenen Steigbügeln, die Knie angezogen, und faßten auch die Zügel kurz. Bei vollem Galopp lehnten sie den Körper weit vor über den Nacken des Pferdes. Der hohe spitze Sattel verhinderte ein Abstürzen.

Nachts schliefen sie, gut zugedeckt, auf dem Boden – wenn möglich, unter einem Baum. Wenn es kalt wurde, legten sie den Hengsten ebenfalls Filzdecken über den Rücken. Mongolenpferde kannten keinen Stall. Hitze und Kälte ertrugen die robusten Tiere gleich gut. Im Winter scharrten sie das Gras unter dem Schnee hervor wie Wildpferde. Sie gediehen unter Bedingungen, die kein europäisches Pferd ausgehalten hätte.

Dschingis Khan und seine Frau Börte; persische Miniatur (Paris, Bibliothèque Nationale).

Wenn einer der Hengste seinen Pflock herausriß, was hin und wieder vorkam, war es ziemlich schwer, ihn mit Hilfe des mongolischen Lassos, des Ukriuk, wieder einzufangen.

Wie alle Steppenwanderer verfügte Jesügei über ein ausgezeichnetes Gehör und scharfe Augen. Wenn er sich auf den Boden legte und horchte, hörte er menschliche Stimmen über weite Entfernungen hinweg. Und mit Hilfe seines ausgeprägten Orientierungsvermögens fand er sein Ziel auch durch weglose Einöden, ohne von der einmal eingeschlagenen Richtung abzuweichen.

Hin und wieder machten die Reisenden in einem freundlichen Ordu halt. Immer saß der Sohn an der Seite des Vaters, wenn Jesügei mit anderen Klanhäuptlingen sprach. Aufmerksam lauschte Temudschin den Anführern, wenn sie von ihren jüngsten Raubzügen gegen die Tataren oder die Chinesen erzählten. Plante ein Mann einen Raubüberfall gegen den Feind, so nahm er seine Lanze, heftete einen Pferdeschweif daran und rammte sie vor dem Zelt in den Boden – eine Einladung an alle, die Lust hatten mitzumachen. Ein Sprichwort sagte: »Wer die Hand an den Schwertgriff legt, fragt nicht lang nach einem Grund.«

Wenn die Reisenden sich einem fremden Ordu näherten, stürzten oft wilde Chasarenhunde auf sie zu, sprangen an Pferd und Reiter hoch und zerrten an den Stiefeln. Aber die Pferde wußten sich zu wehren: Ein gutgezielter Huftritt ließ manchen Chasar jaulend das Weite suchen.

Endlos zog sich der Weg entlang dem Onon durch die Buschsteppe, die nach Norden hin in die sibirische Taiga überging. Weit im Süden lag die Wüste Gobi, durch deren nördliche Ausläufer sich der fast parallel zum Onon fließende Kerulen hinzog. Im Gegensatz zur spärlichen Vegetation des Kerulenbeckens stand das Onontal voll saftiger Kräuter und wilder Blüten. Die Frühlingsschauer hatten das Land in einen blühenden Garten verwandelt, wo man hinsah, sprossen Tulpen, Nelken und sogar Rosen, dazwischen dufteten das Minzkraut und wilder Thymian.

Gemächlich ritt der Qiyathäuptling mit seinem Sohn

durch die Blütenpracht. Abwechslung gab es genug. Sie beobachteten die wild lebenden, schwarz-gelben Pferde und ebenfalls wild lebende Kamele mit zwei Höckern. Unterwegs jagten sie den flinken Wildesel, den *Qulan*. Das besonders scheue und kluge Tier war noch weit schwerer zu erlegen als eine Gazelle. Wegen seines schmackhaften Fleisches war der Kulan hochgeschätzt, aber meistens hetzten sich die Pferde vergeblich ab – der wilde Esel war schneller als sie, und die Reisenden mußten mit minderer Jagdbeute vorliebnehmen.

Nach einem vier- bis fünftägigen Ritt verließen sie das Onontal am Saum der Nertschinsker Berge, wo der zottige sibirische Tiger heimisch war. Hier lebten auch der Felsenpython und der weiße, schwarzgefleckte Schneeleopard, der seinen Schleichpfaden in den oberen Bergregionen folgte.

Jesügei unterrichtete seinen Sohn in allen Dingen, die ein zukünftiger Klanhäuptling wissen mußte. Er machte ihm klar, welche Bedeutung der mit Toghril geschlossene Vertrag für das Volk der Qiyat hatte, und verschwieg dem Jungen auch nicht, daß er den Kereitenhäuptling für grausam und hinterlistig hielt, allerdings auch für außerordentlich mächtig. Er warnte seinen Sohn vor Targhutai, der nur so plump-gutmütig tue, in Wirklichkeit aber ehrgeizig und rachsüchtig sei. Auch Temudschin hatte seinen Lehrer schon von dieser weniger erfreulichen Seite kennengelernt.

Schließlich erreichten sie das Tal des Argun, in dessen Nähe die Qongirat siedelten.

Dank des guten Zustandes ihrer Pferde konnten sie mühelos über hundert Kilometer täglich zurücklegen. Wenn Jesügei das Pferd wechselte, war er imstande, Tagesritte von bis zu zweihundert Kilometern zurückzulegen, notfalls sogar bis zu dreihundert, wenn er zwanzig Stunden im Sattel blieb und zuweilen über dem Pferdehals einnickte. Eine solche Anstrengung hielt er zehn Tage lang durch – vorausgesetzt, er bekam unterwegs ständig frische Pferde gestellt.

Das erste Qongiratlager, auf das die Reisenden trafen, gehörte dem Boskur-Klan. Die Ölqünüyüt, das Volk Ölün-ekes, saß weiter im Süden.

Jesügei und Temudschin ritten zum Zelt des Häuptlings, Dai-Setchen, der die Gäste freundlich begrüßte.

Als Jesügei ihm mitteilte, sie seien auf dem Weg zu Verwandten seiner Frau, um eine Braut für Temudschin zu suchen, betrachtete Dai-Setchen den Jungen neugierig und sagte dann zu Jesügei:

»Schwager Jesügei, ich habe diese Nacht einen Traum gehabt: Ein weißer Falke kam angeflogen, mit beiden Gestirnen, Sonne und Mond, in den Fängen und setzte sich auf meine Hand. Ich habe über diesen Traum zu den Leuten gesagt: Sonne und Mond konnte man immer sehen. Jetzt aber hat dieser Falke sie in seinen Fängen hergebracht und sich damit auf meine Hand gesetzt. Der Weiße hat sich niedergesetzt. Wie schön ist das Vorzeichen, das er mir zeigt! Schwager Jesügei, dieser Traum von mir hat doch wohl dich mit deinem Sohn an der Hand kommen sehen. Ich habe einen guten Traum gehabt. Was für ein Traum wird es sein? Es ist ein Hinweis darauf, daß ihr Qiyat-Leute als Glücksboten gekommen seid!«

Höflich bat er Jesügei und seinen Sohn daraufhin ins Zelt, wo sich seine Tochter Börte aufhielt, ein zehnjähriges Mädchen, das mit ihrem hellen Haar eine Schwester Temudschins hätte sein können.

Später, als sie sich im Gästezelt zur Ruhe legten, vertraute Temudschin dem Vater an, nur dieses Mädchen könne er lieben, eine andere Braut wolle er nicht.

Am folgenden Morgen hielt Jesügei in aller Form um die Hand Börtes für seinen Sohn an. Dai-Setchen war einverstanden, schlug aber wegen der Jugend der Brautleute vor, Temudschin solle zunächst einige Zeit in seinem Ordu leben. Es gehörte zu den alten Steppenbräuchen, daß der Bräutigam eine Art Probezeit im Haushalt seines zukünftigen Schwiegervaters absolvierte.

Zögernd stimmte Jesügei zu. Er ließ sein Handpferd als

Verlobungsgabe da und trat nach einigen Ruhetagen allein den weiten Heimweg an.

Auf der Gelben Steppe, die sich zu Füßen des Berges Tschekcher ausbreitet, bekam der Qiyathäuptling plötzlich großen Durst. In der Ferne sah er eine Gruppe Tataren, die gutgelaunt an einem Brunnen saßen und feierten. Eingedenk des alten Steppengesetzes, daß jeder Gast dem Gastgeber heilig sei, lenkte Jesügei sein Pferd in ihre Richtung.

Zu seinem Unglück erkannte einer der Tataren jedoch den Mann, der ihnen so manche empfindliche Niederlage bereitet hatte. Er verständigte insgeheim seine Gefährten, die daraufhin das Gesetz der Gastfreundschaft brachen und Gift in Jesügeis Trinkbecher schütteten.

Das Gift wirkte langsam. Erst nachdem er die Tataren verlassen hatte, spürte Jesügei, daß irgend etwas mit ihm nicht stimmte. Seine Eingeweide zogen sich in Krämpfen zusammen, der Schweiß stand ihm auf Stirn und Rücken, und sein Leib schwankte kraftlos im Sattel hin und her.

Jesügei wußte, daß er sterben mußte. Mit allen Kräften seiner robusten Natur kämpfte er gegen die Übelkeit an, er riß die Augen auf und krallte sich mit den Händen am Sattel fest. Er mußte es bis nach Hause schaffen.

Nach drei qualvollen Tagen erreichte Temudschins Vater endlich sein Ordu. Bevor er starb, beauftragte er Munglik, einen getreuen Krieger, Temudschin sofort zurückzuholen, damit er sein Erbe antrete und sich als Häupling an die Spitze des Klans stelle.

Munglik führte den letzten Befehl seines Herrn unverzüglich aus. Dai-Setchen erzählte er lediglich, Jesügei wolle aus Familiengründen seinen Sohn sofort wiederhaben. Mit keinem Wort verriet er, daß Jesügei tot war. Er hatte Angst, Dai-Setchen könne den Knaben sonst als Geisel oder Sklaven zurückhalten.

Ohne unnötige Aufenthalte kehrte Munglik mit dem Knaben heim. Er wählte nun den direkten Weg über die Trockensteppe südlich des Kerulen.

Die Regenzeit war längst vorüber, braun und nackt lag die

Steppe vor ihnen. Der Boden war so ausgetrocknet, daß er unter den Pferdehufen wie eine gepflasterte Straße klang. An anderen Stellen gab es tiefen Treibsand, gefährlich für jeden, der in ihn hineingeriet. Oder der Boden war von den Gängen der Murmeltiere unterwühlt, so daß die galoppierenden Pferde ständig »einbrachen«. Wasser war kaum vorhanden und an Gewächsen zeigte sich nur der genügsame Kameldorn, der – wie sein Name schon sagt – nur von Kamelen gefressen wird. Von der Wüste Gobi wehte der heiße Wind herüber, bis die zitternde Luft in der Mittagshitze wie eine Wasserfläche spiegelte.

Während der heißen Mittagsstunden schliefen die Reisenden. Bei sinkender Sonne brachen sie auf und ritten die ganze Nacht hindurch – immer auf der Hut vor umherschweifenden Tataren –, bis sie ihr heimatliches Lager am Onon erreichten.

Nach Jesügeis Tod hatte Ölün-eke energisch und resolut die Führerschaft für sich und ihre Söhne gefordert. Aber das Volk, das den Treueid auf die Person Jesügeis geschworen hatte, hielt sich durch seinen Tod davon entbunden. Als erste fielen die Taigighut unter Targhutai ab, die Qiyat taten es ihnen nach. Wie konnten sich auch erwachsene Krieger von einer Frau und ihren Knaben regieren lassen? Es fehlte nur noch der Anlaß zur offenen Rebellion.

Und der war bald gefunden. Als Ölün-eke dagegen protestierte, daß man ihr beim feierlichen Trankopfer keinen Ehrenplatz eingeräumt hatte, berief Targhutai einen Qurultai ein, bei dem Ölün wiederum ausgeschlossen wurde.

Am Morgen des nächsten Tages trieben die Taigighut das Vieh zusammen und begannen, ihre Zelte abzubauen. Nach einigem Zögern schloß sich ein Qiyatkrieger nach dem anderen ihrem Aufbruch an. Mit Tränen in den Augen beobachtete Temudschin, wie selbst die ältesten Freunde seines Vaters sich den Abtrünnigen anschlossen. Er versuchte, sie aufzuhalten, aber sie schoben ihn nur derb zur Seite, als sei er kein Häuptlingssohn, sondern ein stinkender Iltis – und seine Tränen wichen brennendem Haß angesichts dieser Demütigung.

Unterdessen hatte Ölün-eke die *tuq,* das Feldzeichen Jesügeis mit den weißen Pferdeschweifen, aus ihrem Zelt geholt und ritt damit, es hoch über dem Kopf emporhaltend, ihrem treulosen Volk nach. Bei diesem Anblick hielt mancher Krieger beschämt an, der Zug geriet ins Stocken.

In diesem entscheidenden Augenblick stellte sich der greise Vater Mungliks vor die Leute, und ermahnte sie, ihrem Eid treu zu bleiben und umzukehren.

Aber Todoyan-Girte, der die Führung des Qiyat-Klans an sich gerissen hatte, ritt auf den Alten zu und schrie ihn an:

»Das tiefe Wasser ist vertrocknet, der glänzende Stein ist zersplittert!« Der Sinn seiner Worte war klar: Es gab keinen Jesügei mehr, niemanden mehr, dem sie Gehorsam schuldeten.

Daraufhin packte der alte Mann Todoyan beim Arm. Der stieß einen Wutschrei aus und hieb dem Alten mit der Lanze über den Rücken, daß dieser aus dem Sattel stürzte.

Langsam setzte sich die Karawane wieder in Bewegung. Ölün schleppte den Schwerverwundeten ins Zelt zu ihren Kindern.

»Ich habe nur meine Pflicht getan«, stammelte Mungliks Vater. »Und so hat unser Volk es mir gelohnt.« Temudschin stand stumm, wie erstarrt, neben ihm. Nach einer Weile drehte er sich um und ging still aus dem Zelt. In diesem Augenblick hörte er auf, ein Knabe zu sein.

Ölün-eke blieb zurück mit einer Tochter im Säuglingsalter und vier Söhnen, von denen der älteste neun Jahre zählte. Außerdem waren da noch Sütschigil und ihre Söhne Bekter und Belgütai.

Ölün-eke hatte keine Zeit, ihr Schicksal wortreich zu beklagen. Kurzentschlossen setzte sie die hinderliche Bokta ab und gürtete ihr Kleid, um am Ononufer nach eßbaren Früchten für ihre Kinder zu suchen.

In dem fruchtbaren Flußtal wuchs so manches, womit man den Hunger stillen konnte: verschiedene Nuß- und Beerenarten, Wildkirschen und wilde Äpfel. Mit einem Stecken grub Ölün wilde Zwiebeln und Knoblauch aus, pflückte Haselnüsse und schüttelte Kastanien von den Bäumen. Sütschigil half ihr dabei. So bewahrten die Frauen sich und ihre Kinder vor dem Hungertod.

»Ölün«, so priesen die Mongolen später, »war eine heldenhafte Frau.«

Auch die Jungen trugen ihren Teil zum Lebensunterhalt der kleinen Familie bei. Sie bogen die Nadeln ihrer Mütter zu Fischhaken, knüpften Netze und stellten Fallen für das Wild auf. Freilich fingen sie höchstens kleinere Fische wie Bachforellen und junge Lachse, und in den Schlingen zappelte hin und wieder ein Hase oder ein Murmeltier. Aber immer brachten sie die Beute der Mutter als willkommene Bereicherung des Speisezettels.

Der unerbittlichen Wildnis schutzlos preisgegeben, stets von Wölfen und Schakalen bedroht, lebte und überlebte Jesügeis Familie.

Hin und wieder kam Djamuqa zu Besuch, obwohl sein Freund das Leben eines »Outlaw« führte. Als Temudschin elf Jahre wurde, schlossen die Jungen feierlich Blutsbrüderschaft. Djamuqa schenkte seinem neuen Anda einen Hirschknochen und bekam von diesem einen ähnlichen, mit Kupferdraht verzierten Knochen als Gegengeschenk. Solche Knochen wurden zu einer Art Hockeyspiel auf dem Eis des Onon benutzt. Danach tranken sie einen Becher Milch, in den sie beide ein paar Blutstropfen hatten fallen lassen, und schworen mit heiligem Ernst, einander als Blutsbrüder stets beizustehen.

Im Frühjahr gingen die Jungen mit ihren hölzernen Pfeilen und Bogen auf die Jagd. Djamuqa schenkte Temudschin einen »singenden Pfeil«, den er aus dem Horn eines jungen Bullen geschnitzt hatte. In den Schaft waren viele kleine Löcher gebohrt, so daß der Pfeil beim Flug durch die Luft wie eine Flöte pfiff. Als Gegengabe überreichte Temudschin seinem Freund einen Pfeil mit einem Knopf aus Wacholderholz statt der Spitze, so daß man Eichhörnchen und Vögel schießen konnte, ohne sie zu töten.

Weniger gut verstand sich Temudschin mit seinem Halbbruder Bekter. Der etwas ältere Bekter war ehrgeizig und eigensinnig – und immer weniger bereit, Temudschins Vorrechte anzuerkennen. Je älter sie wurden, desto offener entbrannte der Streit zwischen den Brüdern um den ersten Platz in der vaterlosen Familie.

Eines Morgens fischten die vier Brüder – Temudschin, Qasar, Bekter und Belgütai – gemeinsam am Ononufer. Als ein großer, lachsähnlicher Fisch von schöner Goldfarbe an der Angel zappelte, konnten sie sich nicht einigen, wem der Fisch gehörte. Bekter und Belgütai gewannen den Streit und zogen mit dem Fisch ab. Es war nicht das erste Mal, daß sie Temudschin so betrogen: Erst vor kurzem hatte Bekter ihm eine Haubenlerche gestohlen.

Beleidigt liefen Qasar und Temudschin ins Zelt ihrer Mutter. Aber Ölün wollte von solchen Zwistigkeiten nichts hören und wies die beiden scharf zurecht:

»Nicht einmal gemeinsam sind wir stark genug, um uns für die erlittene Schmach an den Taigighut zu rächen, und ihr seid noch ständig untereinander uneins!«

Die Brüder gingen hinaus und sprachen lange miteinander. Dann wußten sie, was sie zu tun hatten.

Sie fanden Bekter auf einem Hügel, wo er die neun schwarzbraunen Wallache hütete, die als letzter wertvoller Besitz der Familie verblieben waren. Bekter saß mit untergeschlagenen Beinen auf dem Boden und merkte nicht, daß die Brüder sich näherten. Sie duckten sich ins hohe Gras und schlichen vorsichtig an ihn heran. Dicht hinter ihm erhoben sie sich plötzlich mit gespanntem Bogen.

Bekter fuhr herum. Er erschrak, als er ihre kalten Augen sah, und erkannte, daß hier jedes Flehen um Gnade vergebens sein würde. Er bat nur, sie möchten wenigstens seinen Bruder Belgütai verschonen. Dann setzte er sich wieder hin und erwartete seinen Tod.

Die Söhne Jesügeis schossen ihre Pfeile ab, als ob sie auf eine Scheibe zielten.

Erst im Dunkel der Nacht wagten Temudschin und Qasar sich ins Zelt ihrer Mutter zurück. Ölün-eke las ihnen die grausige Tat von den trotzigen Gesichtern ab.

Voller Grauen sah Ölün auf die Söhne, die sie geboren hatte, und klagte sie voller Entsetzen an: »Du gleichst dem Schakal, der seinen Dung verteidigt. Und dein Bruder ist ein toller Chasarenhund, der schweigend seine Beute reißt in dunkler Nacht. Schlangen seid ihr, die sich gegenseitig erwürgen! Ihr werdet einander noch alle zerfleischen!«

Aber von Stund an wurde Temudschin, so jung er war, als der unbestrittene Führer seines kleinen Klans anerkannt.

Bis zu den üppigen Weiden am Unterlauf des kalten Selenga drang die Kunde von Temudschins gnadenloser Tat, bis zu Targhutai, der hier seine Zelte stehen hatte. Er hatte geglaubt, die verlassene Häuptlingsfamilie sei längst in der Wildnis zugrunde gegangen. Aber Jesügeis Sohn lebte, und diese Tat ließ vermuten, daß jene, die ihn einst um sein Erbe betrogen hatten, nun um ihr Leben fürchten mußten.

Targhutai rief die Häuptlinge der Taigighut in sein Zelt und schilderte ihnen die gefährliche Lage.

Die Taigighut sattelten daraufhin die Pferde und ritten zu ihrem ehemaligen Lagerplatz, wo Ölün-ekes Familie ihr Leben fristete. Ihr Kommen wurde jedoch bemerkt, und Temudschin flüchtete mit den Seinen rechtzeitig in die Berge. Belgütai schlug Bäume für eine Palisade, Qasar schoß aus dem Hinterhalt. Der Rest des Klans versteckte sich in umliegenden Höhlen und Felsschluchten. Targhutai schrie hinauf, er wolle nur Temudschin haben. Doch als dieser sich anschickte hinabzusteigen, hoben seine Leute ihn voller Angst um sein Leben aufs nächstbeste Pferd und gaben dem Tier einen kräftigen Tritt, so daß es sich aufbäumte und davonstob.

Die Taigighut sahen Temudschin davongaloppieren und setzten ihm sofort nach – vergeblich. Temudschin, der das Gelände gut kannte, gewann einen Vorsprung und erreichte ein Dickicht, in dem er sich versteckte. Die Taigighut, die ihm dorthinein nicht folgen wollten, umstellten das ganze Waldstück.

Nach drei Tagen und Nächten ohne andere Nahrung als ein paar Waldbeeren und Nüsse beschloß Temudschin, den Ausbruch zu wagen.

Als er sein Pferd am Zügel hinter sich durch den Busch zog, löste sich der Sattel und fiel herunter. Temudschin schaute nach und stellte fest, daß Sattelgurt und Brustband nach wie vor fest anlagen, nur das Sattelblatt hatte sich von der Unterlage gelöst. So etwas kam höchst selten vor, und Temudschin sah darin einen Wink des Himmels, sein Versteck nicht zu verlassen.

Noch weitere sechs Tage hielt er aus, dann wurde der Hunger unerträglich. Er hackte mit dem Messer einen Durchschlupf in das Gestrüpp und sprengte mit seinem Roß in die offene Steppe hinaus.

Die Späher der Taigighut entdeckten ihn sofort. Sie schlugen Alarm, und schon bald hatte ein Reitertrupp den Flüchtling eingeholt. Nicht eben sanft fesselten sie den entkräfteten, sich kaum wehrenden Jungen.

Noch am selben Tag traten die Taigighut mit ihrem Gefangenen den Heimweg an.

Stolz trat Temudschin vor Targhutai, seinen einstigen Freund und Lehrer. Targhutai trug eine mit Zobel besetzte Mütze und hatte einen weiten Schafspelz um die Schultern gelegt. Er war schwerer und massiger geworden, seit Temudschin ihn das letzte Mal aus der Nähe gesehen hatte. Er saß weit nach hinten gelehnt, vor ihm standen Trinkschalen mit Kumyß. Lange sah er Temudschin in die Augen, der seinem Blick mutig standhielt. Nein, er konnte und wollte Jesügeis Sohn nicht mehr töten. Später erklärte er, eine geheimnisvolle Macht habe ihn an der Durchführung seines Vorhabens gehindert.

Targhutai verkündete, Temudschin sei von nun an sein Gefangener und Sklave. Von Wächtern begleitet verließ Temudschin das Zelt.

Anderntags legte man ihn ins Joch. Das war ein schweres Holzbrett, in dem ein größeres Loch für den Hals und zwei kleinere für die Handgelenke ausgespart waren. Im mittelalterlichen Europa war das Folterinstrument unter dem Namen »Halsgeige« bekannt. Derart grausam gefesselt mußte Temudschin jede Nacht in einem anderen Zelt verbringen, denn

Targhutai fürchtete, seine Leute könnten bei einem längeren Zusammensein mit dem Sohn ihres ehemaligen Häuptlings Mitleid für diesen empfinden. Trotzdem konnte Targhutai nicht verhindern, daß mancher Krieger den tapferen Jüngling von Herzen bedauerte.

Als die Reihe der nächtlichen Bewachung an den Häuptling des Suldus-Klans, Sorqan-chira, kam, ließ dieser Temudschin das Joch während der Nacht abnehmen und ihn in Frieden schlafen.

Da sich der junge Gefangene scheinbar in das Unvermeidliche fügte, erlahmte die Aufmerksamkeit seiner Bewacher allmählich.

Zum Fest der Roten Scheibe, das am 16. Tag des ersten Sommermonats begangen wurde, versammelten sich die Taighut am Onon. Nachdem sie den Tag mit den entsprechenden Riten und Gelagen gefeiert hatten, suchten die trunkenen Festgäste bei einbrechender Dunkelheit ihre Zelte auf.

Die Überwachung Temudschins hatte man einem noch jungen und nicht sehr kräftigen Krieger überlassen. Aus Unachtsamkeit oder weil auch er dem Kumyß kräftig zugesprochen hatte, ging er voraus – und Temudschin erkannte rasch seine Chance.

Geschickt hob er das Joch, drehte es mit der ganzen Schulter zur Seite und stieß es dann mit voller Wucht dem Wärter gegen den Kopf, so daß dieser betäubt zu Boden ging.

Wie ein Hirsch, der mit seinem ausladenden Geweih durch die Büsche bricht, kämpfte sich Temudschin mit der hinderlichen Halsgeige durch Gestrüpp und Farnkraut zum Ufer des Onon durch, das ihm von Kindesbeinen an vertraut war. An einer Flußbiegung, wo er seichte Stellen vermutete, ging er ins Wasser und legte sich flach hin, so daß nur Mund und Nase herausragten, während das Joch wie ein unförmiger Holzkragen auf der Oberfläche schwamm.

Vom Lager her erscholl lautes Rufen, offenbar hatte sich sein Bewacher wieder erholt und alle anderen aufgeweckt. Benommen vom überreichlichen Kumyßgenuß kamen sie augenreibend aus den Zelten gewankt. Bald darauf knackten die Zweige unter ihren Füßen, als sie im taghellen Licht des Vollmonds in den Flußauen nach dem Flüchtling suchten.

Zufällig war es gerade Sorqan-chira, Temudschins Wohltäter, der dicht neben seinem Versteck an die Uferböschung trat. Im hellen Mondlicht erkannte er sofort den still im Wasser liegenden Jungen.

Als hätte er nichts gesehen, ging er zurück und rief seinen Nachbarn zu, hier sei niemand, man solle es doch weiter oben versuchen.

Die Taigighut suchten stundenlang – natürlich ohne Erfolg. Müde und verdrossen kamen sie schließlich überein, bei Sonnenaufgang die Zelte abzubrechen und die Jagd nach dem Flüchtling am Tag fortzusetzen.

Als Temudschin sicher war, daß alle Verfolger ins Lager zurückgekehrt waren, kroch er völlig erschöpft aus dem kalten Wasser. Sein Nacken schmerzte, er zitterte vor Kälte, seine Glieder waren taub und gefühllos. Er überlegte genau, welcher Fluchtweg ihm die meisten Chancen bot, und gelangte zu dem Schluß, daß seine einzige Hoffnung darin bestand, in der Dunkelheit das Zelt Sorqan-chiras zu finden.

Mittlerweile war der Mond untergegangen, dichte Finsternis hüllte alles ein. Außer einigen Tierstimmen war kein Laut zu hören, Temudschin mußte sich auf seine wachen Instinkte verlassen, wenn er den richtigen Weg durch die dichten Büsche finden wollte.

Er erinnerte sich, daß die Zelte des Suldus-Klans stets ein wenig abgesondert von den anderen standen, und daß Sorqan-chira häufiger Kumyß aus Stutenmilch schlagen ließ. Tat er das auch in dieser Nacht, so brauchte Temudschin nur dem Geräusch der Kumyßschläger zu folgen, denn den Taigighut war nach dem Gelage und der Aufregung eine solche Geschäftigkeit nicht zuzutrauen.

Und er hatte Glück. Schon bald hörte er das dumpfe, wohlbekannte Geräusch.

Als Temudschin das Zelt erreicht hatte, hob er entschlossen die Türdecke. Sorqan-chira sah mit finsterer Miene auf den ungebetenen Gast. Seine Söhne sprangen jedoch auf und zogen Temudschin rasch ins Zelt. Sie zerschlugen das Joch und warfen die Stücke ins Feuer. Dann holten sie trockene Kleider und gaben Temudschin eine heiße Suppe zu essen. Als er sich etwas erholt hatte, führten sie ihn hinters Zelt, wo ein großer, mit frischgeschorener Schafswolle hoch beladener Karren stand. Einer Erklärung bedurfte es nicht. Wortlos kroch Temudschin wie ein Murmeltier in die Wolle, die noch die Tageshitze speicherte.

Als Targhutai seine Krieger drei Tage lang vergeblich hatte suchen lassen, kam er zu dem naheliegenden Schluß, irgendwer aus seinem Gefolge müsse den Flüchtling verborgen halten. Er gab den Befehl, Zelte und Wagen zu durchsuchen.

Auch in Sorqan-chiras Zelt wurde das Unterste zuoberst gekehrt. Zuletzt kam der Karren hinterm Zelt an die Reihe. Zwei Männer stiegen hinauf und begannen, die Wollbündel hinunterzuwerfen. Es war Mittag, die Sonne brannte heiß, und den Männern lief der Schweiß nur so übers Gesicht. Sorqan-chira ließ sie eine Weile gewähren und fragte dann ganz beiläufig:

»Habt ihr denn noch immer nicht genug? Wie könnte jemand es da unten bei dieser Hitze aushalten?« Die Männer wischten sich die Stirn, nickten zustimmend und sprangen lachend vom Wagen.

Als sie gegangen waren, kroch Temudschin aus der untersten Lage Wolle hervor. Sorqan-chira fuhr ihn an:

»Fast hätten wir deinetwegen unser Leben verwirkt. Geh jetzt endlich heim zu deiner Mutter.«

Temudschin erhielt eine alte Stute, einen Ledersack mit dem notwendigen Proviant, ja, sogar Pfeil und Bogen, um für alle Fälle gerüstet zu sein.

Er lebte und war wieder frei!

Nur wenn es unbedingt nötig war und sein Pferd nicht mehr laufen konnte, legte er ein paar Stunden Rast ein, bis er die Stelle erreicht hatte, an der Belgütais Palisade stand. Aber weit und breit war niemand zu sehen. Erschöpft ließ Temudschin sich auf den steinigen Boden nieder und sank in tiefen Schlaf.

Frischen Muts suchte er anderntags nach Spuren, die seine Familie hinterlassen hatte. Obwohl bereits Wochen vergangen waren, wiesen ihm Karrenspuren und verlassene Feuerstellen den Weg, den die Seinen eingeschlagen hatten. Schließlich traf Temudschin seinen kleinen Klan an den Quellen des Qimurqa, dessen Lauf er die ganze Zeit gefolgt war.

Er wurde mit unbeschreiblichem Jubel empfangen. Aber es schien ihm klüger, recht weit entfernt von den Taigighut die Zelte aufzuschlagen, und so führte er seine Leute über die Berge und durch das Tschenkhirtal in das Quellgebiet des Kerulen.

Temudschins Klan lebte nun südlich des Burqan-qaldun an einem kleinen See, der *Kuku-nor* genannt wurde, »Blauer See«*. Es war die Heimat der *Gurelgu;* der Riesenschlange. Zu jagen gab es hier kaum etwas außer Murmeltieren und Feldmäusen ...

* Nicht zu verwechseln mit dem großen Kuku-nor im Nanschan-Gebirge.

Pferdediebe am Kuku-nor

Eines Morgens saßen die nun fast erwachsenen Burschen am Ufer des Kuku-nor. Manchmal blickten Temudschin und Qasar zur Pferdeweide hinüber, wo acht ihrer braunen Wallache weideten. Mit dem neunten Pferd, dem kastanienbraunen Darghi, war Belgütai auf Murmeltierjagd geritten; er würde erst gegen Abend wieder zurück sein.

Plötzlich sprang Qasar auf. Er vernahm das Hufgetrappel von mindestens einem Dutzend Pferden, die in das enge Hochtal des Kuku-nor einbrachen. Fast gleichzeitig kamen die Reiter in Sicht. Ohne Zögern sprengten sie auf die friedlich weidenden Pferde zu, bohrten die Pflöcke mit den Säbelspitzen aus dem Boden, und noch ehe die beiden Burschen wußten, wie ihnen geschah, jagten die Räuber auch schon mitsamt den acht Wallachen talabwärts.

Wie vom Blitz getroffen standen Temudschin und Qasar da. Sie konnten den Dieben nicht einmal folgen, denn Darghi, ihr neuntes und jetzt einziges Pferd, war ja mit Belgütai unterwegs.

Bald nach Sonnenuntergang traf Belgütai im Lager ein, das mit fetten Murmeltieren beladene Pferd neben sich am Zügel führend. Als er von dem frechen Diebstahl erfuhr, warf er die Jagdbeute auf den Boden und wollte trotz seiner Müdigkeit sofort den Räubern nach. Aber Temudschin hielt ihn zurück: Er habe sich den ganzen Tag über ausgeruht und im übrigen sei es seine, des Ältesten, Pflicht, die Pferde, ihren letzten Besitz, den Dieben abzujagen.

Er sprang auf Darghis Rücken und folgte den nur allzu deutlichen Hufspuren. Zwei Tage, drei Tage, ohne daß es ihm gelang, die Räuber einzuholen. Bald war er ebenso erschöpft wie sein Reittier, aber er gab nicht auf. Er mußte die Pferde wiederhaben, koste es, was es wolle.

Er war ohne genügend Proviant aufgebrochen und zu allem Unglück begann sein Brauner nun auch noch zu lahmen. Er stieg ab und führte Darghi am Zügel weiter. Doch endlich winkte ihm der Lohn für seine Ausdauer: Temudschin war an den Rand des Gebirges gekommen, vor ihm dehnte sich die endlose Steppe, und von einem Hügel herab erblickte er Bo'ortchu, der seine Stuten melkte.

Bo'ortchu, ein frischer Bursche, nur wenig jünger als Temudschin, erkannte sofort, daß dort einer kam, der Hilfe brauchte, sein müder Gang und sein stolperndes Roß sagten genug. Als die beiden sich dann gegenüberstanden, faßten sie sofort Vertrauen zueinander, obwohl sie sich noch nie zuvor gesehen hatten.

Bo'ortchu begrüßte den Fremdling freundlich, und Temudschin berichtete dem aufmerksam Lauschenden, welches Mißgeschick ihn und die Seinen getroffen hatte.

»Heut morgen, bald nach Sonnenaufgang, sind Leute vom Stamm der Djürtschäten vorbeigekommen«, sagte Bo'ortchu bestätigend. »Außer ihren Reitpferden trieben sie acht braunschwarze Pferde ohne Sattel vor sich her.« Und er bot Temudschin an, ihm den Weg zu den Koppeln der Djürtschäten zu zeigen. Er deckte den ledernen Melkeimer zu, pflockte Darghi neben seinen Stuten an und lieh Temudschin einen prächtigen Schimmel. Er selbst bestieg einen kräftigen Fuchs, und ritt, ohne im Lager seines Vaters Bescheid zu sagen, mit dem neuen Freund davon.

Mehrere Tage folgten sie den Spuren der Pferdediebe, bis sie eines Abends, als die Sonne schon den Horizont berührte, in der Ferne einen großen Pferch erblickten. Dahinter ragten Zeltspitzen in den Himmel, und in der Nähe des Gatters grasten acht braunschwarze Wallache.

Die beiden hielten an, und Temudschin erklärte, er wolle sein Eigentum allein zurückholen. Aber Bo'ortchu wehrte ab: Er werde doch nicht in sicherer Entfernung warten, während sein Freund sich in Gefahr begebe. Gemeinsam sprengten sie vorwärts, rissen die acht Pferde los und jagten sie vor sich her in die Richtung, aus der sie gekommen waren.

Als die Räuber, die bis dahin am anderen Ende des Pferchs gerastet hatten, sich von ihrer Verblüffung erholten, sprangen sie auf ihre Pferde und setzten den Burschen nach – vergebens. Die rasch hereinbrechende Nacht ließ eine weitere Verfolgung sinnlos erscheinen. Außerdem hatte keiner der Diebe Lust, sich einem Pfeilschuß aus dem Dunkel auszusetzen, und so kehrten die bestohlenen Diebe mit leeren Händen zurück.

Bo'ortchu und Temudschin ritten zurück, so rasch sie konnten. Als sie endlich im Lager von Bo'ortchus Vater eintrafen, hatten sie mehrere hundert Meilen ohne Ruhepause zurückgelegt – genug Reittiere zum Wechseln hatten sie ja gehabt. Sobald sie die Pferde versorgt hatten, suchten sie Bo'ortchus Vater, den Häuptling der Arulaten, in seinem Zelt auf.

Bajan, »der Reiche« – so wurde er genannt –, hatte es seinem einzigen Sohn ziemlich übelgenommen, daß er sich ohne ein Wort zu sagen aus dem Staube gemacht hatte. Doch jetzt war er vor allem froh, ihn gesund wiederzusehen.

Für die Rückreise zum Kuku-nor wurde Temudschin mit dem üblichen Reiseproviant ausgestattet: mit einem gebratenen Lamm und einem vollen Schlauch Kumyß. Auch Darghi hatte sich mittlerweile erholt. Unbehelligt erreichte der junge Mann in kürzester Zeit seine Zelte am Kuku-nor.

Schon bald war die Kunde von Temudschins Heldenstück in aller Munde. An jedem Lagerfeuer, wo von der Rückeroberung der Pferde erzählt wurde, nahmen die Entfernung, die Zahl der Pferde und der Räuber zu. Mit Interesse und Respekt sprachen die Mongolen von dem Zwanzigjährigen, der nun ein kräftiger, hochgewachsener junger Mann mit einer breiten Stirn, vorstehenden Backenknochen und stechenden blauen »Katzenaugen« war, die sein Gegenüber zu durchschauen und nach dessen geheimsten Gedanken zu forschen schienen. Zeitgenössische chinesische Quellen schreiben schon dem jungen Temudschin einen durchdringenden, »übernatürlich« scharfen Blick zu.

Trotz gelegentlicher Ausbrüche von Grausamkeit und Gewalttätigkeit, die ihm zweifellos eigen waren, hatte Temudschin ein hochherziges, vielleicht sogar liebenswürdiges Wesen. Er war ehrlich und gerecht und besaß eine natürliche Beredsamkeit, mit deren Hilfe er die Meinung anderer in seinem Sinne zu beeinflussen wußte.

Temudschin hegte insgeheim ehrgeizige Pläne. Längst war er des Lebens als Outlaw überdrüssig und beabsichtigte, nun endlich den ihm zukommenden Rang unter den Steppenfürsten einzunehmen.

Auch war es an der Zeit, eine Familie zu gründen. Temudschin hatte Börte, die schöne Tochter Dai-Setchens, keineswegs vergessen, obwohl er sie viele Jahre lang nicht gesehen hatte. Und so machte er sich zusammen mit Belgütai auf den Weg, nach der ihm einst Versprochenen zu schauen.

Belgütai, der ihm nach Bekters Tod lange mißtraute, hatte sich schließlich davon überzeugt, daß ihm keine Gefahr drohte, solange er Temudschins Überlegenheit anerkannte, und so vergaß er allmählich das Geschehene und wurde ein zuverlässiger Gefolgsmann seines Halbbruders.

Die beiden ritten den Kerulen hinab und trafen Börtes Vater an seinem alten Weideplatz. Der Qongirathäuptling Dai-Setchen war erstaunt, den jungen Mann wiederzusehen, denn er hatte wohl von dem Verrat der Taigighut, nicht aber von Temudschins jüngsten Heldentaten gehört. Er hatte Einwände gegen die erneut vorgebrachte Werbung, denn er wollte seine Tochter nicht einem Häuptlingssohn ohne Erbe zur Frau geben. Börtes Bruder Elqi, der Temudschin wohlgesinnt war, bewog den Vater jedoch, sein vor langen Jahren gegebenes Versprechen auch zu halten.

Dai-Setchen und seine Frau Chotan gaben ein rauschendes Fest für das junge Paar. Und nachdem Temudschin seine Braut mongolischem Brauch entsprechend »entführt« hatte, setzte Börte sich die Bokta auf zum Zeichen, daß sie nun Temudschins Ehefrau war.

Dai-Setchen begleitete die Jungvermählten bis zur Sandsteppe Urak Chul und nahm dort Abschied von ihnen. Seine

Frau Chotan hingegen reiste mit zu den Zelten ihres Schwiegersohnes am Kuku-nor. Als Mitgift der Tochter führte sie einen Mantel aus herrlichem schwarzem Zobelpelz in ihrem Gepäck.

Nachdem auch am Kuku-nor die Hochzeit gebührend gefeiert worden war, machte sich Temudschin unverzüglich an seine vordringlichste Aufgabe: seinen Rang als Qiyathäuptling durchzusetzen. Zunächst forderte er Bo'ortchu auf, als sein Freund und Gefolgsmann an den Kuku-nor zu kommen. Bald nach Bo'ortchus Eintreffen brach Temudschin das Lager am Kuku-nor in den Schlangenbergen ab und zog nach Südwesten hinunter in die Hügelsteppe zum Burgi Ergi, einem einzelnen Fels inmitten des Graslandes, der auch *Sari Keyer*, »Eselskruppe«, genannt wurde, denn von Wind und Wetter blank und rund poliert erhob er sich über dem welligen Land.

Die später weithin berühmte Steppenlandschaft, die der Schauplatz von Dschingis Khans künftigem Leben werden sollte, umfaßt im weiteren Sinn das gesamte Land westlich des Kerulens bis zu jener Biegung, wo dieser sich nach Osten hin zum Kulun-nor und in die Ebene der Mandschurei wendet. Als seine Heimat im engeren Sinn versteht man die Gegend südwestlich der Flußbiegung nahe den Seen *Kalayatu-nor* und *Gun-nor*, dem »See der Wildgänse« und dem »Tiefen See«.

Der neue Lagerplatz Temudschins befand sich etwa auf halbem Weg zwischen den Flüssen Kerulen und Tola, wo Toghril, der große Kereitenhäuptling, seine Zelte im Schwarzen Wald stehen hatte. Temudschin, der nie einen Entschluß faßte, ohne ihn vorher reiflich überlegt zu haben, hatte diesen Umstand durchaus in seine Pläne miteinbezogen.

Solange er als Outlaw in den Bergen hauste, hatte er keine Hilfe von seines Vaters Blutsbruder zu erwarten. Aber jetzt sah die Sache anders aus: Er hatte einen angesehenen Schwiegervater, ein wenn auch sehr kleines Gefolge und stand im Ruf, ein Mann der Zukunft zu sein. Nicht als Bittsteller, sondern erhobenen Hauptes konnte er vor Toghril treten und ihm seine Dienste anbieten, denn er wußte wohl, daß der alte Falke nach Verbündeten Ausschau hielt. Jeder Khan, jeder Steppenhäuptling trachtete stets danach, die Zahl seiner Vasallen zu vergrößern.

Als Geschenk für Toghril nahm Temudschin den Zobel mit – der einzige Wertgegenstand, den er sein eigen nannte. Qasar und Belgütai begleiteten den Bruder.

Sie überquerten den Tola und folgten dann seinem Lauf, bis sie das königliche Lager Toghrils im Schwarzen Wald erreichten. Dieser Schwarze Wald gehörte zu dem riesigen Waldgürtel, der sich südlich und östlich des Tola von der Gegend des heutigen Ulan Bator bis nahe an die Steppen der »Eselskruppe« erstreckte, wo Temudschins Zelte standen.

Temudschin staunte, als er das Ordu des Kereitenkönigs zum erstenmal erblickte. Das Lager war so groß wie eine Stadt, mit Tausenden von Zelten, die sich wie die Speichen eines Rades um eine große Lichtung in der Mitte gruppierten. Am Tolaufer wimmelte es von Karren jeglicher Größe und Art, und überall sah man Pferde, unzählige Pferde mit bunten Filzdecken, die an ihren Pflöcken ruckten, mit den Hufen scharrten oder schrill aufwieherten.

Die Besucher ritten auf regelrechten Straßen, beiderseits gesäumt von hochrädrigen Wagen und weißen Filzzelten bis zum Platz in der Mitte, wo das Zelt des Königs, *altan ger*, »Großes Goldzelt«, genannt, mit seinem goldenen Dach und den golddurchwirkten Seitenwänden in der Sonne blitzte und schimmerte. Neben und hinter dem Goldenen Zelt standen kleinere Zelte aus bunter Seide für Toghrils Frauen und Konkubinen.

Toghril verdankte seinen Reichtum dem einträglichen Handel durch die Wüste Gobi, den er zum überwiegenden Teil kontrollierte.

Als die Brüder das Goldene Zelt betraten, achteten sie sorgfältig darauf, daß sie weder die Schwelle noch die Zeltschnüre berührten, um den Schutzgeist der königlichen Behausung nicht zu beleidigen, ein Verbrechen, das mit Auspeitschen oder Ärgerem geahndet wurde.

Im Zelt saß Toghril Khan auf seinem Thron. Er lehnte sich gegen das geschnitzte Rückenteil des Hochsessels und ließ sich von Musikern und Tänzerinnen unterhalten. Neben ihm, auf gleicher Höhe, saß seine Hauptfrau. Die Nebenfrauen, Prinzen und Würdenträger hatten mit untergeschlagenen Beinen auf Filzdecken am Boden Platz genommen – die Männer zur Rechten, die Frauen zur Linken des Königs.

Vor dem Thronsessel brannte wohlriechendes Wurzelwerk und Rosenholz in einem bronzenen Becken. Neben der Tür standen auf einem Tisch goldene Kumyßbecher, von denen einige kunstvoll mit Edelsteinen verziert waren. Türhüter riefen die Namen der Brüder aus und geleiteten sie vor den König. Temudschin stellte sich in die Mitte zwischen Qasar und Belgütai.

Toghril Khan war etwa siebenundvierzig Jahre alt. Sein mageres, unter den vorstehenden Backenknochen tief eingefallenes Gesicht verriet Habgier und Geiz. Er blickte Temudschin lange in die Augen, der bei sich dachte, der Name Falke passe eigentlich recht gut zu dem Alten, der so aussah, als sei er jederzeit bereit, wieder so grausam zuzustoßen wie damals, als er seine Brüder ermorden ließ.

Toghril Khan hörte aufmerksam zu, als der Sohn seines ehemaligen Freundes nun zu reden begann. Temudschin sprach von seinem Vater Jesügei, der Toghril einst im Kampf beigestanden und dann sein Anda geworden sei. Er erwähnte seine Heirat mit der Tochter des Qongirathäuptlings und seinen Plan, die Herrschaft über den Stamm der Bordjigin anzutreten. Als ihr Häuptling wolle er seine Gefolgschaft dem großen Khan anbieten. Bei diesen Worten verneigte sich Temudschin ein wenig. Als Zeichen seiner Verehrung habe er diesen Mantel mitgebracht. Er bitte Toghril, das Geschenk anzunehmen und ihm als dem Sohn seines Blutsbruders, sozusagen als Blutsvater, mit Rat und Hilfe beizustehen.

Qasar breitete den Zobelmantel vor Toghrils Füßen aus.

Toghril bückte sich und prüfte die Güte des Fells. Befriedigt über das wertvolle Geschenk richtete er sich auf und erwiderte:

»Zum Dank für den Zobelpelz will ich dir dein zerstreutes Volk wieder zusammenbringen. Zum Dank für den schwarzen Zobelpelz will ich dir dein Volk, das sich von dir getrennt hat, wieder zuführen. Ich will dir anhangen wie die Brust am Halse und der Hintere an den Lenden.«

Temudschin und seine Brüder blieben noch mehrere Tage als Toghrils Gäste im Ordu. Sie streiften durch die Karawansereien, wo sie wundersame Dinge aus China und dem islamischen Reich bestaunten; sie hörten, was die Händler so für Felle und Pferde zahlten, wie kostbar Seidenstoffe waren, und wie man Gold- in Silberwährung umrechnete. Sie erfuhren, daß die Moslems für Rauchwaren die höchsten Preise zahlten, während man für Pferde südlich der Großen Mauer mehr bekam.

Im Ordu am Schwarzen Wald machte Temudschin auch seine erste Bekanntschaft mit dem Christentum. In Toghrils Zelten zelebrierten nestorianische Priester die Messe und warfen Weihrauch ins Feuer. Mit prächtigen Gewändern angetan erschienen sie auf allen Staatsbanketten des Khans, beteten für ihn, segneten seinen Weinbecher und sangen mit tiefer Stimme einen feierlichen Hymnus, während er den Becher leerte. Hinterher sprachen sie ebenfalls fleißig dem Wein zu, und so mancher Priester schwankte beim Verlassen des Zeltes.

Es gab Priester, die ihren Hut mit dem Zeichen des Kreuzes schmückten, andere, offenbar kriegerischer gesinnt, trugen es auf einer Lanzenspitze vor sich her. Sooft sie Bibelsprüche zitierten, pflegten die Damen das Kreuz ehrerbietig mit der Rechten zu berühren und danach ihre Fingerspitzen zu küssen.

Zu Ehren seiner Gäste veranstaltete Toghril eine große Jagd im Schwarzen Wald. Wie eine spätere mongolische Chronik berichtet, versetzte dabei vor allem Qasar die Kereiten in Staunen. Der kräftige Qasar war nämlich ein guter Ringer und ein ausgezeichneter Bogenschütze. Es heißt, er habe so breite Schultern und eine derart schmale Taille besessen, daß ein Hund zwischen Schulter und Hüfte durchschlüpfen konnte, wenn Qasar sich auf die Seite legte.

Temudschin erspähte einen Adler, der hoch am Himmel

seine Kreise zog, und forderte Qasar auf, ihn herunterzuschießen. Qasar fragte bloß, wo er den Vogel treffen solle. In den Hals, war die Antwort. Qasar legte an, und der Adler fiel herunter. Der Pfeil steckte quer in seinem Hals.

Als sich die Brüder schließlich von ihrem Gastgeber verabschiedeten, waren beide Parteien zufrieden. Toghril hatte Temudschin als guten Krieger schätzen gelernt und ihn sich als Vasall verpflichtet, Temudschin hingegen genoß fortan den Schutz eines Mannes, der zu den mächtigsten Herrschern der Mongolei zählte.

Zu Hause erwartete ihn eine Überraschung. Der alte Schmied, der einst am Burqan-qaldun dem kleinen Temudschin ein Zobelfell geschenkt hatte, fand sich in Begleitung seines Sohnes ein.

»Hier bringe ich dir meinen Sohn Djelme. Als wir uns zuletzt sahen, lag er wie du in der Wiege. Nun ist er ein Mann. Von nun an soll er den Sattel auf dein Pferd legen und den Eingang deines Zeltes bewachen.«

So kam Djelme zu Temudschin.

»... und mein Bett ist mir geräumt worden.«

Die Merkiten waren ein mongolisches Volk mit stark türkischem Einschlag. Ihr Territorium lag nördlich von dem der Mongolen und Kereiten, am Zusammenfluß von Orchon und Selenga, nahe dem Baikalsee. Sie hatten nicht vergessen, daß Jesügei einst die junge Ölün-eke geraubt hatte, und beschlossen, an seinem Sohn Temudschin entsprechende Vergeltung zu üben.

Eines frühen Morgens, die Sterne waren kaum verblaßt, stürzte die alte Dienerin Qoaqchin schreiend in Ölün-ekes Zelt: »Mutter, Mutter, wach auf! Die Erde dröhnt von fremden Pferdehufen.«

Ölün erhob sich hastig. Schlaftrunken kamen Temudschin und seine Krieger aus den Zelten gelaufen und holten ihre Pferde. Ölün ergriff eines am Zügel und schwang sich in den Sattel, ihre kleine Tochter fest an die Brust gedrückt. Da die Frauen sonst in Karren reisten, die von Kamelen oder Ochsen gezogen wurden, waren nicht genügend Reitpferde vorhanden. Für Börte und die übrigen Frauen waren keine Pferde da.

Temudschin mußte nun eine schwere Entscheidung treffen. Mit Börte vor sich im Sattel würde es ihm nicht gelingen, dem Feind zu entkommen. Und ohne sie? Er zauderte. Schließlich war es Ölün, die ihren Sohn zur Flucht antrieb. In vollem Galopp jagten sie auf den Burqan-qaldun zu.

Qoaqchin spannte einen Ochsen vor den Planwagen und versteckte Börte darin. Dann lenkte sie den Karren in ein Nebental und versuchte so, den Angreifern zu entkommen. Aber ein Trupp Merkiten hatte sie bald eingeholt.

Was unter der Wagenplane sei, wollten sie wissen. Nichts

als Wolle? Der Anführer des Trupps sprang ab und hob die Plane hoch. In der hintersten Ecke kauerte Börte.

Zusammen mit Sütschigil, der Mutter Belgütais, wurde sie vor den Merkitenhäuptling geführt.

Es war nur eine Vorhut gewesen, die das kleine Ordu überfallen hatte. Nun rückte die Hauptmacht heran, wohl dreihundert Mann stark. Sie suchten überall nach Temudschin, der hoch über ihnen auf dem Hang des Burqan-qaldun hinter einem Fels hockte und die Verfolger immer näher kommen sah. Wenn man ihn hier fand, war er verloren. Er stieg höher, auf Pfaden, die nur die Bergziegen kannten. Als er an ein Hochmoor gelangte, versteckte er sein Pferd in einer Höhle und kroch dann vorsichtig durch den Morast, wo er sich auf einer Art Insel im Dornengestrüpp versteckte. Hier war er vor seinen Verfolgern sicher.

Als sie merkten, wie unwegsam das Gelände in den oberen Regionen des Burqan-qaldun wurde, gaben die Merkiten die Verfolgung auf. Als Beute hatten sie ja Börte und Sütschigil. Die Nacht über lagerten sie unterhalb des Berges und machten sich am nächsten Morgen mit ihren Gefangenen auf den Heimweg.

Als die ersten Sonnenstrahlen den Gipfel des Burqan-qaldun in helles Licht tauchten, wagte Temudschin sich aus seinem Versteck und ging zu der Höhle, in der er sein Pferd gelassen hatte. Hier traf er Bo'ortchu und Djelme, die er den Merkiten als Beobachter nachschickte. Zogen sie tatsächlich ab, oder war das nur eine Finte? Aber die Merkiten kehrten nicht um.

Dankbar für seine Rettung hob Temudschin die Augen zum Himmel. Hatten ihn nicht die guten Geister des Berges und des Tagesgestirns beschützt? In ihnen sah er die Verkörperung einer Kraft, die unendlich größer war als die seine, die Kraft und Macht des Gottes Tängri.

Temudschin wandte sich der Sonne zu und betete nach mongolischem Ritus. Er legte sich den Gürtel über Hals und Schultern als Zeichen der Unterwerfung unter die Macht Tängris, nahm die Mütze demütig in die Hand und beugte neunmal das Knie. Dann goß er ein symbolisches Trankopfer auf den Boden. Während des Gebets fühlte Temudschin, wie seine Kräfte zurückkehrten. Er setzte die Mütze auf, band den Gürtel um und sah mutig seinem weiteren Schicksal entgegen.

Natürlich nahm Temudschin den Raub seiner Frau nicht so einfach hin. Unverzüglich brach er nun mit seinen Leuten, die sich nach und nach alle wieder einfanden, zu Toghrils Ordu auf, und berichtete dem Kereitenkönig, was geschehen war. Toghril zeigte Verständnis und versprach, ihm zu helfen.

Aber diese Sache ließ sich mit einem dreisten Handstreich nicht erledigen; um Börte zu befreien, brauchte man viele Krieger, mindestens zehntausend oder ein *tümen,* wie die entsprechende Einheit der mongolischen Kavallerie hieß. Toghril riet daher Temudschin, seinen Blutsbruder Djamuqa ebenfalls um Beistand zu bitten. Djamuqa war mittlerweile zum Stammeshäuptling der Djadjirat emporgestiegen, deren Ordu im Onongebiet lag. Temudschin kehrte zu seinen Zelten an der Eselskruppe zurück und sandte von dort aus an Djamuqa die lakonische Botschaft: »Von den drei Merkiten bin ich heimgesucht, und mein Bett ist mir geräumt worden.«

Natürlich war der mongolische Text ursprünglich länger. Da die Mongolen zu der Zeit weder lesen noch schreiben konnten, wurden Meldungen wie Gedichte abgefaßt und von den Boten einfach auswendig gelernt.

Djamuqa antwortete in derselben Weise: Um Börte zu befreien, sei er bereit, die Merkiten zu vernichten. Mehr noch, er entwarf gleich einen Angriffsplan. Wenn man die Merkiten überraschen wolle, müsse man ihr Gebiet in einem großen Bogen umgehen und sie von Norden her, wo sie keine Gefahr vermuteten, überfallen, was allerdings einen Umweg von rund dreihundert Kilometern erforderlich machte. In der Botschaft an Temudschin hieß es: »Wir werden auf die Dächer der Merkitenzelte springen und sie in den Boden stampfen.«

Als Treffpunkt für seine und Toghrils Truppen bestimmte Djamuqa das Quellgebiet des Onon. Temudschin sollte sich dort mit seiner Handvoll Krieger dem Kereitenkhan anschließen. Djamuqa versprach ferner, einen Tümen aus seinen eigenen Leuten und einen zweiten aus den verstreut im Ononbecken lebenden Bordjigin aufzustellen. Beim Abschied sagte Djamuqa zu Temudschins Boten: »Ich habe Brand- und Trankopfer vor meinen Pferdeschweifbannern dargebracht. Ich habe die Trommel aus schwarzem Bullenfell erdröhnen lassen, meine Rüstung angelegt und die Hand auf dem Schwertknauf ruhen lassen. Es sei Krieg zwischen uns und den Merkiten!« Und der Bote brachte die Nachricht seinem Herrn.

Für Toghril war Börtes Entführung und Temudschins Bitte um Beistand vor allem auch ein willkommener Anlaß, einige alte Rechnungen mit den Merkiten zu begleichen. Als er sieben Jahre alt war, hatten Angehörige dieses Stammes ihn nämlich während eines Überfalls geraubt, ihm ein schwarzes Ziegenfell übergezogen und so gewandet eine Kornmühle antreiben lassen. Der Falke hatte die ihm angetane Schmach zeitlebens nicht vergessen.

Zwei Tümen von Kereiten wurden mobilisiert. Sogenannte »Pfeilboten« kamen zu allen Tages- und Nachtstunden mit Nachrichten in das königliche Ordu geritten und sprengten mit neuen Anweisungen wieder davon. Die Boten waren kräftige, abgehärtete Burschen, die sich unterwegs nur von Milch und anderen Flüssigkeiten ernährten. Um den Leib trugen sie einen breiten Schellengürtel, damit man sie schon von weitem hörte und ihnen rechtzeitig ausweichen konnte. Wenn der Schellenklang sich einem Lager näherte, wurden dort rasch frische Pferde für sie gesattelt.

Zur Aushebung der Reiter und Reittiere benutzte man Kerbhölzer, dünne Holzstäbe, in welche die Zeichen für die geforderte Anzahl an Roß und Mann eingeritzt wurden. Danach spaltete man das Holz der Länge nach – die eine Hälfte behielten die Heerführer, die andere wurde dem betreffenden Stammeshäuptling überbracht. Wenn dieser sich dann mit seinen Kriegern im Schwarzen Wald einfand, mußte er seine Hälfte vorzeigen als Beweis, daß die Truppe vollzählig war.

Und schließlich war es soweit. Toghril gab seinen Leuten die Marschroute bekannt:

»Zuerst reiten wir am Burgi-Fels vorbei, wo Temudschin

und seine Krieger warten. Dann ziehen wir gemeinsam zum Burqan-qaldun. Ich führe den ersten Tümen an, Djagambu den zweiten.«

Djagambu war ein jüngerer Bruder Toghrils und einer seiner eifrigsten Gefolgsmänner.

Als Temudschin vom Aufbruch der Kereiten Nachricht erhielt, ritt er wie verabredet mit seiner kleinen Truppe, in der Mehrzahl Krieger des Qiyat-Klans, vorbei an den Südhängen des Burqan-qaldun zum Ononbecken, wo er bei dem »Dorf der Akazienbäume« mit Toghril zusammentraf.

Kaum waren sie angekommen, brach ein fürchterlicher Sturm los. Aus den Niederungen Sibiriens trieb der Wind schwere Regenwolken heran, die sich mit Gewittern, Hagelschauern und Regengüssen über dem Flußtal entluden. Die Bäche schwollen zu reißenden Strömen an, die Pferde stolperten in Murmeltierbauten und rutschten aus auf dem glitschigen Gras, während die Reiter in der nur von Blitzen erhellten Finsternis kaum vorwärtskamen.

Wegen des Unwetters langten die Kereiten und Qiyat drei Tage später als geplant am vereinbarten Treffpunkt an, wo Djamuqa bereits ungeduldig wartete.

Nach dem Plan Djamuqas sollten die Heere in schnellem Ritt zum Qilqo vorstoßen, einem Fluß, der sich südlich des heutigen Ulan Ude mit dem Selenga vereint. In weitem Bogen wollten sie die Merkiten umgehen, ihnen von Nordosten her in den Rücken fallen und auf diese Weise den Fluchtweg zum Baikalsee abschneiden.

Die verbündeten Heere zogen durch bewaldetes Hochland und durch die sibirische Taiga in das Qilqotal. Dort hielten sie an und setzten mit rasch zusammengehauenen Flößen über den kalten Fluß.

Nun hatten sie zwar das Territorium der Merkiten erreicht, der geplante Überraschungseffekt wurde jedoch zunichte durch die Aufmerksamkeit merkitischer Fischer und Zobeljäger, die die fremde Kriegsmacht beobachtet und deren Vorrücken eiligst gemeldet hatten.

An der Entführung Börtes hatten sich drei Merkitenhäuptlinge beteiligt. Einer von ihnen, Toqto'a-bäki, entkam nach Talqunaral, einer bewaldeten Insel am Zusammenfluß von Orchon und Selenga, wo ein zweiter der Entführer, Dajir Usun, sein Ordu stehen hatte. Zusammen mit ihren Gefolgsleuten flohen die beiden Anführer den Selenga hinab bis ins Tal von Bargusin, als Preis für ihre Sicherheit die Familien und fast die gesamte Habe zurücklassend.

Am Nordufer des Qilqo erstürmten die Verbündeten das große Ordu Toqto'as in einem Nachtangriff. Die Mongolen raubten, plünderten und vergewaltigten nach Herzenslust und steckten schließlich Zelte und Wagen in Brand, bevor sie die Verfolgung der geflüchteten Häuptlinge aufnahmen.

In einem Akt sonderbarer Gerechtigkeit hatte Toqto'a die entführte Börte einem jüngeren Bruder Tschiledüs überlassen, Tschilger-bökö mit Namen, sozusagen als Wiedergutmachung für die damals geraubte Ölün-eke. Beim Herannahen von Börtes wutentbranntem Ehemann hatte Tschilger-bökö sie in einen Karren gepackt und war mit ihr zum Baikalsee geflohen. Als er hörte, welche Verwüstung die Alliierten auf ihrem Zug anrichteten, ließ er Börte frei und rettete sein Leben, das »kaum einige Kügelchen Schafsmist wert war«.

Nicht lange danach holte Temudschin mit seinen Leuten die Wagenkarawane ein und rief laut nach Börte. Als Börte und Qoaqchin seine Stimme hörten, sprangen sie vom Wagen und liefen lachend und weinend zugleich auf ihn zu. Sofort ließ Temudschin durch einen Boten an Djamuqa ausrichten, daß er seine Frau wiederhabe.

Aber Djamuqa, der Blut geleckt hatte, fuhr fort mit Morden und Plündern, und auch Toghril beglich eine alte Rechnung nach der anderen. Als sie endlich genug hatten, waren nur noch wenige Merkiten am Leben, die sich erschöpft und aller Habe beraubt in den Wäldern versteckten.

Der Merkitenhäuptling Darmala wurde gefangen und in Fesseln gelegt. Man zwang ihn, den Aufenthaltsort von Belgütais Mutter zu verraten. Sütschigil, die sich schämte, mit einem niederen Merkitenkrieger geschlafen zu haben, hüllte sich in einen zerrissenen Schafspelz und verbarg sich vor ihrem Sohn. Bis er sie gefunden hatte, schoß Belgütai seine scharfen Pfeile auf jeden Merkiten, der ihm über den Weg lief.

Um sich zu rächen, vergriff er sich an hochstehenden Merkitendamen, die an ihren eleganten Boktas leicht zu erkennen waren. Oder wie ein mongolischer Barde sang: »Er drückte alle Frauen und Töchter an seine Brust, die er für schön genug befand, sein Zelt zu betreten.«

Die Sieger trieben das geraubte Vieh zusammen, nahmen sich Karren, Zelte und Vorräte und stellten den Frauen nach, die sie kurzerhand über den hohen Sattel legten und mit Gewalt nahmen.

In einer entlegenen Ecke des riesigen Lagers fand man einen etwa fünfjährigen Merkitenknaben, der weinend nach den Eltern rief. Er trug eine Zobelmütze und mit Otternfell besetzte Kleider, was auf eine vornehme Abkunft schließen ließ. Temudschins Krieger verschonten den Kleinen und sandten ihn als *sauka,* als »Geschenk«, an Ölün-eke, die ihn an Sohnes Statt aufnahm und erzog.

Bevor sie schieden, dankte Temudschin seinen Helfern Toghril und Djamuqa von ganzem Herzen:

»Unter den Augen und dem Schutz des allmächtigen Himmels haben wir uns voller Tapferkeit an den Merkiten gerächt. Wir haben sie besiegt, ihre Betten sind leer und ihre Nachkommen ausgelöscht. Wir haben ihrem Volk ein Stück aus der Leber gerissen.«

Toghril zog mit seinen Truppen an den Nordhängen des Burqan-qaldun vorbei zum Tola, und an dessen Ufer entlang zu seinem Ordu im Schwarzen Wald. Unterwegs jagte er zum Vergnügen wilde Tiere.

Für die Mongolen war die Jagd sowohl Zerstreuung als auch Übung für den Krieg. Sie näherten sich dem Wild und dem Feind in gleicher Weise, nämlich in langgezogener Front, die ihr Ziel allmählich einkreiste. Dabei rückten die Flügel nur sehr langsam vor, eine Jagd konnte Tage, ja, Wochen dauern, wobei sich das Wild auf einem ständig kleiner werdenden Gebiet wie in einem Pferch zusammendrängte. Nur die besten Tiere wurden erlegt, die minderen mochten entkommen und bis zur nächsten Jagd weiterwachsen.

Djamuqa lud seinen Anda Temudschin ein, mit ihm zusammen im Onontal zu weiden. Temudschin nahm das Angebot an und schlug sein Lager in der Nachbarschaft Djamuqas auf. Der gemeinsame Feldzug hatte ihre Freundschaft aus Kindertagen erneut aufleben lassen.

Temudschin schenkte seinem Blutsbruder einen goldenen Gürtel und eine edle braune Stute, die er von Toqto'a geraubt hatte. Djamuqa erwiderte die Gabe durch einen ähnlichen Gürtel und einen weißen Hengst aus dem ehemaligen Besitz Dajir Usuns.

Einge Zeit später gebar Börte einen Sohn, der Gutschi genannt wurde. Man munkelte zwar, das Kind sei möglicherweise der Sohn Tschilger-bökös, doch hatte der Knabe die hellen Augen und den rötlichen Schopf der Bordjigin.

Etwa anderthalb Jahre lang lebten die Freunde zusammen am Qorgunaq Djubur, wo einst Qutula zum Mongolenkhan gewählt wurde.

Am Fest der Roten Scheibe, dem 16. Tag des ersten Sommermonats (an dem Temudschin vor Jahren den Taigighut entkommen war), beschlossen die beiden jungen Häuptlinge, ihre Lager abzubrechen und in die offene Steppe hinauszuziehen. Der Zug formierte sich in der halbmilitärischen Ordnung der Nomadenstämme, »Aufstellung in Jagdreihe« genannt. Der Kern des Zuges bestand aus den Planwagen mit Frauen und Kindern sowie den Herden, die von einem schützenden Kordon aus bewaffneten Reitern umgeben waren. Temudschin und Djamuqa ritten an der Spitze, ihnen folgte die Reiterei mit funkelnden Lanzen. Weiter hinten zog ein Gespann weißbraun gefleckter Ochsen Djamuqas Prunkzelt auf einem riesigen Karren. Weitere Karren und lange Reihen von Lasttieren folgten nach, angetrieben von Reitern und den wolfsähnlichen Chasarenhunden.

Unterwegs gerieten Temudschin und Djamuqa in Streit. Unter der Oberfläche ihrer Freundschaft schwelte nämlich schon längst rivalisierender Ehrgeiz. Als Temudschin sich bei

Ölün-eke und Börte über den Eigensinn des Freundes beklagte, meinte Börte, Djamuqa solle doch tun und lassen, was er wolle. Sie habe längst den Eindruck, daß er ihrer Gesellschaft müde sei.

Sie hatte recht, Djamuqa war der Qiyat tatsächlich überdrüssig. Voll Neid beobachtete er Temudschins wachsenden Einfluß bei den Mongolenstämmen. Außerdem war er beleidigt, daß Toghril, den sie kurz zuvor gemeinsam besucht hatten, Temudschin einen blau emaillierten Goldpokal hatte reichen lassen, während für ihn, Djamuqa, nur ein schlichter Becher bereitstand.

Temudschin gab seiner Frau widerstrebend nach und zog mit den Seinen weiter, während Djamuqa an Ort und Stelle blieb und seine Zelte aufschlug. Die Trennung der Blutsbrüder hatte weitreichende Folgen. Stämme, Klans, ja, sogar Familien wurden uneins, weil sich ein Teil für Djamuqa, der andere für Temudschin entschied. Zu denen, die Temudschin folgten, gehörten Qortchi und Sübütai. Qortchi sollte eines späteren Tages in Sibirien großen Ruhm erringen, während Sübütais Feldzüge vom Japanischen Meer bis zur Ostsee reichten.

Qortchi suchte Temudschin auf, um ihm seinen Entschluß zu erklären.

Er habe ein »Zeichen« gesehen, so gestand er in der blumenreichen Sprache des 13. Jahrhunderts:

»Eine rehfarbene Kuh riß sich los und versuchte, Djamuqa in seinem Wagen aufzuspießen. Aber sie stieß in das Holz des Wagens und brach sich ein Horn ab. Brüllend blieb sie stehen und sah Djamuqa vorwurfsvoll an. In diesem Augenblick stürmte ein brauner Stier herbei und schob den Wagen mit Djamuqa hinter Temudschins scheidendem Zug her. Ich sagte mir, das ist ein Wink des Himmels, der für Temudschin spricht.«

Temudschins Augen funkelten. Nur mit Mühe unterdrückte er ein Lächeln, das Qortchi tödlich beleidigt hätte.

Unvermittelt fragte Qortchi, welchen Lohn er für seine günstige Weissagung erhalte. Immer noch belustigt antwortete Temudschin mehr im Scherz als im Ernst: Wenn er dereinst Herr der gesamten Mongolei geworden sei, werde er Qortchi zum Befehlshaber einer Division machen.

»Was soll mir ein Tümen?« erwiderte Qortchi enttäuscht. »Ich wünsche mir dreißig schöne Mädchen!«

Lachend gestand ihm Temudschin auch diese Belohnung zu.

Immer mehr der zerstreut in der Steppe und in den Flußtälern lebenden Stämme schlossen sich ihm an. Als er die Zeit für gekommen hielt, machte er sich mit seinem ständig wachsenden Gefolge auf zu seinem alten Lagerplatz am Kuku-nor, wo ihn das Gebirge der *Gurelgu,* der »Großen Schlange«, vor einem Überraschungsangriff Djamuqas schützte. Außerdem war Toghril nahe, ein Umstand, der in den geheimen Plänen Temudschins keine geringe Rolle spielte.

Grundsteinlegung für ein Weltreich

Die Herrschaftsform der mongolischen Stämme und Klans könnte man als feudalistisch bezeichnen. Wichtige Angelegenheiten wurden von dem Qurultai, einer aus allen wehrhaften Kriegern edler Herkunft gebildeten Versammlung, besprochen und entschieden. In solchen Versammlungen wurden sowohl die Stammesführer als auch der Khan gewählt, der als König über alle mongolischen Stämme herrschte. Entsprach der Gewählte nicht den allgemeinen Erwartungen, so enthronte man ihn in einer recht gewaltsamen Zeremonie wieder oder jagte ihn einfach ohne viel Federlesens davon.

Die Mehrheit der Mongolen war der Anarchie längst überdrüssig, die sich seit den Tagen Qutula Khans breitgemacht hatte. Die Mongolenstämme bekriegten sich gegenseitig, statt unter einer starken Hand vereint gegen die Chin oder Tataren ins Feld zu ziehen. Wehmütig erinnerte man sich der Heldentaten unter Qutulas Führung.

Eine Zeitlang galt Djamuqa als der geeignete Mann für diese Aufgabe, aber dann wurde bekannt, wie kalt, unzuverlässig und gleichgültig er gegenüber dem Gemeinwohl war, und man lehnte ihn daraufhin als Herrscher ab.

Temudschin hingegen ging der Ruf voraus, gerecht, großzügig und verwegen zu sein, er besaß also genau jene Eigenschaften, die man auch dem früheren Fürsten zuschrieb. So wuchs sein Ruhm und im gleichen Maße sein Anhang.

Da Altan, der jüngste Sohn Qutula Khans, die Königswürde ablehnte, und auch andere Fürsten, die mehr Anrecht auf den Thron gehabt hätten als Temudschin, das Amt aus welchen Gründen auch immer nicht übernehmen wollten, fiel die Wahl schließlich auf den jungen Qiyathäuptling.

Nun hatten Altan und die übrigen Vertreter der mongolischen Aristokratie keineswegs die Absicht, einen starken Herrscher zu küren. Sie glaubten vielmehr, der junge, und trotz gelegentlicher Grausamkeiten offenbar recht gutmütige Temudschin werde sich wie eine Marionette von ihren erfahrenen Händen lenken lassen. Selbst die überzeugtesten Anhänger Temudschins wünschten sich einen König, der in Friedenszeiten über die Privilegien des Adels wachte und in Kriegszeiten ein kluger und verantwortungsbewußter Heerführer war.

An einem schönen Frühlingsmorgen fanden sich Altan und die anderen Fürsten in Temudschins Ordu am Kuku-nor ein und trugen ihm Titel und Amt eines Khans an. Temudschin ließ weder Überraschung noch Stolz erkennen, er weigerte sich zunächst und versäumte nicht, die Gäste auf ihre eigenen, weitaus berechtigteren Ansprüche hinzuweisen. Die Fürsten lehnten seine Einwände jedoch mit feinem Lächeln ab. Ein Titel, der, wie sie wähnten, lediglich eine repräsentative Würde einschloß, reizte sie nicht. Sie sagten zu Temudschin:

»Wir wollen dich zum Khan machen! Wenn du ... Khan wirst, wollen wir als Spitze gegen die Feinde anreiten und ihre schönsten und besten Mädchen und Frauen und ihre Palastjurte, aus ihrem Staate und Volke die schönwangigen Frauen und Mädchen und die feinschenkligen Wallache wollen wir dir im Trabe anbringen. Wenn du das schlaue Wild jagst, wollen wir als erste es dir aus dem Kreise zutreiben. Die Leiber des Steppenwildes wollen wir dir, alles zusammen, dicht herantreiben. Die Hinterschenkel des Klippenwildes wollen wir dir, alles zusammen, dicht herantreiben. Wenn wir am Tage des Kampfes deinen Kommandos nicht entsprechen, dann reiße uns von unserem Besitz und Gattin und Frauen und wirf unsere schwarzen Köpfe auf den Erdboden! Wenn wir an Tagen des Friedens deinen Bund verletzen, dann trenne uns von den Mannen und von unseren Frauen und Kindern und banne uns fort in herrenloses Land!«

Nach langem Hin und Her willigte Temudschin schließlich ein, Khan der Mongolen zu werden. Aber was sagte dieser Titel schon? Ein klangvoller Name mußte her, einer, der die ruhmreiche Vergangenheit des mongolischen Volkes wiedererstehen und zugleich die Vision einer ebenso glänzenden Zukunft heraufbeschwören konnte. Irgend jemand, vielleicht ein Schamane, wahrscheinlich jedoch Temudschin selbst, schlug schließlich vor, er solle sich fortan *Dschingis Khan* nennen. Einen passenderen Namen hätte man kaum finden können.

Für die Steppenbewohner war der Baikalsee ein »Ozean«. Tatsächlich ist dieser Binnensee größer als der Eriesee und über 1700 Meter tief. An seinen Ufern hatten sich viele legendäre, aber auch geschichtliche Ereignisse der mongolischen Vergangenheit abgespielt. Der »Blaue Wolf«, das Totemtier der Mongolen, hatte den See auf seinem Weg zum Onon durchschwommen, Alan-qo'as Mutter war an seinem Ufer aufgewachsen, und der erste Mongolenkhan hatte sein königliches Heerlager in seiner Nähe aufgeschlagen. Vor kurzem erst hatte Temudschin die besiegten Merkitenhäuptlinge zum See hin gejagt. Die Mongolen nannten ihren See mit einem alten türkischen Wort *tengiz,* »Ozean«, oder *tchinggizz,* woraus das *Dschingis* unserer westlichen Schreibweise entstanden ist.*

Also wurde beschlossen, daß Temudschins künftiger Name Dschingis Khan lauten sollte, der »Khan des Ozeans«, oder, wenn man will, »der Khan, so groß wie der Ozean . . .«

Der für einen kleinen Steppenfürsten reichlich anspruchsvolle Name spiegelt die Hoffnungen und das Vertrauen wieder, die man in den neuen Khan setzte. Außerdem schwang

* Paul Pelliot vertrat als erster die Ansicht, *tchinggiz* könnte eine palatisierte Form des türkischen Wortes *tengiz* sein, das ebenso wie das mongolische Wort *dalai* »Meer, Ozean« bedeutet (Dalai Lama). Aber nur Temudschin trug den Titel Dschingis Khan, sein Sohn und Nachfolger wird in der *Geheimen Geschichte der Mongolen* als *Dalai-yin Khan* (»meeresgroßer König«) bezeichnet. Der Siegelspruch von Güjük Khan, Dschingis Khans Enkel, beginnt mit den Worten: »Durch die Macht des Ewigen Himmels haben wir, der meeresgroße Khan . . .«

darin ein Hauch von erhabenem Schicksal mit, was recht gut zu der Weissagung Alan-qo'as, ihre Nachfahren würden einst die Welt beherrschen, paßte. Temudschins Feldzeichen war zu der Zeit vermutlich noch eine Lanze oder ein Stock mit nur wenigen weißen Yakschwänzen daran. Spätere Berichte erwähnen eine weiße Stange, an der schwarze Pferdeschweife befestigt waren.

Die Schamanen brachten ein feierliches Brand- und Trankopfer dar. Sie legten die Schulterblätter der geschlachteten Schafe ins Feuer und lasen daraus die Zukunft. Danach hoben Altan und die anderen Fürsten Temudschin auf die Königsdecke aus weißem Filz. Alle Anwesenden lösten den Gürtel und legten ihn über Schulter und Nacken zum Zeichen ihrer Ergebenheit, sie nahmen die Mützen ab und verneigten sich neunmal, bevor sie mit heiligem Ernst die Kumyßschale austranken und dem neuen Khan ihren Treueid schworen.

Eine der ersten Amtshandlungen Dschingis Khans war es, sich mit einer Wache aus jungen Kriegern zu umgeben. Er schritt über den weißen Filzteppich und überreichte seinem Bruder Qasar und den anderen treuen Freunden einen Säbel mit den Worten:

»Wer sich seiner Stärke rühmt, soll einen Schlag über den Nacken erhalten, wer mit seinen Verdiensten prahlt, dem sollen die Rippen zerquetscht werden.«

Dschingis Khan ernannte *aqtachi*, »Stallmeister«, denen die Verantwortung für die Pferde oblag, und »Pfeilboten«. Kriegern, die fortan als Bogenschützen in seiner Nähe dienen sollten, schenkte er Köcher als Zeichen ihres Amtes. Den begabten jungen Sübütai stellte er als Quartiermeister über die noch zu ernennenden Kommissare. Sogar wer bei ihm als Kammerherr und Koch Dienst tun sollte, bestimmte der Khan selber.

Und schließlich rief er Bo'ortchu und Djelme zu sich:

»Ihr beide seid, als ich außer dem Schatten keinen Gefährten hatte, mein Schatten gewesen und habt meinen Sinn beruhigt. Ihr sollt in meinem Sinne bleiben! Als ich außer dem Schweif keine Peitsche hatte, seid ihr der Schweif gewesen und habt mein Herz beruhigt. Ihr sollt in meiner Brust bleiben! Wo ihr beide im Anfange bei mir gestanden habt, solltet ihr da nicht über alle diese hier Vorgesetzte sein?«

So wurden Bo'ortchu, der Häuptlingssohn, und Djelme, der Sohn des Hufschmieds, die obersten Ratgeber und engsten Vertrauten Dschingis Khans. Ihr Platz war unmittelbar zur Rechten bzw. Linken des Khans, vor den anderen Fürsten und Stammesführern, denen er dadurch eindeutig zu verstehen gab, daß er keineswegs Wachs in ihren Händen zu sein gedachte.

Zum Schluß des Qurultai richtete Dschingis Khan das Wort an alle anwesenden Krieger: »Wenn ich von Himmel und Erde in meiner Macht gestärkt und geschützt werde, dann sollt ihr, die ihr euch von Freund Djamuqa weg nach mir gesehnt habt und gekommen seid, euch mir anzuschließen, doch wohl meine alten, Glück bringenden Gefährten sein. Ich belehne euch, jeden an seiner Stelle.«

Nur ein kleiner Teil der vielen Mongolenstämme hatten Temudschin zu ihrem Khan gewählt. Er hatte jetzt zwar den Titel eines Königs, nicht aber die Macht eines solchen. Immerhin war es für einen Mann, der jahrelang als Outlaw gelebt hatte, ein vielversprechender Anfang.

Dschingis Khan schickte unverzüglich einen Boten mit der Nachricht, er sei zum Khan gewählt worden, zu Toghril, der natürlich schon längst davon erfahren hatte und sich freute, den Einfluß seines jungen Vasallen wachsen zu sehen. Er hoffte, mit der Hilfe Dschingis Khans das politische Gleichgewicht in der Mongolei zu seinen Gunsten wiederherzustellen.

Djamuqa, der ebenfalls durch einen Pfeilboten die Kunde erhielt, nahm die Ernennung widerspruchslos zur Kenntnis. Er schickte lediglich den Wahlmännern, die ihn gegen Dschingis Khan ausgespielt hatten, die lakonische Botschaft:

»Wenn ihr schon einen Bund mit meinem Anda geschlossen habt, so bleibt wenigstens *ihm* treu!«

Ohne daß es einer der Teilnehmer ahnte, legte der Qurultai, auf dem Temudschin zum Khan gewählt wurde, den Grundstein zu einem künftigen Weltreich. Hier wurde der Wind gesät, der als Sturm über die Mongolei und den ganzen eurasischen Kontinent hinwegfegen sollte. Der schicksalsträchtige Qurultai fand 1189 statt, im Jahr des Hahns, auf irgendeiner Bergwiese am Oberlauf des Kerulen. Dschingis Khan stand im vierunddreißigsten Lebensjahr.*

* Temudschin heiratete Börte, als er etwa 20 Jahre alt war, also um 1175. Sein ältester Sohn Gutschi wurde nach dem Merkitenfeldzug geboren, der wahrscheinlich um 1178 stattgefunden hat. Da zwischen dem Merkitenfeldzug und Temudschins Wahl zum Khan rund 12 Jahre verstrichen sind, müßte die Wahl meiner Ansicht nach im Jahre 1189 erfolgt sein. Einer persischen Quelle zufolge geschah sie erst 1191, im Jahr des Ebers. Obwohl wir aus der Jugendzeit Temudschins so gut wie keine Daten besitzen, glaube ich, daß er in den 12 Jahren als Vasall Toghrils eine politisch untergeordnete Rolle gespielt hat, die von den späteren Chronisten verschwiegen wurde. Vermutlich ist es diese Lücke von 12 Jahren, die Pelliot dazu bewog, das Geburtsdatum Dschingis Khans um ebensoviele Jahre später anzusetzen.

Der Goldene Kaiser zürnt

Nach und nach formierte sich Dschingis Khans Armee. Die Krieger rekrutierte er aus den Stämmen und Klans, die ihre Herden am oberen Kerulen weideten. Er teilte die Soldaten in dreizehn Korps ein, von denen jedes ein bewegliches, ringförmiges Lager bewohnte. In Kriegszeiten erhöhte sich die Zahl der Krieger bis auf zehntausend, also auf einen Tümen.

Die beiden stärksten Korps waren das Siebte, unter dem Befehl von Kabul Khans jüngstem Sohn, und das Dreizehnte, das Korps der *Chinos*, der »Wölfe«, deren Führer seine Abstammung von sagenhaften Wolfsahnen herleitete.

Man schrieb das Jahr des Ebers, 1191. Frieden herrschte auf den grünen Weiden im Tal des Kerulen. Juqi Darmla, ein Krieger Dschingis Khans, jagte mit seinem Falken auf der Eselskruppe. Da brachte man ihm die Nachricht, daß Taiqar, ein enger Freund des Djadjirathäuptlings Djamuqa, seine Pferde geraubt hatte.

Voller Zorn hetzte er der gestohlenen Herde nach, holte sie ein und trieb sie im Schutz der Dunkelheit wieder heim, nicht ohne vorher einen Pfeil in Taiqars Rücken zurückgelassen zu haben.

Djamuqa schäumte vor Wut, als man ihm den Tod seines Freundes meldete. Er mobilisierte seine Krieger, verbündete sich mit dreizehn benachbarten Stämmen, darunter den Taighut, Dschingis Khans Erzfeinden. Insgesamt zählten sie drei Tümen, also 30 000 Reiter. Mit ihnen gedachte Djamuqa Dschingis Khans Armee zu überrennen.

Nichtsahnend hielt sich der Khan an den Südhängen des Schlangengebirges auf. Glücklicherweise erspähten Pferdehirten die Vorhut Djamuqas und meldeten dem König, welche

Oben: Ein Krieger mit typisch mongolischer Bewaffnung – dem Langschwert – kämpft gegen eine Schimäre; ilkhanidische Miniatur (Istanbul, Topkapi-Serail-Museum).
Unten: Dschingis Khan hält eine Rede in Buchara (London, British Museum).

Gefahr da im Anzug war. In höchster Eile trommelte Dschingis Khan seine dreizehn Korps zusammen und bestieg seinen weißen Streithengst.

Die Truppen Djamuqas überstiegen die Bergpässe zwischen Onon und Kerulen und verteilten sich dann im gesamten Kerulenbecken.

Im Tal des oberen Sengur prallten die beiden Armeen aufeinander. Das Wolfs-Korps, das die Hauptwucht des feindlichen Angriffs zu ertragen hatte, wurde völlig aufgerieben, die anderen so verlustreich geschlagen, daß der Khan den Rückzug zum Burqan-qaldun befehlen mußte.

Dort bezogen die stark dezimierten Truppen Stellung in den Wäldern am Jerena-Paß, wo sie notfalls einen weiteren Angriff abwehren konnten. Aber Djamuqa dachte nicht daran, den Flüchtigen in das zerklüftete Gebirge zu folgen. Befriedigt über seinen Sieg zog er sich an den Onon zurück, wo er die verwundeten und gefangenen Wolfs-Krieger zu Tode marterte. Ihrem Anführer ließ er den Kopf abschlagen und an den Schwanz seines Pferdes binden.

Djamuqas Grausamkeit sollte sich jedoch als grober Fehler erweisen. Viele seiner Verbündeten sagten sich von ihm los und liefen zu Dschingis Khan über, der sie mit offenen Armen empfing und ihnen zu Ehren ein Fest veranstaltete.

Der Khan, obwohl selbst ein eher mäßiger Mann, hatte Verständnis für die Schwäche seines Volkes, das gern Trinkgelage feierte. Wer nicht öfter als dreimal im Monat betrunken war, kam ohne Strafe davon. Freilich wurde ihm vorgehalten, es sei besser, sich nur zwei- oder einmal, am besten aber gar nicht zu betrinken.

Dschingis Khan bat Sätchä-bäki, einen der vier Wahlmänner, die ihn zur Annahme der Khanwürde überredet hatten, als Gastgeber beim Fest für die neuen Verbündeten mitzuhelfen. Sätchä-bäki, ein eitler Mann, der längst bereute, daß er damals als Thronanwärter den Königstitel ausgeschlagen hatte, war der Anführer der Jurkin, eines wegen seiner streitbaren Männer weithin bekannten Klans.

Dschingis Khan und Sätchä-bäki ließen viele *undurs* an den

Festort bringen, eine Art hoher Milchwagen, die speziell für den Transport großer Mengen Kumyß gebaut waren. Auf den Wagen hatte man riesige Schläuche aus Ochsenhaut gepackt, die die gegorene Stutenmilch enthielten.

Die Pferde der Gäste und Gastgeber wurden in einen Pferch geführt, den Belgütai und Buribökö, ein Gefolgsmann Sätchä-bäkis, gemeinsam bewachten.

Im Ordu ging es hoch her. Überall roch es nach Hammelbraten. Die Frauen butterten oder zerlegten das Wildbret, junge, in rote Seide gekleidete Mädchen studierten Lieder und Tänze ein. Wenn sie sich vor den flackernden Feuern drehten, glichen sie hellauf lodernden Fackeln.

Das Fest begann, indem Dschingis Khan, Ölün-eke und andere Verwandte an der einen Seite der riesigen weißen Filzdecke Platz nahmen, die als Festtafel diente und reich mit erlesenen Speisen versehen war. An der Seite gegenüber ließen sich Sätchä-bäki und die übrigen Stammesfürsten mit ihren Frauen nieder.

Das Amt des Mundschenks versah ein gewisser Chiqiur, ein geschickter alter Mann, der bereits unter Jesügei gedient hatte. Ihm passierte nun das Mißgeschick, die Frauen Sätchäbäkis in der falschen Reihenfolge zu bedienen. Qorichin, die Hauptfrau des Jurkinhäuptlings, geriet über die vermeintliche Beleidigung in helle Wut. Sie griff nach ihrer Peitsche und schlug auf den unglücklichen Chiqiur ein, der sich gegen die hohe Dame nicht zu wehren wagte und nur die Arme schützend über den Kopf hob. Die Tischgäste saßen regungslos. Sätchä-bäki, dem es zugekommen wäre, seiner Frau Einhalt zu gebieten, blieb vor Überraschung stumm, während Dschingis Khan ihm nicht vorgreifen wollte.

Endlich stöhnte Chiqiur laut auf:

»Zu Jesügeis Zeiten hätte mir niemand solche Schmach antun dürfen.« Indirekt flehte er damit Dschingis Khan um Hilfe an. Der Khan sprang auf, stellte sich vor seinen Diener und winkte ihm, das Zelt zu verlassen.

Noch war die Ruhe im Festzelt nicht wiedereingekehrt, als von draußen neuer Lärm erscholl. Ein Jurkin hatte das kostbare Zaumzeug von Dschingis Khans Roß stehlen wollen und wurde dabei auf frischer Tat von Belgütai ertappt. Buribökö eilte seinem Landsmann zu Hilfe und zog Belgütai einen Schwerthieb über die Schulter.

Dschingis Khan, voller Zorn über diesen zweiten, weit schwerwiegenderen Zwischenfall, konnte sich nur mit Mühe beherrschen. Aber keinesfalls durfte es zur Blutschuld zwischen seinen Leuten und den Jurkin kommen. Seine Autorität als Khan mußte er jedoch beweisen. Deshalb zog er sein Festkleid aus und griff nach einem kräftigen Holzkloben, mit dem man zuvor den Kumyß geschlagen hatte. Seine Krieger taten es ihm nach. Eine handfeste Rauferei begann, in deren Verlauf der Khan mit seinen Männern die Jurkin regelrecht zum Ordu hinausprügelte. Dann feierten sie mit den anderen Gästen weiter. Die Frauen blieben zunächst als Geiseln da, aber schon bald sandte Dschingis Khan die zänkischen Damen wieder zu ihrem Ehemann. Mochte Sätchä-bäki sehen, wie er mit ihnen fertig wurde.

Kaum waren die Frauen in ihren Harem zurückgekehrt, als eine alarmierende Nachricht aus dem Osten der Mongolei kam: Die Tataren hatten sich gegen die Chin erhoben!

Der Hof zu Peking, der sich jahrelang der Tataren bedient hatte, um die Mongolen in Schach zu halten, war mit seinen Verbündeten unzufrieden. Sie waren nicht nur ungebärdig und aufsässig, sondern sahen sogar tatenlos zu, als der Mongolenstamm der Qongirat ins Reich des Goldenen Kaisers einfiel.

Man schrieb 1195, das Jahr des Hasen. Peking, das sich über die Mongoleneinfälle ärgerte und weitere Belästigungen vermeiden wollte, schickte sich an, der von Osten her drohenden Gefahr zu begegnen. Im Juli wurde am Oberlauf des Liaoho ein sogenanntes »bewegliches Kommissariat« eingerichtet. In China war es üblich, an Orten, in deren Nähe militärische Auseinandersetzungen zu erwarten waren, solche Kommandostellen zu errichten. Die Kommandostelle am Liaoho zeigte daher, daß Peking einen Feldzug gegen die östlichen Mongolenstämme vorbereitete; der Angriff ließ auch nicht lange auf sich warten. Vierzehn Mongolenlager wurden im Laufe des Kampfes erobert.

Einer der mit China alliierten Tatarenhäuptlinge, Sitschü, behielt die gesamte Beute dieses Feldzugs für sich und war nicht zu bewegen, den Chinesen etwas davon abzugeben. Als Peking ihn zur Rede stellte, hetzte Sitschü auch die übrigen Stämme zur Rebellion auf.

Die Ostmongolen beobachteten erfreut, wie sich die Siegermächte plötzlich in den Haaren lagen. Sie nutzten die Gunst der Stunde, griffen nun ihrerseits an und stießen weit in den Süden vor. Im Februar des Jahres 1196 besiegten sie ein chinesisches Truppenkontingent nahe dem »beweglichen Kommissariat«.

Der Goldene Kaiser zürnte. Noch bevor er das volle Ausmaß der Katastrophe überschaute, rügte er seinen Oberbefehlshaber wegen mangelnder politischer Voraussicht und ernannte Wan-yen Siang zu seinem Nachfolger, der sich schleunigst nach Norden begab, die Tataren im Handumdrehen besiegte und außer Landes trieb. Die Tataren zogen sich unter ihrem Häuptling Megudjin se'ultu an den Fluß Uldja zurück. Die Chinesen setzten ihnen nach, wurden jedoch durch einen schweren Sturm aufgehalten.

Wan-yen Siang faßte daraufhin den Entschluß, die Mongolen zu Hilfe zu rufen. Ihm war bekannt, daß Dschingis Khan kein Freund der Tataren war, außerdem lag der Kuku-nor nicht weit entfernt.

Der Khan zeigte sich an einem Feldzug gegen seine Erbfeinde ausgesprochen interessiert. Und da er wußte, daß Toghril ebenfalls mit den Tataren verfeindet war, bot er ihm an, am Kampf teilzunehmen. Obwohl der alte Falke sich seinem siebzigsten Jahr näherte, stimmte er begeistert zu und fand sich innerhalb kürzester Zeit in Dschingis Khans Ordu ein.

Gemeinsam rückten Toghril und Dschingis Khan gegen die Tataren vor. Die eisigen Steppenwinde, die Wan-yen Siang und seinen chinesisch-mandschurischen Truppen so zugesetzt hatten, machten den abgehärteten Mongolenkriegern nichts aus. Im Gegenteil, wenn die Stürme über sie hinwegfegten, fühlten sie sich erst so recht als unumschränkte Herren der Steppe.

Megudjin und seine Leute hatten sich am Oberlauf des Uldja verschanzt, wo sie den Angriff aus dem Unterland erwarteten. Er kam jedoch von der anderen Seite; Toghril und Dschingis Khan überfielen ihn von den Bergen her. Beide Stützpunkte wurden überrannt, Megudjin im Gefecht getötet. Die Beutestücke, die die Tataren den Chinesen geraubt hatten, fielen nun den Mongolen in die Hände, darunter eine Wiege aus purem Silber mit einer goldenen, perlenbestickten Decke.

Toghril und Dschingis Khan ritten flußabwärts, bis sie auf Wan-yen Siang und sein Heer trafen. Erleichtert nahmen die Chin zur Kenntnis, daß es für sie nichts mehr zu tun gab; Megudjin se'ultu war tot, sein Heer geschlagen. Aus Dankbarkeit verlieh der Goldene Kaiser dem Kereitenhäuptling den chinesischen Titel *wang*, »König«, so daß Toghril fortan mit *Wang-chan*, also »König-Khan«, angeredet wurde. Dschingis Khan, der wesentlich jüngere und am Pekinger Hof kaum bekannte Mongolenführer, erhielt ebenfalls einen, allerdings weniger klangvollen mandschurischen Ehrentitel.

Den Frühling und Sommer des Jahres 1196, des Drachenjahres, verbrachten Toghril und Dschingis Khan mit Überfällen und Beutezügen gegen andere Tatarenstämme, was sie ungestraft tun konnten, da die an sich zahlreichen Tataren nun nach zwei Seiten, gegen die Chin und gegen die Mongolen, kämpfen mußten.

Für Wan-yen Siang und seine Leute war der Krieg vorbei. Am 3. August desselben Jahres hielt man in Peking die Totenfeier für alle Chin-Krieger, die im Kampf gegen die Tataren gefallen waren.

Am 28. September wurde Wan-yen Siang im Kaiserpalast zu Peking für seinen erfolgreichen und kühnen Feldzug zum »Minister der Kaiserlichen Linken« ernannt.

Ringkampf auf Leben und Tod

Noch ehe Dschingis Khan aus dem Tatarenkrieg zurückkehrte, schickte er einen Pfeilboten zum Stamm der Qatakin, der, eingekeilt zwischen Tataren und Qongirat, sich bislang dennoch seine Unabhängigkeit bewahrt hatte. Wie der Khan glaubte, würden die Qatakin mit Freuden ein Bündnis eingehen, das ihnen zusätzlichen Schutz gewährte.

Als der nur leicht bewaffnete Bote im Lager der Qatakin eintraf, wurden vor dem Häuptlingszelt gerade Schafskutteln in einem großen eisernen Kessel aufgesetzt. Der Kurier trug seine Botschaft den Häuptlingen im Zelt vor, war aber nach kürzester Zeit wieder draußen, gefolgt von den Stammesfürsten. Einer von ihnen griff in den Kessel und schlug dem bedauernswerten Mann mehrmals einen blutigen Schafsdarm um die Ohren – das sei ihre Antwort an seinen Khan, schrie er dazu.

Der beleidigte Bote sprengte in vollem Galopp davon.

Als er mit blutverschmierten Wangen vor dem Khan stand und von seiner erfolglosen Mission berichtete, ärgerte dieser sich nicht wenig über die grobe Abfuhr, die er für sein freundlich gemeintes Angebot erhalten hatte. Er hütete sich jedoch, die Beleidigung sofort zu rächen. Er kehrte in sein Lager zurück, das er für die Dauer seiner Abwesenheit am Hariltu-nor, einem kleinen See in der Nähe des Burgi-Felsens, hatte aufschlagen lassen.

Hier erwartete ihn eine zweite, noch weit unangenehmere Überraschung. Auf den Feldzug hatte er jeden im Lager entbehrlichen Mann mitgenommen und lediglich fünfzig Wächter zurückgelassen. Sätchä-bäki hatte die Gelegenheit genutzt und mit seinen Jurkin das Lager überfallen. Zehn Männer waren im Kampf getötet, die ganze Habe geraubt worden. Dschingis Khan machte sofort kehrt und setzte den treulosen Verbündeten nach.

Er verfolgte sie bis in die Gegend, wo Sengur und Kerulen zusammenfließen, nahm nahezu den gesamten Klan fest und ließ jeden Krieger einzeln den Treueschwur auf seine königliche Person leisten. Danach verteilte er die Jurkin auf seine dreizehn Korps.

Sätchä-bäki hatte sich mit wenigen Getreuen rechtzeitig aus dem Staub gemacht. Nordwestlich des Tola wurde er von den Leuten Dschingis Khans eingeholt, gefangengenommen und vor den Khan gebracht.

Der schaute seinen ehemaligen Bündnispartner lange verächtlich an und erinnerte ihn an den Eid, den Sätchä-bäki schnöde gebrochen hatte. Sätchä-bäki schwieg. Wortlos kniete er nieder und beugte den Nacken. Auf einen Wink des Khans trat ein Krieger hinter ihn und trennte ihm mit einem Säbelhieb den Kopf vom Rumpf.

Das dramatische Ende der Jurkin und ihres Häuptlings, gleich nach dem Sieg über die Tataren, verfehlte nicht ihre Wirkung auf die übrigen Mongolenstämme. Dschingis Khan hatte die »Unbesiegbaren« geschlagen und die Überlebenden seinen eigenen Truppen einverleibt.

Unter dem Eindruck der Geschehnisse trugen nun viele der verstreut lebenden Klans und Stämme Dschingis Khan ihre Gefolgschaft an. Einer der Stammesführer hieß Muqali, ein hochgewachsener Mann mit ungewöhnlich breiten Schultern, einer hohen Stirn und klugen, durchdringend blickenden Augen. Eines Tages sollte dieser Muqali die chinesischen Provinzen für Dschingis Khan verwalten.

Allenthalben sah man in Dschingis Khan den starken Herrscher, der die Mongolen einen und den Frieden zwischen allen Stämmen herstellen konnte. Er galt als großmütig und freigebig und überhaupt als der richtige Mann, das Volk zu beschützen und die Ordnung zu wahren.

Auch unter den Taigighut erinnerte sich so mancher an die Zeiten, als noch Freundschaft zwischen ihnen und den Qiyat bestand. Hatten sie denn nicht einst Jesügei, dem Vater des immer mächtiger werdenden Khans gehorcht?

Die Taigighut verfügten über eine Menge Krieger und herrschten über ein großes Territorium. Aber innerhalb des Stammes brachen Konflikte aus zwischen Targhutai, nun ein korpulenter alter Mann, und drei anderen Klanhäuptlingen. Dschingis Khan wartete nur auf eine passende Gelegenheit.

Zufällig jagte er ein wenig später in der Nähe eines ebenfalls jagenden Klans, der zu den Taigighut gehörte. Spät am Abend trafen die beiden Gruppen aufeinander, und Dschingis Khan schlug freundlich vor, die Nacht über zusammen zu lagern. Der Häuptling lehnte dankend ab. Sie hätten kaum Proviant, da man das erlegte Wild bereits zum Lager geschickt hatte.

Aber Dschingis Khan beteuerte, er werde für alles Nötige sorgen, und beauftragte Sübütai, die Leute reichlich mit Lebensmitteln und Kumyß zu versehen. Auf der gemeinsamen Jagd am folgenden Tag ließ er ihnen den größten Teil des Wildes zutreiben, so daß der Klan mit reicher Jagdbeute heimkehrte.

Kein Wunder, daß die derart Beschenkten von der Großzügigkeit des Khans entzückt waren und ihre eigenen, ziemlich habgierigen Häuptlinge beim Vergleich mit einem solchen Gastgeber schlecht wegkamen.

Dschingis Khan wiederum ließ sie wissen, daß sein Ordu für neue Verbündete stets offenstünde. Man hielt Rat, und ein Teil des Klans wechselte zu Dschingis Khan über, der sie seiner Armee eingliederte und ihnen vollen Schutz versprach.

Auf solche Weise vergrößerte der Khan ständig die Zahl seiner Anhänger.

Unter den Jurkin, die Dschingis Khan den Treueschwur geleistet hatten, befand sich auch jener Buribökö, der Belgütai mit einem Schwerthieb verletzt hatte – und so leicht vergaß Dschingis Khan eine ihm oder einem nächsten Angehörigen zugefügte Schmach nicht. Eines Tages schlug er vor, Buribökö und Belgütai sollten ihre Kräfte in einem Ringkampf messen.

Buribökö, sein Name bedeutet »Kämpfender Wolf«, war

ein überaus kräftiger Mann. Mit bloßen Händen vermochte er einen Stier zu erdrosseln.

Als die Ringer einander gegenüberstanden, gab der Khan das Zeichen zum Beginn des Kampfes. Buribökö, der zunächst recht siegesgewiß dreinschaute, erschrak, als er den Blickwechsel zwischen Temudschin und Belgütai bemerkte. Die Männer gingen aufeinander zu, faßten sich an den Hüften und versuchten, den anderen in Rückenlage zu bringen. Nach wenigen Minuten ließ Buribökö sich bäuchlings zu Boden fallen. So sehr er sich auch abmühte, Belgütai war nicht imstande, den Gegner umzudrehen und seine Schulter auf den Boden zu drücken. Der Schweiß lief den Kämpfern in Strömen über das Gesicht, aber Buribökö blieb auf seinem Bauch liegen. Hilflos schaute Belgütai zum Bruder auf. Der biß sich auf die Lippen und nickte.

Belgütai verstand. Breitbeinig stellte er sich über den am Boden liegenden Gegner, ließ sich langsam nieder, beugte sich vor, verschränkte die Hände unter Buribökös Hals und stemmte das Knie in dessen Kreuz. Ein Ruck, so schnell, daß ihn die Zuschauer kaum wahrnahmen, und dann ein Geräusch, das wie das Krachen eines abbrechenden Astes klang: Buribökös Rückgrat war gebrochen.

Alle Zuschauer sprangen auf und umringten den Sterbenden. Ehe er starb, stammelte Buribökö, er hätte sich wehren können, es aber aus Angst vor dem Khan nicht gewagt.

Dann brachen seine Augen.

Belgütai schleifte den Leichnam aus dem Ring.

So starb Buribökö, der stärkste Mann der Jurkin, einer von Kabul Khans »unbesiegbaren Kriegern«.

Die »Vier Rennpferde«

Die Naiman, ein in der Westmongolei und am Altai ansässiges Volk, hatten ihren mongolischen Namen nach den acht Stämmen, die sich zu dieser Gemeinschaft zusammengeschlossen hatten (*naiman* ist das mongolische Wort für »acht«). Die meist türkischen Titel ihrer Anführer lassen darauf schließen, daß sie zu den mongolisierten Türken gehörten. Ähnlich wie unter den Kereiten gab es auch unter den Naiman viele Christen. Ihr Gebiet umfaßte die gesamten Südhänge des Altai-Gebirges bis an den Blauen Irtysch und den Bergen von Tabun-ola, wo der mächtige Ob seine lange Reise zum Nördlichen Eismeer antritt.

Im Osten grenzte das Land der Naiman an das Territorium der Kereiten, und zwar in der Gegend von *Karakorum* (»Schwarzer Sand«) am Lauf des Orchon, einer menschenleeren Einöde, wo nur selten ein weißes Filzzelt aufleuchtete. Erst viel später baute Dschingis Khan hier die Hauptstadt seines mongolischen Weltreichs.

Die Naiman waren verwegene Krieger, erst vor kurzem hatten sie den westlichsten Zipfel des Kereitenlandes überfallen. Seitdem herrschte bittere Feindschaft zwischen ihnen und Toghril, dem Wang-chan. Die Naiman sorgten für »politische Ausgewogenheit« in der Mongolei, indem sie stets jene Macht angriffen, die sich über die anderen zu erheben drohte. Wenn die Merkiten in der Mitte oder die Tataren im Osten allzu übermütig wurden, geboten ihnen die Naiman nachdrücklich Einhalt.

Der Sieg Toghrils und Dschingis Khans über die Tataren rief denn auch sofort die Naimanfürsten auf den Plan; sie fürchteten, das Gleichgewicht könne sich zu ihrem Nachteil verändern. Um es gar nicht erst so weit kommen zu lassen, entschlossen sie sich zu sofortigem Handeln.

Der Naimankönig Inantch-bilgä, ein mutiger Krieger, fiel mit seiner Armee ins Land der Kereiten ein, überrumpelte den ahnungslosen Toghril, dezimierte seine Truppen und setzte Erke-qara, einen Bruder Toghrils, der den Angriff überlebt hatte, auf den Königsthron der Kereiten. Mit einer Handvoll Krieger floh der Wang-chan in die triste Landschaft der Wüste Gobi.

Da sein Verbündeter geflohen war, konnte Dschingis Khan nicht viel für die Kereiten tun, er hatte vielmehr selbst große Mühe, sich gegen die Naiman zu behaupten.

Fürs erste fand Toghril Zuflucht beim König der Qara-Qytai, deren ausgedehntes Reich westlich des Balchaschsees lag und einst von den mongolischen Ch'i-tan gegründet worden war. König Ch'u-lu-ku gewährte dem flüchtigen Wang-chan politisches Asyl, wies ihn aber außer Landes, nachdem dieser die Gastfreundschaft seines Wohltäters auf nicht genau bekannte Weise mißbraucht hatte.

Zwei weitere Jahre verbrachte der alternde Kereitenkhan auf Wanderschaft in der südlichen Gobi, ehe er sich entschloß, Dschingis Khan aufzusuchen. Am Ende einer langen Reise, auf der er und seine noch übriggebliebenen Anhänger sich von Ziegenmilch und dem Blut der Kamele ernährten, traf der Wang-chan mehr tot als lebendig bei seinem einstigen Vasallen ein.

Dschingis Khan hatte dem nahenden Toghril bereits Boten entgegengesandt und führte ihn nun selbst in sein Zelt. Durch viel Ruhe und gutes Essen erholte er sich bald samt seiner kleinen Truppe.

Im Vorfrühling des Jahres 1199, dem Jahr des Widders, verhalf Dschingis Khan Thogril zur Rückkehr auf den Kereitenthron. Zuerst überfiel der Khan die Merkiten und überließ die gesamte Beute dem Wang-chan, damit dieser seine Krieger für den Kampf ausstatten konnte. Danach griffen Dschingis Khan und Toghril gemeinsam Erke-qara an, errangen in einer heftigen Schlacht den Sieg, und der Wang-chan bestieg noch einmal den Thron im Schwarzen Wald. Als er sich stark genug fühlte, rüstete er zum Feldzug gegen die Naiman, um sie dafür zu bestrafen, daß sie Erke-qara unterstützt hatten.

Mittlerweile war Inantch-bilgä, der König der Naiman, gestorben. Er hinterließ zwei Söhne, von denen der ältere, Buyurug, die Gebirgsregionen des Altai bis zum Karakorum beherrschte, während dem jüngeren, Taibuqa, die Gebiete in der Ebene zugefallen waren.

Auch diesmal hielt Dschingis Khan seinem Blutsvater die Treue und fiel mit ihm gemeinsam ins Land der Naiman ein.

Von ihren Lagern am Tola und am Kerulen ritten die mongolischen Krieger rund 1200 Kilometer bis zum Fluß Kobdo. Nahe der heutigen russischen Grenze, am »Weißen See«, stießen sie mit einem Überraschungsangriff gegen Buyurug vor, der ihrer Übermacht weichen mußte und nach Süden über das Altai-Gebirge entkam.

Dschingis Khan und Toghril folgten ihm über die Schneefelder und Gletscher des Gebirges bis an den Oberlauf des Urungu. An einem See, der den Namen *Kyzyl-bach,* »Rotkopf«, trug (nach einer Karpfenart mit rotem Kopf), holten sie ihn ein. Buyurug selbst entkam, seine Armee jedoch wurde vernichtend geschlagen.

Diesmal hatte Dschingis Khan die Leitung des Feldzugs ganz allein übernommen. Im Laufe der Jahre hatte sich das Verhältnis zwischen ihm und dem Wang-chan nämlich von Grund auf gewandelt. Der Khan, einstiger Vasall und Schützling des Kereitenkönigs, behandelte seinen älteren Bündnispartner zwar nach wie vor mit aller Hochachtung und Ehrerbietung, doch war nicht zu verkennen, daß die eigentliche Macht zunehmend in seine Hände übergegangen war, und im Herzen Toghrils stiegen Neid und Eifersucht auf gegen den erfolgreichen jungen Feldherrn ...

Noch während des Aufmarsches hatte sich Djamuqa zu Toghril gesellt, mit dem er sich nie gestritten hatte, hielt sich aber wohlweislich im Hintergrund. Nach dem Sieg über die Naiman machten sich die Anführer mit ihrem Gefolge auf den Heimweg. Inzwischen war Winter geworden, deshalb zogen die Heere an den sonnigen Südhängen des Khangai-Gebirges gen Osten. Auf etwa halber Wegstrecke erwartete sie eine böse Überraschung. Sie trauten ihren Augen nicht, als sie plötzlich einer gutgerüsteten Naimanarmee gegenüberstanden, die von Taibuqa, dem Bruder Buyurugs, ausgesandt war, und von *Köksegü* (»der Heisere«) Sabraq, einem Naimangeneral angeführt wurde.

Dschingis Khan riet zum Gefecht. Nur zögernd stimmte der Wang-chan zu, denn er hatte sich wieder einmal des größten Beuteanteils bemächtigt und fürchtete, ihn zu verlieren. Da es bald Abend wurde, vertagte man die Schlacht auf den folgenden Morgen.

Die Armee der Naiman wie die der Mongolen schlief in jener Nacht in strenger Schlachtordnung mit aufgestellten Wachtposten. Um die Lager brannten zahllose Feuer. Noch vor Morgengrauen stahl sich Toghril wie ein Fuchs aus dem Hühnerstall mit seiner Beute davon, gefolgt von Djamuqa, der ja ohnehin schlecht mit dem Khan stand und stets bereit war, ihn zu verraten.

Dschingis Khan hegte keinerlei Verdacht und verbrachte die Nachtstunden mit Vorbereitungen zum Gefecht. Erst gegen Morgen fiel ihm die Stille im Lager der Kereiten auf. Weder Pferdewiehern noch Hundegebell war zu hören. Er ritt hinüber, um nach dem Rechten zu schauen. Aber außer den wirren Fährten der Wagenspuren und Pferdehufe fand er nichts als niedergebrannte Feuer.

Aber noch größer wurde sein Staunen, als er auch das Lager der Naiman verlassen vorfand.

Folgendes war geschehen. Im Gegensatz zu Dschingis Khan hatten Köksegüs Nachtwachen erst Toghrils, dann Djamuqas heimliches Entweichen bemerkt und ihrem Befehlshaber gemeldet. Köksegü vermutete ganz richtig, daß Habgier und Angst die Triebfeder der Verräter war. Und da es ihm viel vorteilhafter erschien, den schwerbeladenen alten Wang-chan zu überfallen und ihm die Beute abzunehmen, als mit dem kriegerischen und durch keine Last behinderten Dschingis Khan zu kämpfen, folgte er den Kereiten ebenso heimlich in einiger Entfernung, stets darauf bedacht, daß er und seine Leute von den Flüchtlingen nicht bemerkt wurden.

Dschingis Khan zog eilig seine Truppen zusammen und ritt mit größter Geschwindigkeit durch das Tal des Eder Altai – ein dichtes Waldgebiet –, wobei er Toghril und dessen Verfolger in weitem Bogen überholte. Nach vielen anstrengenden Tages- und Nachtmärschen erreichte er unbehelligt seinen Zeltplatz am Burgi Ergi, dem Fels der Eselskruppe.

Toghril und Djamuqa hatten zwar die gerade Route gewählt, kamen aber wegen ihres Gepäcks nicht so rasch vorwärts wie der Khan. Die beiden Häuptlinge ritten mit ihrer Vorhut der Hauptmacht voraus, die von Toghrils Bruder Djagambu und seinem Sohn Ilqa, besser bekannt unter seinem chinesischen Titel Sängün, angeführt wurde. Noch immer merkten sie nicht, daß Köksegü ihnen folgte und sie irgendwann überholte.

Denn als Sängün und Djagambu von Norden her ins dunkel bewaldete Tal des Eder Altai einschwenkten, funkelten an den sonst so stillen Berghängen überall Waffen. Die Reiterei der Naiman kam donnernd den Berg herabgestürmt und umzingelte den Wagentreck Sängüns. Über dem Gefechtslärm erhob sich die krächzende Befehlsstimme Köksegüs, der seine Reiter so lange säbelschwingend am Wagenzug auf und ab jagte, bis die Eskorte aufgab und ihr Heil in der Flucht suchte. Alle Wagen, selbst die mit den Frauen und Kindern Sängüs, fielen den Naiman in die Hände. Auch Toghrils schwerbepackter Wagen wurde erbeutet. Sängün und Djagambu selbst entkamen unerkannt im Gemenge.

Der Wang-chan, der unterdessen auf einem für Wagen unpassierbaren Weg nach Hause geritten war, empfing die Nachricht von der schmachvollen Niederlage und dem großen Verlust in seinem Ordu am Schwarzen Wald. Zunächst überließ er sich seiner verzweifelten Wut, dann jedoch schickte er an Dschingis Khan eine Botschaft, in der er das Vorgefallene reumütig bedauerte – und um Hilfe flehte.

Zu jener Zeit hatte der Khan vier Unterführer oder Generäle, die später noch sehr berühmt werden sollten. Etwas höher im Rang standen Bo'ortchu und Muqali über den beiden anderen, Boroqul und Tchila'un, alle vier gemeinsam wurden von den Mongolen jedoch als die »vier großen Krieger« oder auch als die »Vier Rennpferde Temudschins« gerühmt. In der Tat waren sie so feurig und treu wie gute Rassepferde, und für das Reitervolk der Mongolen galt ein edles Roß als Symbol aller kriegerischen Tugenden.

In seinem Hilferuf hatte der Wang-chan um den Beistand dieser vier berühmten Unterfeldherren gebeten. Dschingis Khan, obwohl noch verärgert über den Verrat seines Genossen, gewährte ihm die Bitte aus Gründen der Vernunft, denn noch immer war sein Schicksal fest mit dem des alten verschlagenen Fuchses verknüpft. Immer noch galt der Wang-chan als mächtigster Herrscher in der Mongolei und Temudschin als sein Vasall und Kampfgefährte.

Unter dem Oberbefehl Bo'ortchus drangen die Generäle mit ihren Kampftruppen in das Gebiet der Naiman ein, gerade noch rechtzeitig, um Sängün mit seinem erschöpften Reiterhaufen vor Köksegü zu retten. Nun war es Köksegü, der nicht wußte, wie ihm geschah, als seine Reiter dem Ansturm der vier großen Krieger nicht standhielten und er mit seiner Armee vor den Mongolen den Rückzug antreten mußte.

Bo'ortchu brachte Sängün, den Kronprinzen der Kereiten und Augapfel seines Vaters, heil und unversehrt in das Ordu am Schwarzen Wald. Der zumindest für den Augenblick tief gerührte Kereitenfürst sprach Dschingis Khan seinen innigsten Dank aus und überreichte Bo'ortchu als oberstem Feldherrn ein prächtiges Ehrengewand und zehn goldene Pokale.

Toghril, der trotz seines Alters noch ungewöhnlich rüstige und scharfsichtige Politiker, spürte in seinem Herzen jedoch den Stachel der Erbitterung, wenn er die jüngsten Ereignisse überdachte. Er konnte sich nicht mehr verhehlen, daß die Macht aus seinen Händen unaufhaltsam in die seines Verbündeten hinüberglitt. Und wenn er seinen Sohn Sängün mit Jesügeis Sohn Temudschin verglich . . .

Viel wäre schon gewonnen, wenn er den kriegserfahrenen Mann wenigstens dazu überreden könnte, der Blutsbruder

Sängüns zu werden. Der Khan ging auf seinen Vorschlag ein, und die Zeremonie wurde mit großem Pomp und Aufwand im Schwarzen Wald gefeiert.

Damit war Toghril seine Sorgen fürs erste los.

Versklavung eines Volkes

Aber es gab noch einen anderen, der Dschingis Khan seine Stellung neidete: Djamuqa, Blutsbruder aus Kindertagen, dann unterlegener Rivale um die Khanwürde und schließlich Verräter des einstigen Freundes, wollte sich rächen – am Khan und an allen, die sich von ihm abgewandt und an die Seite des Khans gestellt hatten. Mit Eifer und List gelang es ihm, alle Gegner Dschingis Khans in einer geschlossenen Front zu sammeln.

Kuriere auf schnellfüßigen baktrischen Kamelen und ausdauernden Steppenpferden hielten die Verbindung mit den entlegensten Ecken des Mongolenreiches aufrecht. Es gelang Djamuqa, die mächtigeren der entfernt wohnenden Stammeshäuptlinge für sein Bündnis zu gewinnen, indem er ihnen die Gefahren, die von der ständig expandierenden Macht Dschingis Khans ausgingen, in den düstersten Farben schilderte. Die aufgestörten Steppenfürsten fürchteten nicht ganz grundlos, ihre Eigenständigkeit an den »Khan des großen Ozeans« zu verlieren, der wie eine verheerende Gezeitenwelle über sie hinwegzurollen drohte – ein zweiter Attila schien da heranzuwachsen.

Sie schlossen sich in einer Art Liga oder Konföderation gegen Dschingis Khan zusammen, deren Anführer Djamuqa sein sollte, der schon nach einem passenden Titel suchte, um Temudschins Khan-Namen zu übertreffen.

Die Mongolei war groß, die Völker siedelten verstreut, und Djamuqa, der seinen Qurultai geheimhalten wollte, schlug als Ort der Versammlung das bewaldete Flußufer des Argun vor, der weit im Norden die derzeitige Grenze zwischen der Mandschurei und Sibirien bildet.

Djamuqa hatte nicht nur Mongolenstämme eingeladen. Auch die Tataren und Merkiten, die Naiman unter Buyurug und die Taigighut sowie eine Vielzahl kleinerer Stämme und Klans traten dem Bündnis bei.

Jedes Volk sandte eine Delegation mit einer kleinen Schutztruppe zum Oberlauf des Argun. In weitem Bogen umgingen sie alle die Wohn- und Weidegebiete des Khans. Schließlich war der Qurultai versammelt, und in einer ähnlichen Zeremonie wie bei der Ernennung Temudschins zum Khan ließ sich der Djadjirathäuptling Djamuqa auf einer Königsdecke aus weißem Filz emporheben und zum *Gur-khan* (»Universal-Khan«) oder »Kaiser der Mongolei« ausrufen.

Unterdessen weidete der ahnungslose Dschingis Khan seine Herden in den Schlangenbergen am Onon, höchstens verwundert darüber, daß es in der Gegend um Djamuqa so lange ruhig blieb. Doch schon bald sickerte aus verschiedenen Quellen die Kunde zu ihm durch, daß man dort oben am Argun etwas gegen ihn im Schilde führte.

Wie immer reagierte der Khan sofort. Er rief Toghril zu Hilfe und vereinte seine Truppen mit der Armee der Kereiten. Gemeinsam rückten sie gegen die Streitmacht der Konföderierten vor. Bei Koyitan, in der Nähe eines alten chinesischen Bollwerks, prallten die Heere aufeinander. Dschingis Khan und der Wang-chan stellten ihre Leute so auf, daß das Bollwerk ihnen den Rücken deckte.

Die Schlacht begann, als die Morgensonne sich über den Horizont erhob. Dschingis Khan griff mit dem linken Flügel an, Toghril schwenkte mit seinen Truppen zur Mitte vor. Gleich zu Beginn verlor der Khan sein Streitroß, erhielt aber sofort ein anderes.

Stunde um Stunde wogte der Kampf unentschieden hin und her. Am späten Nachmittag forderte Djamuqa die Schamanen auf, ihm mit ihren Zauberkräften zum Sieg zu verhelfen. Unter den üblichen Sprüchen und Anrufungen legten sie Schafsknochen ins Feuer und warfen Steine ins Wasser.

Ob nun mit oder ohne Hilfe der Götter – auf jeden Fall änderte sich das in der Mongolei stets wechselhafte Wetter plötzlich. Es kam ein kalter Wind auf, dicke Wolken verhüllten die Sonne und schwere Regenschauer gingen über der Steppe nieder, vermischt mit Graupeln und dicken Hagelkörnern, die auf die Köpfe der Kämpfenden niederprasselten. Die Krieger zitterten vor Kälte und rutschten aus auf dem vor Nässe und Eiskörnern glitschigen Boden. Trotzdem hielten die Reiter Dschingis Khans und Toghrils, die als erste das Unwetter zu spüren bekamen, in ihren Stellungen aus. Schließlich traf die Wucht des Sturms jene Leute vom Heer Djamuqas, die die Hänge oberhalb des Bollwerks erstiegen hatten, um dem Feind in den Rücken zu fallen. Sie stolperten über Baumwurzeln und Felsbrocken, und einige fielen sogar mitsamt ihrem Roß in den Abgrund.

In diesem entscheidenden Augenblick stürmte Dschingis Khan erneut vor und verwandelte die Verwirrung des Gegners in Panik. Djamuqas Krieger, die von dem eigens heraufbeschworenen Sturm weit stärker gebeutelt wurden als ihre Gegner, sahen darin ein schlechtes Omen und waren überzeugt, daß der Himmel ihnen seine Gunst entzogen hatte.

Die Streitmacht der Konföderierten zerfiel. Die Naiman flohen zum Altai, die Merkiten zum unteren Selenga, die Taigighut in Richtung Onon. Djamuqa überfiel daraufhin in seiner ohnmächtigen Wut sogar die verbündeten Stämme, die kurz zuvor noch an seiner Seite gekämpft hatten, und plünderte ihre Lager.

Der Wang-chan verfolgte Djamuqa, Dschingis Khan setzte den Taigighut nach, die sich am Ononufer mit ihrer Hauptmacht verschanzten. Einen Tag später traf der Khan am Onon ein und ging sogleich zum Angriff über.

Das Gefecht dauerte den ganzen Tag. Dschingis Khan wurde durch einen Pfeilschuß am Hals verwundet, und die Wunde blutete so heftig, daß er die Besinnung verlor. Seine Gefährten ließen ihn sanft zu Boden gleiten, und Djelme bettete den Kopf des verwundeten Feldherrn in seinen Schoß. Da der Pfeil möglicherweise vergiftet war, sog Djelme das geronnene Blut aus der Halswunde und spuckte es auf den Boden.

Als die Nacht hereinbrach, wurde der Kampf unterbrochen. Dschingis Khan lag immer noch bewußtlos in den Armen seines Gefolgsmannes. Als er nach langer Zeit die Augen aufschlug, sah er über sich den nächtlichen Sternenhimmel. Er mußte sich erst besinnen, wo er eigentlich war, und bat dann mühsam um etwas zu trinken.

Djelme wollte Kumyß holen, suchte aber im ganzen Lager der Mongolen vergebens danach. Da zog er sich bis aufs Unterkleid aus und schlich ins Lager der Taigighut rüber. Kumyß fand er dort zwar auch nicht, wohl aber einen Eimer voll gesäuerter Kuhmilch, den er mitnahm. Er vermischte die Milch mit Wasser und gab sie seinem Herrn zu trinken, der sich zusehends erholte.

Er hob den Kopf und setzte sich langsam auf. Im Osten rötete sich der Himmel im ersten Morgenlicht. Als die Sonnenstrahlen das Lager der Taigighut erreichten, war es leer, die Gegner hatten sich im Schutz der Dunkelheit davongemacht.

Trotz seiner Schwäche stieg Dschingis Khan in den Sattel und gab Befehl, die Flüchtigen zu verfolgen. Nach einem mehrstündigen Ritt fühlte er sich wieder so kräftig wie zuvor.

Unterwegs erblickten sie auf einem Hügel eine rotgekleidete Frau mit einer hohen Bokta auf dem Kopf, die laut den Namen »Temudschin, Temudschin« rief.

Dschingis Khan schickte einen Mann zu ihr hinauf.

Es stellte sich heraus, daß es Kadachan war, die Tochter Sorqan-chiras, die den Wagen bewacht hatte, als Temudschin sich damals unter der Wolle versteckte.

Und während seine Krieger die Taigighut umstellten und gefangennahmen, empfing der Khan seine einstige Beschützerin mit fürstlichen Ehren.

Am folgenden Morgen erschien auch Sorqan-chira mit seinen Söhnen, um dem Feldherrn zu huldigen. Dschingis Khan begrüßte sie herzlich, konnte aber nicht umhin, sie zu fragen, weshalb sie erst jetzt kamen. Sorqan-chira gab zur Antwort, es wäre nicht früher möglich gewesen, weil sonst die Taigighut fürchterliche Rache an ihren Frauen und Töchtern genommen hätten.

Der Khan nickte zustimmend. Dann wandte er sich an einen verwegen dreinblickenden jungen Mann, der im Hintergrund stand. Ohne zu blinzeln erwiderte dieser den forschenden Blick der blauen Augen.

»Du also hast den Pfeil abgeschossen, der mein braves Streitroß zu Tode getroffen hat?« sagte der Khan schließlich.

Djirqo adai, denn so hieß der Taigighut, gab das unumwunden zu, gelobte jedoch bedingungslose Treue, falls der Khan ihn am Leben lassen sollte.

Temudschin wandte sich den Anwesenden zu.

»Gewöhnlich versteckt sich der Feind und hütet seine Zunge. Dieser Mann hier aber bekennt sich offen zu dem Schaden, den er angerichtet hat. Für seinen Mut und seine Ehrlichkeit verdient er, unser Freund zu werden. Bis jetzt hieß er Djirqo adai, von nun an wollen wir ihn *Djebe*, den ›Pfeil‹, nennen.«

Freundlich blickte der Khan auf den neuen Gefolgsmann nieder.

»Komm, Djebe, steig auf. Fortan sollst du an meiner Seite reiten.«

Auf solche Weise gewann Dschingis Khan begeisterte Anhänger. Auch sollte sich erweisen, wie gut er die Menschen einzuschätzen wußte, denn Djebe erfocht viele Siege und erlitt nie eine Niederlage.

Die meisten Anführer der Taigighut wurden zum Tode verurteilt, lediglich Targhutai blieb unauffindbar. Offensichtlich hatte er sich rechtzeitig aus dem Staube gemacht. Die überlebenden Taigighutkrieger, die dem Khan den Treueschwur leisteten, wurden wie üblich auf die Truppen Dschingis Khans verteilt.

Einige Wochen später stand Targhutai plötzlich vor einem Trupp seiner ehemaligen Leute, die sein Versteck aufgespürt hatten und nun über sein weiteres Schicksal berieten. Jene setzten ihre Ansicht durch, die meinten, man solle den gefangenen Feldherrn dem Khan ausliefern. Der Häuptling mußte auf einen Karren steigen und wurde recht glimpflich behandelt, da man sich erinnerte, daß er einst der Lehrer Temudschins gewesen war. Aber unterwegs gaben die klügeren unter den Kriegern ihren Kameraden zu bedenken, wie grausam der Khan mit Verrätern jeder Art umzugehen pflegte. Schließlich durchschnitten sie die Fesseln ihres Gefangenen wieder, der schleunigst im Dickicht verschwand.

Als der Khan von der Sache hörte, ließ er sie vor sich kommen.

»Ihr habt recht getan«, sagte er, »Targhutai freizulassen. Hättet ihr ihn zu mir geschleppt, ich hätte euch allen den Kopf abschlagen lassen. In den Reihen meiner Leute ist kein Platz für Verräter.«

Im Frühling 1202, dem Jahr des Hundes, beschloß Dschingis Khan, jetzt endlich die Ermordung seines Vaters Jesügei an den Tataren zu rächen.

Der Khan lagerte am Ostufer des Argun an einem Platz, von dem aus man den Tataren gut in die Flanke fallen konnte. Geschickt manövrierte er ihre Kriegsmacht auf eine mit dichtem Gras bewachsene Ebene nordöstlich des Kulunnor, nicht weit von jener Gelben Steppe, wo die Tataren Jesügei einst vergiftet hatten.

Der Anführer der Tataren war ein gewisser Alaq-üdür, der glaubte, Dschingis Khan ebenbürtig zu sein. Hinter seinem Feldzeichen scharte sich die gesamte Streichtmacht der Tataren.

Die Schlacht begann. Den ganzen Tag über tobte der Kampf mit selbst für damalige Begriffe ungewohnter Härte. Erst am späten Nachmittag wandte sich das Kriegsglück zugunsten Dschingis Khans, der mit seinen wilden Attacken den rechten Flügel des Tatarenheeres förmlich zerhieb. Als sich dann noch Bo'ortchu mit den Reservetruppen ins Getümmel warf, war die Schlacht entschieden. Alaq-üdür wurde im Gefecht getötet.

Wer von den Tataren noch am Leben war, floh in ein Tal des Großen Khingan-Gebirges, wo man Frauen und Kinder sicher glaubte. Die Siegertruppen umzingelten das Lager jedoch und brachten seine Insassen samt ihren Familien und

Herden vor Dschingis Khan, der über ihr Schicksal entscheiden sollte.

Noch vor Beginn der Schlacht hatte der Khan ein striktes Plünderungsverbot erlassen, solange die Kämpfe andauerten. Er wollte damit die Unordnung vermeiden, die logischerweise ausbrach, wenn sich einige auf Kosten der Kämpfenden bereicherten, und hatte allen Zuwiderhandelnden hohe Strafen angedroht. Drei Stammesfürsten mißachteten den Befehl, unter ihnen Altan, einer der Wahlmänner Temudschins. Er glaubte, der Khan werde wegen seines hohen Ranges eine Ausnahme machen, und ließ Zelte und Wagen der Tataren ausräumen, lange bevor die Schlacht zu Ende war. Er sollte sich täuschen. Dschingis Khan wies die ungehorsamen Häuptlinge öffentlich zurecht und forderte die Herausgabe der Beute. Zähneknirschend gaben sie ihm das Raubgut vor den Augen der ganzen Armee zurück.

In der Steppe nahe dem Heerlager der Mongolen drängten sich die gefangenen Tataren, die Überlebenden der alten, unabhängigen Stämme, und harrten ihres Schicksals.

Dschingis Khan berief einen geheimen Qurultai ein, an dem nur die engsten Vertrauten teilnahmen. Nach langen Debatten faßte die Versammlung den Entschluß, die Anführer zu liquidieren und das einfache Volk zu versklaven.

Als die Beratenden das Zelt verließen, schlich sich einer der Tataren zu Belgütai und fragte ihn nach dem Ausgang des Qurultai. Ohne den Mann genau anzusehen, gab ihm Belgütai Bescheid, und der »Kundschafter« stürzte davon, um sein Volk zu warnen. Die Tataren rannten in den Wald, fällten Bäume und huben Gräben aus, in denen sie sich verschanzten, um ihre Freiheit und ihr Leben so teuer wie möglich zu verkaufen.

Dschingis Khans Truppen warfen sie zwar nieder, erlitten aber auch selber hohe Verluste. Voller Zorn befahl der Khan Belgütai zu sich, der durch seine Leichtfertigkeit das Gemetzel verschuldet hatte, und entzog ihm nahezu alle Privilegien.

Die Tataren standen den Mongolen an Tapferkeit und Zähigkeit in nichts nach. Bis zuletzt verteidigten sie sich mit Nägeln und Zähnen, so daß es die schließlichen Sieger viel Mühe kostete, sie endgültig zu unterjochen.

So lungerte eines Tages ein Tatarensklave vor Ölün-ekes Zelt, als ihr Enkel Tului, Dschingis Khans Jüngster, gerade auf seinen dicken Beinchen vorbeistapfte. Der Tatar packte den Kleinen und lief mit ihm davon, wobei er schon das Messer aus dem Gürtel riß.

Ölün schrie laut auf. Mit einer Dienerin lief sie dem Tataren nach. Die Frauen kriegten ihn am Zopf zu fassen und rissen so heftig daran, daß er sein Messer fallen ließ. In diesem Augenblick erschien Djelme mit einer Axt in der Hand und spaltete dem Kindsräuber den Schädel.

Dschingis Khan rächte sich grausam an den Tataren für den Tod seines Vaters. Er sagte einmal zu Bo'ortchu:

»Es gibt kein größeres Vergnügen für einen Mann, als seine Feinde zu besiegen und auszurotten, all ihren Besitz an sich zu reißen und ihre Diener in Tränen und Wehklagen ausbrechen zu lassen, ihre schönsten Rösser zu besteigen und sich der Leiber ihrer Frauen und Töchter zu bedienen, wenn ihre rosigen Wangen und roten Lippen ihn erfreuen.«

Nachdem sich die Anführer der Mongolen die hübschesten Mädchen und Frauen herausgesucht hatten, wurden die übrigen den Truppen zum Zeitvertreib überlassen. Dschingis Khan wählte für sich zwei Schwestern, Yesugan und Yesui, schöne Mädchen aus angesehener Familie. Yesugan ergab sich widerstandslos in ihr Schicksal, Yesui jedoch, die bereits verlobt war, floh mit ihrem Bräutigam. Man fing sie ein, und der Bräutigam wurde geköpft.

Yesui und Yesugan wurden Nebenfrauen Dschingis Khans, während Börte nach wie vor seine Hauptgemahlin blieb. Außerdem hatte er noch viele Konkubinen. Jede der Frauen besaß ihr eigenes Ordu mit einer großen Dienerschaft und Hunderte von Wagen. Börte hatte auch keine Einwände gegen diese Regelung, die der Gesellschaftsform, in der sie lebte, eben entsprach. Sie war die Herrin über den anderen Frauen, und ihre Söhne standen an erster Stelle in der Erbfolge.

Später machte es sich der Khan sogar zur Gewohnheit, aus jedem unterworfenen Volk eine schöne Frau oder ein hübsches Mädchen auszuwählen. Oft ergaben sich daraus sogar politische Vorteile.

Zum ständig wachsenden Harem ihres Gatten erklärte Börte gelassen:

»An den grünen Ufern der Gewässer leben viele weiße Schwäne und Wildgänse. Der Khan mag sie jagen, wie es ihm gefällt. Unter den Stämmen der Mongolei gibt es viele junge Mädchen und hübsche Frauen, mein Herr zeige die Glückliche, die er für sich erwählt. Wie es ihm beliebt, möge er sich eine neue Frau nehmen oder ein ungerittenes Füllen zähmen und ihm den Sattel auflegen.«

Der einäugige Leopard mit der lahmen Pfote

Während der Khan mit den Taigighut kämpfte, hatte Toghril die Verfolgung Djamuqas aufgenommen, die er wie eine Art Jagdspiel betrieb: mehr zum Schein als im Ernst. Es dauerte auch nicht lang, und er gab sie ganz auf. Tief im Herzen hatte er ganz andere Sorgen als Djamuqa, dort bohrte nach wie vor der Wurm der Mißgunst und des Neides auf seinen ehemaligen Vasallen und jetzigen Rivalen, der ihn mehr und mehr in den Schatten stellte.

Eines Tages ritt der Wang-chan seiner Truppe voraus in jenem Gebiet, wo heute die Grenze der Mandschurei liegt. Am Ende des Zuges ritt sein Bruder Djagambu, der selbst nur zu gern König der Kereiten gewesen wäre.

Und die Gelegenheit war günstig. Djagambu rief mehrere Mitglieder der königlichen Familie und vier Kereitenfürsten zusammen. Sie schmiedeten ein Komplott gegen Toghril und beratschlagten bis spät in die Nacht hinein, wie man den alten Falken, besser besagt: den alten Geier, denn so nannte man ihn hinter seinem Rücken, am besten los würde. Einem der Verschwörer schien die Sache zu gefährlich – es wurde viel zu viel geredet und zu wenig getan. Als die Sitzung beendet war, entfernte er sich unter irgendeinem Vorwand, ritt noch in derselben Nacht zum Wang-chan und warnte ihn vor seinem Bruder.

König Toghril war empört. Er schickte seine Leute aus, um die Abtrünnigen zu verhaften, während er selber in seinem großen Zeltwagen sitzen blieb. Nach mehreren Stunden wurde die Türklappe hochgeschlagen und Djagambu mitsamt seinen Spießgesellen unsanft ins Zeltinnere gestoßen. Alle waren gefesselt und trugen ein hölzernes Joch um den Hals.

Toghril starrte sie der Reihe nach an.

»Wenn ich so niederträchtig wäre wie ihr«, schrie er, »würde ich euch alle töten lassen. Aber zu eurem Glück ist mein Gemüt nicht so schwarz wie das eure!«

Er befahl, ihnen die Fesseln abzunehmen, ging dann zu ihrer großen Erleichterung reihum und spuckte jedem nur ins Gesicht. Seine Anhänger taten es ihm nach. Zuletzt wandte der Alte sich an seinen Bruder: »Du Stinktier«, schnaubte er wieder und wieder.

Bei der ersten sich bietenden Gelegenheit floh Djagambu zu den Naiman, da er sich, wie er behauptete, seines Lebens in Toghrils Nähe nicht mehr sicher fühlte.

Dschingis Khans entscheidender Sieg über die Tataren beunruhigte den Wang-chan aufs äußerste. Was er gefürchtet hatte, war eingetroffen: Sein ehemaliger Vasall beherrschte die gesamte Ostmongolei und wurde damit eine Gefahr selbst für die Kereiten. In einem letzten kühnen Versuch, sein Ansehen wiederherzustellen, fiel Toghril über die Merkiten am unteren Selenga her und plünderte die völlig Überraschten. Er dachte nicht daran, einen Teil der Beute dem Khan zu überlassen, obwohl dieser ihm stets reichlich von seinem Raubgut abgegeben hatte.

Als Dschingis Khan davon erfuhr, überlegte er voller Ärger, was den alten Falken wohl zu seinem Tun bewog. Er mußte herausfinden, wie dieser in Wirklichkeit zu ihm stand. Deshalb schickte der Khan einen Boten ins Ordu am Schwarzen Wald mit dem Vorschlag, Sängüns jüngere Schwester Tcha'ur-bäki solle seinem Sohn Gutschi zur Frau gegeben werden.

Als der Bote das Heiratsangebot Toghril vorgetragen hatte, blickte dieser fragend seinen Sohn Sängün an.

Sängün erwiderte verdrossen, man kenne ja die barbarischen Sitten der Mongolen, Tcha'ur-bäki würde bei ihnen nur als Sklavin behandelt werden. Er sei dagegen, seine Schwester mit diesem Gutschi zu vermählen.

Das überhebliche Getue Sängüns verletzte und erzürnte den

Khan, der den Kereiten nie Anlaß zu Feindseligkeiten gegeben hatte.

Sobald Djamuqa von dem Zwist Wind bekam, schürte er ihn fleißig. In einem geheimen Qurultai am unteren Kerulen, zu dem er außer den Kereiten noch andere Gegner Dschingis Khans einlud, schlug er vor, sie sollten so rasch wie möglich gegen den Khan vorgehen. Nur widerstrebend gab auch Toghril sein Einverständnis.

Sängün plante, Dschingis Khan in einen Hinterhalt zu locken. Er tat, als habe er sich eines Besseren besonnen und sei mit der Heirat einverstanden. Bei den Feierlichkeiten wollte man sich dann in einem günstigen Augenblick über den Khan hermachen. Aber Dschingis Khan traute dem plötzlichen Umschwung nicht, zu genau klangen ihm die Schmähungen Sängüns noch in den Ohren. Er ließ Sängün ausrichten, seine Pferde seien im Moment zu mager, er müsse noch eine Weile warten.

Daraufhin riet Sängün zu einem Überraschungsangriff in den frühen Morgenstunden. In aller Heimlichkeit brachen die kereitischen Streitkräfte auf, um im Schutz der Dunkelheit das Lager des Khans zu umzingeln.

Zwei Pferdehirten hörten von dem geplanten Überfall und ritten die Nacht durch, um den Khan rechtzeitig zu warnen. Zum Dank dafür wurden sie später vom Khan mit fürstlichen Privilegien ausgestattet.

Der Khan rief eiligst einen Qurultai zusammen. Die Lage war ernst. Da niemand mit Krieg rechnete, waren die dreizehn Korps weit über die Weideplätze zwischen Onon und Kerulen verstreut, lediglich die Leibwache des Khans sowie einige Gefolgsleute mit ihrem Troß waren zur Stelle.

Der Qurultai beschloß den sofortigen Aufbruch in die Berge, wo man sich verschanzen und auch mit wenigen Kriegern gegen die Übermacht der Kereiten verteidigen konnte. Die Zelte und Wagen blieben stehen, wo sie waren, die Lagerfeuer wurden nochmals geschürt, um den heranrückenden Feind zu täuschen. Dann ritten der Khan und seine Leute so schnell wie möglich zu einer Schlucht am Berg Mao'-undur.

Unterdessen stürmte die Vorhut der Kereiten unter Sängün und Djamuqa in das Ordu, wo die Lagerfeuer noch glühten. Die Zelte, vor allem das große Zelt des Khans, wurden förmlich gespickt mit Pfeilen. Als sich kein Widerstand regte, stiegen die Angreifer verblüfft ab und fanden alles leer. In ihrer Verwirrung entschlossen sich die Führer, auf Toghril zu warten, der mit der Hauptmacht nachrückte.

In den späten Morgenstunden erreichte Dschingis Khan die Paßhöhe des Mao'-undur. Er ließ Djelme mit einer kleinen Schar zurück und zog mit den restlichen Truppen über den Berg in jenes sandige Hügelland, das mit seinen weißen Salzsümpfen allmählich in die Wüste Gobi übergeht. Die heiße Luft über dem Sand flimmerte in der grellen Sonne wie die Oberfläche eines Sees.

Am Nachmittag erreichte der Khan einen Hügel, der Qalaqaldjitelet genannt wurde. Die Männer setzten sich im Schatten der Pferde auf den Boden und ruhten aus.

Nach einer Weile meldeten Ausschau haltende Wachen, daß sich von Westen her eine große Staubwolke näherte. Sie wuchs von Minute zu Minute, ein Zeichen dafür, mit welcher Geschwindigkeit die Kavallerie der Kereiten heranstürmte. Der Khan befahl seine Leute in den Sattel und stellte sie in einer Schlachtordnung auf, die mit dem rechten Flügel bis zu den Hügelketten des Mao'-undur reichte. Vor ihnen fiel das Hochland stufenweise zur Steppe der Roten Weide hin ab, die als gigantischer Rand die Schale der Wüste Gobi säumte.

Die Sonne neigte sich gegen Westen, die Schatten wurden länger. Geduldig harrten die Männer auf ihrem Platz aus, diese Schlacht versprach furchtbar zu werden. Toghril und seine Verbündeten zogen mit einem ganzen Tümen auf, während Dschingis Khan nicht einmal über ein Drittel dieser Streitmacht verfügte.

Endlich standen sich die Heere gegenüber.

Auf ein Zeichen hin stürmte die Vorhut der Kereiten in wildem Galopp los. Die Mongolen warteten ihr Näherkommen nicht ab, sondern warfen sich ihnen entgegen, so daß die Gegner mit voller Wucht aufeinanderprallten. Im anschließenden Handgemenge vermochten die Kereiten nicht standzuhalten, sondern wichen Meter um Meter zurück. Nun stürzten die Mongolen über den Felsensaum des Mao'-undur in die Ebene hinab, um die Flanke der Kereiten aufzurollen. Das geschah nach der klassischen Taktik des *tulugma,* einer Schwenkbewegung, mit der die feindliche Armee von den eigenen Flügeln umklammert wurde wie von der Schlinge eines Ukriuk.

Einem der mongolischen Unterfeldherren gelang es sogar, die Pferdeschweif-Standarte des Khans durch die feindlichen Linien zu tragen und im Rücken der Kereiten aufzupflanzen. Toghril glaubte sich nun von beiden Seiten bedroht und warf seine zweite Division in die Schlacht, um der stark dezimierten Vorhut Deckung zu geben.

Kurz entschlossen sprengte der Kereitenkhan mit erhobenem Schwert auf den Standartenträger zu und hieb ihn mit einem fürchterlichen Streich aus dem Sattel. Sofort drängten sich Mongolen um den gestürzten Feldherrn und schirmten ihn mit vorgehaltener Lanze ab.

Die zweite Mongolenfront fegte zu ihrer Hilfe den Berg herab und trieb die Kereiten in die Arme der *turqa-ut,* der persönlichen Wachtruppe des Khans. Männer und Pferde verkeilten sich im Gefecht, die Säbel blitzten und die Lanzen klirrten im Kampfgetümmel.

Bis zu diesem Augenblick hatte Sängün mit den Haupttruppen der Kereiten auf einem Hügel gewartet, um mit ihrem Einsatz die Entscheidung herbeizuführen. Durch die Niederlage der Vorhut verwirrt, griff er zu früh an. Ein Pfeilschuß traf ihn an der Wange, und er stürzte vom Pferd. Sofort umringten ihn mehrere seiner Krieger, um ihn vor weiteren Angriffen zu schützen, die übrigen mischten sich unter die Kämpfenden.

Als der Wang-chan seinen Sohn fallen sah, war er zunächst außer sich, stellte dann aber erleichtert fest, daß Sängün nicht lebensgefährlich verletzt war, und rief seine Unterfeldherren zur Beratung zusammen. Alle waren der Meinung, daß Dschingis Khans heldenhaft kämpfende Schar zwar eine schwere Schlappe erlitten habe, doch ihre Ausdauer und ihr Heldenmut nicht zu unterschätzen seien. Atchiq-chirun, der kampferfahrene Anführer der zweiten Division, vertrat die Ansicht:

»Laß sie gehen, mein Khan! Wo sollen die Mongolen hin? Ihre tapfersten Krieger haben wir niedergemäht, die übrigen besitzen nichts als die Pferde unter sich und den Himmel über sich. Sie werden bald aufgeben. Und wenn nicht? Dann werden wir sie wie Dung von der Steppe fegen!«

Man beschloß, das Gefecht einzustellen.

Nur wenige Nachmittagsstunden hatte die Schlacht gedauert, die hart und erbittert ausgetragen worden war, wie noch keine zuvor. Die Verluste beider Gegner waren erschreckend hoch, die Folgen für die Zukunft noch gar nicht abzusehen.

Während der Nacht verließen die Mongolen das Schlachtfeld, froh darüber, daß der Feind sie nicht verfolgte. Der Khan, der das Ausmaß der Verluste noch nicht überblickte, gab gleichwohl die Order, bis zum letzten Mann zu kämpfen, falls die Kereiten nochmals angreifen sollten.

Aus den noch kampffähigen Kriegern formierte Dschingis Khan eine schüttere Schlachtordnung, aber der erwartete Angriff blieb aus. Bo'ortchu wurde als Kundschafter ausgeschickt, und bald darauf brachte er die Nachricht, daß die Kereiten das Feld geräumt hätten.

Auf einem Umweg durch die Wüste – um jedem eventuell doch noch möglichen Überraschungsangriff von seiten der Kereiten auszuweichen – kehrten die Mongolen an den unteren Kerulen zurück, wo sie sich erst mal erholten, bevor sie langsam ostwärts in die Weideländer der Mandschurei zogen. Dort teilte der Khan seine gelichtete Mannschaft in neue Verbände ein. Wie die Chronik des 13. Jahrhunderts berichtet, verfügte er zu dieser Zeit über rund 2600 Berittene, von denen viele verwundet waren. Ein Teil von ihnen überlebte die Reise nicht.

Dschingis Khan ließ die Toten mit kriegerischen Ehren an einem Berg in der Khalkha-Region bestatten. Nach mongolischem Brauch wurden die Krieger mit all ihren Kleidern und Waffen in tiefen unterirdischen Kammern beigesetzt. Für den Weg ins Jenseits gab man ihnen ihr gesatteltes Pferd sowie Kumyß und gebratenes Fleisch als Wegzehrung mit.

Sübütai hatte durch einen Schwerthieb ein Auge verloren, ein zweiter hatte ihm die Muskeln am linken Handgelenk durchtrennt. Von da an nannten ihn seine Krieger mit dem Spitz- und Ehrennamen »der einäugige Leopard mit der lahmen Pfote«.

Wo der Khalkha-gol in den See Buir-nor mündet, schloß der Khan einen Pakt mit den Qongirat. Es gelang ihm ferner, kleinere Tatarenstämme als Verbündete gegen die Kereiten zu gewinnen, die sie mehr als die Mongolen fürchteten. Von da an ließ Dschingis Khan oft Tataren als Stoßtrupps eine Schlacht eröffnen. Aus diesem Grund wurden die Mongolen in Westasien und Europa irrtümlich für Tataren oder gar »Ta*r*taren« gehalten.

Dschingis Khan verlegte sein Hauptquartier in die Seenlandschaft östlich des Flusses Tunghei und ließ wissen, daß er einen Feldzug gegen die Kereiten plane. Vorher aber schickte er Toghril ein Ultimatum.

Der Wang-chan lauschte aufmerksam dem mongolischen Gesandten, als dieser die Anklage und Vorwürfe von Toghrils ehemaligen Verbündeten in poetischer Sprache aufzählte. Einen Augenblick lang packte ihn die Reue.

Der alte Falke nahm ein Messer, stach sich damit in den kleinen Finger und ließ die Blutstropfen in einen winzigen Behälter aus Ochsenhorn fallen. Diesen übergab er dann dem Kurier mit den Worten:

»Bring das Temudschin. Wenn ich jemals einen bösen Gedanken wider ihn in meinem Herzen hegen sollte, so möge er mein ganzes Blut nehmen wie dieses hier im Fläschchen.«

Der Alte zeigte sich also zum Frieden mit Dschingis Khan bereit – nicht jedoch sein Sohn Sängün.

»Jeder weiß, daß Temudschins Worte leer sind«, sagte er zu seinen Generälen. »Seine Botschaft spricht von Frieden, aber er meint den Krieg.«

Toghril hätte das Friedensangebot vermutlich angenommen, wenn er sich gegen seine auf Krieg erpichten Anhänger hätte durchsetzen können. Aber so kam es, wie manche Chronisten des Ostens berichten, daß der Himmel Dschingis Khan zu seiner Geißel machte, um die Sünden und Laster der Welt zu bestrafen.

Ein grinsender Totenschädel

Dschingis Khan zeigte sich nicht sonderlich gerührt, als er das Hornfläschchen mit den Blutstropfen Toghrils empfing. Zu gut kannte er den wankelmütigen Sinn seines einstigen Lehnsherrn und dessen verräterischen, grausamen Charakter. Wesentlich mehr beeindruckte ihn Sängüns Antwort. Nun wußte er Bescheid. Dies würde ein Kampf auf Leben und Tod werden.

Aber er war nicht stark genug, um sich mit den Kereiten und den ihnen verbündeten, abtrünnigen Mongolenstämmen einzulassen. Fürs erste zog er sich aus der ungeschützten, offenen Steppe in die dichten sibirischen Wälder zurück. Er ließ die nördlichen Gegenden auskundschaften und wählte als Zufluchtsort das entfernte Ingodabecken nahe der Quelle des Tura aus.

In jener pfadlosen Wildnis, in dem kalten und menschenleeren Gebiet des heutigen Transbaikalien in der Umgebung von Tschita, ließ er seine Zelte im Sumpfwald der Baldjuna aufschlagen, wo die träge dahingurgelnden Flüsse in einen lehmigen, salzverkrusteten See münden. Dennoch war man auch hier nicht völlig von aller Welt abgeschnitten. Manchmal zog eine Karawane vorbei, oder Hirten tränkten ihre Tiere an den Tümpeln, deren Wasser für Menschen ungenießbar war.

An diesem Tiefpunkt seines Lebens empfand Dschingis Khan, den das Glück anscheinend verlassen hatte, große Dankbarkeit gegenüber allen Getreuen, die ihn herher begleitet hatten und mit ihm das bittere Wasser der Baldjuna tranken. Diese sogenannten »Baldjunier« wurden später mit hohen Ehren bedacht und genossen das volle Vertrauen des Khans. Aber noch war es nicht so weit.

In diesem trostlosen Sommer des Jahres 1203, dem Jahr des Ebers, blieb der Khan keineswegs untätig. Er überredete mehrere in den Wäldern hausende Stämme, sich ihm anzuschließen. Andere unterwarf er und gliederte sie seinen Truppen ein. Und wie schon damals am Kuku-nor wuchs die Schar seiner Anhänger auch jetzt wieder innerhalb kurzer Zeit.

Hier an der Baldjuna machte der Khan auch erstmals Bekanntschaft mit dem Islam.

Das arabische Wort Islam bedeutet »Unterwerfung unter den Willen Gottes«. Der Begriff bezeichnet nicht nur den moslemischen Glauben, sondern steht für die gesamte moslemische Welt. Die Bekenner des Islams nennen sich Moslem oder Muslim, niemals jedoch Mohammedaner, was sie für eine Beleidigung Allahs erachten, dessen einziger Prophet Mohammed war.

Zu Dschingis Khans Lebzeiten begann das riesige Reich des Islams gleich hinter den Zelten der Naiman und erstreckte sich über Kashgar weit nach Westen bis Ungarn und Spanien und von der oberen Wolga bis nach Delhi und den Katarakten des Nil.

Der Handel zwischen dem islamischen Reich und China lag nahezu gänzlich in Händen der mittelasiatischen Türken. Eines Tages gelangte ein solcher Kaufmann, aus Nordchina zurückkehrend, an die Ufer der Baldjuna. Er hieß Hassan, nach dem Enkel des Propheten, und ritt ein schneeweißes Kamel. Auf dem Kopf trug er einen Turban aus weißer Seide, unter dem seine scharfen Augen hochmütig und aufmerksam zugleich hervorblickten. Er führte eine große Dienerschaft mit sich, die natürlich auf weniger edlen Tieren saß.

Die Mongolen umringten bewundernd das weiße Kamel. Weiß galt bei ihnen ja als Glücksfarbe, und so waren sie gern bereit, Hassan als Glücksbringer anzusehen, zumal er eine Schafherde mit sich führte, von der Sübütai einige Tiere kaufte, um die kärglichen Mahlzeiten der »Baldjunier« aufzubessern.

Hassan seinerseits zeigte sich tief beeindruckt von Dschingis Khans starker Persönlichkeit. Der Khan nutzte die Gelegenheit und fragte seinen Gast nach den Ländern und Völkern, die er auf seinen Reisen besucht hatte. Bereitwillig gab Hassan Auskunft. Von jenen Tagen an genossen die Moslems ein hohes Ansehen bei der militärischen und politischen Intelligenz des mongolischen Volkes.

Auch die islamische Religion erregte Temudschins Interesse. Instinktiv fühlte er, daß Allah und sein Himmelsgott ein und dasselbe Wesen waren. Ein wenig wunderte es ihn allerdings, wenn Hassan sich beim Gebet nach Westen, in Richtung Mekka, verneigte. Er selbst und seine Glaubensgenossen wandten sich zwar auch der aufgehenden Sonne zu, doch glaubten sie deshalb nicht, daß Gott nur im Osten wohne.

Nach Hassan scheinen sich auch andere Moslems im Lager an der Baldjuna eingefunden zu haben. Zumindest erwähnt die mongolische Überlieferung die Namen Dschafar Khodja und Danischmend Hadjib unter den »Baldjuniern«.

Die kereitischen Kundschafter hatten die Spur Dschingis Khans in der Wüste verloren, es war, als hätte ihn der Erdboden verschluckt. Sie erstatteten dem Wang-chan Bericht, der ohnehin mit den ungebärdigen mongolischen Verbündeten kaum zurecht kam, jenen Stämmen, die nach der Niederlage des Khans sich von diesem ab-, und dem Sieger zugewandt hatten, wie es unter den Steppenvölkern eben Brauch war.

Toghril war weder gerecht oder großmütig genug, um ihre Sympathie zu gewinnen, noch stark genug, um sie einzuschüchtern. Vor allem Altan und Djamuqa weigerten sich, den alten Falken als ihren obersten Herrn anzuerkennen. Mit anderen zusammen schmiedeten sie erneut ein Komplott gegen Toghril, der jedoch beizeiten gewarnt wurde. Altan und Djamuqa flohen zu den Naiman.

Qasar war notgedrungen zu den Kereiten übergewechselt, da diese seine Familie gefangen hatten und als Geisel festhielten. Als Dschingis Khans Kurier mit dem Ultimatum bei Toghril eintraf, hielt Qasar den richtigen Zeitpunkt zur Flucht gekommen. Mit einer kleinen Kriegerschar verließ er unter irgendeinem Vorwand das Ordu am Schwarzen Wald.

Unterwegs verirrten sie sich, trafen aber schließlich doch erschöpft im Lager des Khans ein.

Dschingis Khan verlor kein Wort über ihren Aufenthalt bei Toghril, er versicherte sich vielmehr der Hilfe seines Bruders, um den Wang-chan durch eine Kriegslist zu überwinden.

Zwei von Qasars Leuten mußten auf der Stelle umkehren und, so erschöpft und staubig wie sie waren, zu Toghril reiten mit der Botschaft, Dschingis Khan sei nirgends zu finden. Qasar sei bereit zurückzukommen und mit Toghril ein Bündnis einzugehen, wenn dieser die Sicherheit seiner Person garantiere.

Gleich nachdem die Boten das Lager verlassen hatten, brach Dschingis Khan seine Zelte ab und folgte ihnen mit seiner Armee, die inzwischen weiter gewachsen war. Denn als die Kunde von Dschingis Khans Feldzug gegen die Kereiten laut wurde, hatten sich ihm viele der von Toghril ausgeraubten Stämme angeschlossen.

Toghril, der in seinem goldenen Zelt die Ruhe genoß, die seit der Flucht der Störenfriede Djamuqa und Altan eingekehrt war, lauschte zufrieden den Worten der Boten. Er hatte keinen Grund, an Qasars gutem Willen zu zweifeln.

»Qasar mag zurückkommen«, sagte er schließlich. »Als Garanten seiner Sicherheit will ich meinen General Iturgen zu ihm senden.«

Nun gehörte Iturgen zufällig zu den Generälen, die von den Naiman unter Köksegü angegriffen und von den »Vier Rennpferden Temudschins« gerettet worden waren. Iturgen war höchst überrascht, als er sich plötzlich Dschingis Khan gegenübersah. Der musterte ihn lange, wandte sich dann ab und winkte seinem Bruder Qasar. Qasar zog den Säbel und hieb dem Kereitengeneral den Kopf ab.

Die Boten berichteten, daß Toghril arglos in seinem Zelt sitze, und rieten zu sofortigem Angriff. Der Khan stimmte zu. Er ließ die Vorhut ausschwärmen und folgte mit seinen Kerntruppen in Eilmärschen nach.

Die Kereiten staunten nicht schlecht, als plötzlich von allen Seiten die Mongolen wie hungrige Wölfe über sie herfielen.

Drei Tage lang wogte die Schlacht hin und her. Die Kereiten fochten mit der Kraft der Verzweiflung. Auf mongolischer Seite zeichnete sich Sübütai mit seinen Tatarentruppen besonders aus. Sie stürmten gegen das Zentrum des Kereitenheeres an, das schließlich vom Khan mit beiden Flügeln umringt und eingeschlossen wurde.

In der zweiten Nacht stießen Toghril und Sängün mit einer kleinen Truppe durch die Reihen der Mongolen und entkamen. Um ihre Flucht zu decken, führte der Kereitengeneral Qadaq den Kampf weiter.

Am dritten Morgen holte Dschingis Khan zum entscheidenden Schlag aus. Die Wache, die bis dahin als Reserve dem Gefecht ferngeblieben war, näherte sich mit lautem Trommelschlag und rieb die sich verbissen wehrenden Kereiten völlig auf. Bei Sonnenuntergang waren die Würfel gefallen. Die Kriegsmacht der Kereiten, erschöpft und in die Enge getrieben, von ihren Führern verlassen und ohne Hoffnung auf Entkommen, ergab sich.

Als Qadaq vor den Khan gebracht wurde, sagte er:

»Du weißt, wie hart wir gegen dich gekämpft haben. Der Kampf wäre kürzer gewesen, wenn ich Toghril gefaßt und dir ausgeliefert hätte. Aber sag, hätte ich meinen obersten Befehlshaber so schändlich verraten sollen? Du kannst mich töten, läßt du mich jedoch am Leben, so will ich dir ebenso treu dienen wie Toghril.«

Dschingis Khan verzieh dem General, ja, lobte sein Verhalten.

Und dann belohnte er fürstlich all jene Getreuen, die in schweren Zeiten bei ihm ausgeharrt hatten. Den Witwen und Waisen der am Mao'-undur und am Qataqaldjitelet gefallenen Krieger versprach er für alle Zeiten einen großzügig bemessenen Anteil von jeder Kriegsbeute. Den beiden Pferdehirten, die ihm Kunde von dem verräterischen Überfall Sängüns gebracht hatten, schenkte er das goldene Zelt des Wang-chans mit dem darin befindlichen goldenen Tafelgerät sowie den dazugehörigen Haushalt mit allen Dienern und Sklavinnen. Außerdem erhob er sie in den Adelsstand mit dem Titel *tark-*

han und dem Privileg, eine eigene Leibgarde zu halten. Den Tarkhanen stand das Recht zu, bei Jagden das erlegte Wild und in Kriegen die Beute aus Plünderungen ohne Abgabe für sich zu behalten. Sie durften jederzeit das Zelt des Khans betreten oder sich ihm nähern, ohne vorher seine Leibwache um Erlaubnis zu fragen. Bei feierlichen Gelagen bediente sie ein eigener Mundschenk. Die Tarkhane und ihre Nachkommen brauchten nie Tribut zu entrichten und durften neunmal eine Tat begehen, für die andere mit dem Tode bestraft würden. Für leichtere Straftaten wurden sie von vornherein nicht belangt. Titel und Würde eines Tarkhans waren erblich bis ins neunte Glied.

Aber auch die einfachen Krieger erhielten als Dank ihres hochherzigen Befehlshabers einen angemessenen Teil der Beute. Er versicherte sie seiner Freundschaft und wählte später aus ihren Reihen die Anführer seiner riesigen Streitmacht.

Vor allem lobte er die Tataren, die, obwohl einst Feinde, sich in der Schlacht durch besondere Tapferkeit ausgezeichnet hatten.

Nach der Unterwerfung der Tataren war der Sieg über die Kereiten der zweite große Triumph im Leben Dschingis Khans. Im Alter von achtundvierzig Jahren wurde er der mächtigste Herrscher im Kerngebiet der Mongolei.

Kereitische Mädchen, besonders wenn sie hübsch oder von edler Geburt waren, wurden von den Mongolen gern zur Frau genommen. Von den vier Nichten Toghrils behielt der Khan eine für sich, zwei gab er seinen Söhnen, und die vierte überließ er einem Stammeshäuptling im Süden der Wüste Gobi, den er sich verpflichten wollte.

Die hübsche und sehr gescheite Prinzessin Sorgaqtani, eine Christin übrigens, wurde mit Dschingis Khans jüngstem Sohn Tului vermählt und sollte die Mutter Kubilai Khans werden. Außerdem erhielt der vierzehnjährige Tului eine Enkelin Toghrils zur Frau, *Toquz-khatun,* die »Pfauendame«, die eines Tages im fernen Syrien Hof halten würde.

Diese Eheschließungen waren Teil der politischen Strategie,

die der Khan zur Sicherung seiner militärischen Erfolge entworfen hatte. Es war sein erklärtes Ziel, nach den Tataren nun auch die Kereiten seinem Volk einzugliedern und zusammen mit den noch verstreut lebenden anderen Steppenvölkern ein großes, vereintes Mongolenreich zu gründen.

Dschingis Khan verweilte nicht lang im Schwarzen Wald. In kurzen Tagesmärschen zog er zu einem Winterlager am Temeyen-ke'er, wo er seine Armee neu organisierte.

Die Wache des Khans wurde dabei um etliche Bagadur verstärkt. Diese Ritter wurden nur dann im Kampf eingesetzt, wenn Dschingis Khan persönlich an der Schlacht teilnahm. Für seine *kächik* oder »Leibwache« wurden siebzig Ritter zur Tagwache, achtzig zur Nachtwache abgestellt. Der Dienst der Leibwache dauerte jeweils drei Tage und ging reihum innerhalb der Kächik. Sechs *cherbi* oder »Kammerherren« standen dem Khan für persönliche Dienste zur Verfügung.

Nach dem Zehnerprinzip, das schon die Hunnen eingeführt hatten, war die Armee in Zehntschaften, Hundertschaften, Tausendschaften und Zehntausendschaften eingeteilt. Die Offiziere stiegen meist aus der Wache auf und waren Leute, die der Khan persönlich kannte und gemäß ihren Fähigkeiten auf einen Posten berief. Militärische wie zivile Würdenträger erhielten den Titel *noyan* oder »Häuptling«. In der ersten Zeit wurde auch der Anführer einer Zehntschaft von seinen Leuten als Noyan angeredet, später verstand man darunter nur die höheren Chargen, etwa die Anführer von Tausendschaften an aufwärts. Der Titel *jekay noyan,* »großer Häuptling«, war Tului vorbehalten, dem jüngsten Sohn des Khans, der schon in jungen Jahren eine außergewöhnliche militärische Begabung erkennen ließ. Die Unterfeldherren trugen alle den Titel *örlok,* »Helden«, den obersten Rang unter ihnen hatte Bo'ortchu inne.

In dreißig Jahren ständigen Kampfes bot sich dem Khan Gelegenheit genug, seine Generäle auszubilden. Weder vor noch nach ihm hat ein Feldherr je so ergebene und fähige Unterführer in seinen Diensten gehabt. Dschingis Khan wählte stets mit sicherem Instinkt die jeweils geeignetsten Männer aus.

Dschingis Khan; chinesische Skulptur (Parma, Museo d'Arte Cinese).

Eines Tages befahl der Khan einen tapferen Krieger namens Jesutai zu sich mit der Absicht, ihn zu befördern. Nach einem längeren Gespräch entließ er den Mann jedoch, ohne ihm den höheren Rang verliehen zu haben. Danach befragt, antwortete der Khan:

»Es gibt keinen Mann, der sich mit Jesutai an Kühnheit, Kraft oder Geschicklichkeit messen kann. Er spürt weder Hunger noch Müdigkeit, deshalb wird er seine Leute erbarmungslos antreiben. Er wird weder sich noch andere schonen, deshalb darf er kein Kommando übernehmen. Ein Anführer muß die Grenzen der menschlichen Kraft kennen, damit er seine Untergebenen nicht bis zur Erschöpfung hetzt.«

Neben den altgedienten großen Kriegern, den »Vier Rennpferden Temudschins«, stieg eine weitere Vierergruppe talentierter Heerführer auf, die vom Volk die »Vier Jagdhunde Temudschins« genannt wurden. An ihrer Spitze stand Sübütai, der »einäugige Leopard mit der lahmen Pfote«, die anderen waren Djebe, Kubilai und Djelme. Sübütai und Djebe ergänzten einander aufs vorteilhafteste. Während Djebe als Meister der schnellen Attacke den Feind bedrängte, erwies sich der kühl rechnende Sübütai als geborener Stratege. Dschingis Khan setzte die beiden oft gemeinsam bei einer Aufgabe ein.

In den Monaten nach der Unterwerfung der Kereiten fand der Khan Muße, sich auf der Jagd und in Gesellschaft seiner Frauen und Söhne zu entspannen. Seine vier Brüder lebten ebenfalls in der Nähe, und die trotz ihres Alters noch rüstige Ölün-eke wurde von allen hoch verehrt. Ihr Adoptivsohn Chigi-qutuqu, ein Tatarenkind, war nun dreizehn Jahre alt und bereits ein passionierter Jäger.

Mit der Zeit gelangte auch Nachricht von Toghrils und Sängüns weiterem Schicksal in die Ordus der Mongolen.

Der Wang-chan und sein Sohn waren nach Westen ins Land der Naiman geflohen. Auf ihrem Weg quer über die Ebenen der Mongolei hatten sie genügend Zeit, sich gegenseitig ihre Fehler an den Kopf zu werfen. Toghril hielt seinem Sohn vor, nur dessen Verrat an Temudschin habe eine solche

Rache des Himmels auf sie herabbeschworen. Sängün hockte derweil verdrossen im Sattel und tat, als hörte er die Anklagen seines Vaters überhaupt nicht.

Kurz hinter der Grenze des Naimanlandes hielten sie an. Toghril hatte den Entschluß gefaßt, sich der Gnade des Naimankönigs anheimzugeben, Sängün, dem dies zu gefährlich schien, blieb lieber zurück und wartete ab.

So ritt Toghril allein mit ein paar Männern zum Ufer des Nequm, wo er abstieg, um zu trinken. Naimanische Wachtposten entdeckten ihn vom gegenüberliegenden Hügel aus und nahmen ihn gefangen. Hochmütig drohte ihnen der Wang-chan mit Bestrafung, schließlich sei er König der Kereiten. Die Naiman blickten in das finstere alte Gesicht, das nicht viel Gutes verhieß – und machten kurzen Prozeß: Sie schlugen Toghril den Kopf ab und ließen den Leichnam einfach liegen.

Als der junge Naimankönig Taibuqa, der meist unter seinem chinesischen Titel Tajang erwähnt wird, von dem Totschlag hörte, schickte er einen Mann an den Ort des Geschehens, der Toghril von früher her kannte. Der Bote kehrte mit dem Kopf des Toten zurück als Beweis, daß die Posten tatsächlich den Kereitenkönig getötet hatten. Der Tajang bestrafte sie streng dafür, daß sie einen so berühmten und wichtigen Mann nicht lebend an den Hof gebracht hatten. Aus Achtung vor seinem toten Feind ließ er Toghrils Schädel in Silber fassen und auf einem Podest so anbringen, daß der Kopf nach Osten, in die Richtung seiner Heimat sah. Zu Ehren des Erschlagenen feierte man ein reiches Totenmahl.

Auf dem Höhepunkt des Festes, als schon viele Becher und Krüge geleert waren, meinten die Gäste plötzlich, der Schädel grinse sie höhnisch an. Die Schamanen wurden befragt und bezeichneten die Erscheinung als höchst bedenkliches Omen. Zornig warf Taibuqa den Schädel zu Boden und trampelte darauf herum. Köksegü, der alte Feldherr, sprang von seinem Sitz auf und schrie dem König mit seiner heiseren Stimme zu: »Mein Khan, was tust du? Es ist feige und würdelos, den Kopf eines toten Königs mit Füßen zu treten!«

Auch Sängün erfuhr bald, welches Schicksal sein Vater erlitten hatte. Er flüchtete mit dem verbliebenen Gefolge in die Wüste Gobi, wo Wasser und Wild selten waren. Bald murrten seine Gefährten über das karge Leben, das er ihnen zumutete.

Einmal erblickte Sängün ein Rudel wilder Esel. Er glitt vom Pferd und warf die Zügel seinem Stallmeister Kökötschü zu, um die Esel anzuschleichen. Kökötschü, der nur auf eine solche Gelegenheit gewartet hatte, jagte mit Sängüns Streitroß davon. Als seine Frau ihm deswegen Vorwürfe machte, warf er den goldenen Trinkbecher Sängüns auf den Boden, damit dieser wenigstens nicht verdurste. Dann trat Kökötschü in Begleitung seiner widerstrebenden Frau den Weg nach Osten ins Ordu Dschingis Khans an. Dort rühmte er sich laut, daß er Sängün verlassen und bestohlen habe. Dschingis Khan ließ ihn hinrichten, belohnte hingegen die Frau für ihre Treue.

Sängün und seine letzten Freunde setzten ihren Weg durch die Gobi fort. Sie plünderten Karawanen aus und überfielen die friedlichen Siedlungen der Uighuren. Schließlich wurden sie gefangen und als Räuber hingerichtet. Sängüns Kopf schickte man Dschingis Khan, zusammen mit Sängüns Frauen und Kindern, denen jedoch kein Leid geschah.

Das Ende eines Verräters

Seit der Wahl Temudschins zum Khan waren mehr als zwölf Jahre vergangen. Man schrieb jetzt das Jahr der Ratte, 1204. Auf den Hochebenen der Mongolei lebte noch ein Volk, das den Mongolen keinen Tribut entrichtete, das Volk der Naiman. Es bot zwar alle Kräfte auf, um seine Unabhängigkeit auch weiterhin zu bewahren, doch wurde es gerade in dieser kritischen Zeit geteilt und von unfähigen Herrschern regiert.

Der Feldherr Köksegü war alt und hinfällig, und König Taibuqa vergnügte sich lieber mit Frauen beim Wein, als sich mit Kriegsgeschäften abzugeben.

Sein älterer Bruder Buyurug, dem die andere Hälfte des Reiches gehörte, war träge und gleichgültig, außerdem mangelte es ihm an politischem Weitblick. Köksegü pflegte von ihm zu sagen: »Buyurug ist wie ein Kamel, das sich erst rührt, wenn der Wolf bereits sein Hinterteil zerfleischt.«

Den Machtkampf zwischen den beiden Brüdern hatte der jüngere Tajang gewonnen. Er führte einen glänzenden Hof, an dem sich nach und nach alle von Dschingis Khan geschlagenen Heerführer versammelten. Auch Djamuqa weilte dort mit seinen Leuten. Die Streitmacht der Naiman war genauso groß, wenn nicht größer als die der Mongolen.

In der wachsenden Spannung zwischen den beiden Großmächten entschied sich der junge und unerfahrene Naimankönig für den Krieg. Seine Mutter Gurbesu schlug die Hände über dem Kopf zusammen bei dem Gedanken an die wilden Mongolenhorden. Zu ihrem Sohn sagte sie jedoch lediglich in nüchternem Ton:

»Jene übelriechenden Mongolen! Wir sollten froh darüber sein, daß sie so weit von uns entfernt sind. Sogar dem hübschesten Mongolenmädchen mußt du erst Hände und Füße waschen lassen, bevor du es in dein Zelt führen kannst.«

Damit hatte Königin Gurbesu so unrecht nicht. Die Mongolen wuschen nie den Körper oder gar die Kleider, die sie so lange trugen, bis sie ihnen in Fetzen vom Leib fielen.

Der Tajang hörte aber nicht auf die Königin, sondern brüstete sich, er selbst wolle ins Land der Mongolen einmarschieren. »Wir werden ihnen die Köcher von der Schulter reißen«, prahlte er.

Doch zunächst hieß es, Verbündete zu gewinnen.

Der Tajang und Djamuqa wandten sich daher an Alaquch-tägin, den mächtigen König der Öngüten. Die Öngüten – sie gehörten zu den Turkvölkern, die den nestorianischen Glauben angenommen hatten – siedelten nördlich der Großen Chinesischen Mauer.

Sie schickten also einen Gesandten an den Öngütenkönig in die Innere Mongolei, der Alaquch-tägin zur Koalition überreden sollte.

»Dschingis Khan wird alle Völker angreifen, die sich ihm nicht unterworfen haben. Es heißt, zehn Schamanen könnten auf einer Filzdecke sitzen, aber für diesen Khan ist nicht einmal die Welt groß genug. Laßt uns unsere Kräfte vereinen, solange noch Zeit ist!«

Der Öngütenkönig winkte huldvoll ab. Im Zweifelsfall hielt er es lieber mit dem Stärkeren. Nachdem er den Boten entlassen hatte, schickte er schleunigst einen Mann namens Juhun (Johannes) zu Dschingis Khan, um diesen vor dem Komplott zu warnen. Reich mit Geschenken beladen kehrte der Bote zu König Alaquch-tägin zurück.

Dschingis Khan beriet sich mit seinen Feldherren, wie man der Gefahr am besten begegnen könne. Die Generäle meinten, die Pferde seien noch zu mager und erschöpft, um die Naiman anzugreifen, die immerhin anderthalbtausend Kilometer entfernt lebten. Besser sei es, die Pferde weiden zu lassen und das Vorhaben auf den Frühherbst zu verschieben. Andere hingegen waren für sofortigen Aufbruch. Dschingis Khan, der das Überraschungsmoment nutzen wollte, fand folgenden Kompromiß: Man werde zwar sofort aufbrechen, an den saftigen Weidegründen der Eselskruppe jedoch solange verweilen, bis die Pferde zu Kräften gekommen waren. Er sandte Boten zu allen verbündeten Stämmen, um die Streitkräfte zu mobilisieren.

Den Beginn des Feldzuges setzte er auf den 16. Tag des ersten Sommermonats fest – jenes nun schon legendäre Datum, an dem Temudschin den Taigighut entkommen war und sich später mit Djamuqa entzweit hatte. Hinzu kam, daß auch die Schamanen den Zeitpunkt für günstig hielten.

Das Weiße Banner mit den neun Yakschwänzen, Dschingis Khans Standarte, wurde aufgepflanzt, und ringsum scharten sich der Khan und seine Unterfeldherren, um dem *sulde*, dem Geist des Banners, durch Trankopfer zu huldigen.

Zehntausend Krieger lagen dicht aneinandergedrängt in den Zelten und ruhten sich aus. Sie hatten Befehl, sich möglichst still zu verhalten. Signale wurden tagsüber durch bunte Flaggen, in der Dunkelheit durch das Schwingen kleiner Laternen gegeben. Als der Mond aufging, versammelte sich das Reiterheer fast geräuschlos auf der Steppe. Ein Signal wurde geschwenkt und der *karaul**, die »Vorhut«, setzte sich in Bewegung. Ein wenig später brach auf ein anderes Zeichen hin die Hauptmasse des Heervolks auf, streng gegliedert in Zehntschaften, in Kompanien von Hundertschaften, in Schwadronen von Tausendschaften und schließlich in Tümen oder Zehntausendschaften.

Der Karaul rückte unter der Führung Djebes rasch am Kerulen entlang vor, überquerte die Weiden an der Kruppe, setzte über den Tola und schlug dann ein Lager im Schwarzen Wald auf. Von dort zog die Truppe, immer möglichst ohne Aufsehen zu erregen, an den Ufern des Tola hinab bis in die

* Das mongolische Wort *karaul* (Vorhut, Kundschafter, Patrouille) hat eine interessante Geschichte, die bis in unsere Tage reicht. Von den Russen übernommen, bedeutet *karaul* in der modernen russischen Militärsprache soviel wie »Schildwache« und *karaulnaya* »Schilderhaus«. In der iranischen Armee bedeutet *kurrol*, also das gleiche Wort, sowohl »die Wachtposten, die vor dem Haupttheer ziehen« als auch den »Offizier, der eine solche Truppe befehligt«.

Gegend des heutigen Ulan Bator (der Hauptstadt der Äußeren Mongolei), wo es an den Grenzen des Naimanlandes zu ersten Kontakten mit den naimanischen Vorposten kam. Von den Gefangenen, die bei den Geplänkeln in seine Hände fielen, erfuhr Djebe, was er über den Feind wissen wollte: Der Tajang persönlich führte das Kommando über sein Heer, Djamuqa stand an der Spitze der Vorhut. Alle Krieger der Naiman waren fest davon überzeugt, ihr König werde die Mongolen als erster angreifen.

Als er genug wußte, zog sich Djebe mit seinem Trupp ins gebirgige Quellgebiet des Orchon zurück, das etwa in der Mitte zwischen den beiden gegnerischen Heeren lag. Hier standen einst die Hauptstädte der großen Steppenreiche von Hunnen und Türken.

Den naimanischen Kundschaftern spielte man ebenfalls Gefangene zu mit Pferden in so bedauernswertem Zustand, daß ihre Rippen schier durch die Haut stachen. Eins der Tiere wurde im Lager der Naiman zur Schau gestellt, um die Kampfmoral der Leute zu steigern. Der Tajang war sehr zuversichtlich. Zu seinem Heer waren sibirische Stämme gestoßen, vierschrötige Männer in dicken Pelzen, sowie viele der von Dschingis Khan in früheren Schlachten besiegten Völker oder gegen ihn rebellierenden Stämme, so daß er alles in allem über eine größere Streitmacht verfügte als der Khan.

Unterdessen war Dschingis Khan mit der Hauptmacht seines Heeres bei einem kleinen See angelangt, wo er Kriegern und Pferden eine Ruhepause vor dem Kampf gönnte.

Hinter dem Orchon ging die Sonne unter. Am Westufer, vor den Zelten des naimanischen Spähtrupps flammten die ersten Fackeln auf. Wachtposten machten ihre Runde und schauten gelegentlich zu den Bergen am Ostufer hinüber, wo, wie ihnen bekannt war, die mongolische Vorhut kampierte.

Plötzlich entbrannten zahllose Lagerfeuer am fernen Berghang und leuchteten weit in die Steppe hinein. Verblüfft von diesem unerwarteten Anblick jagten Boten zum Tajang, der mit seinem Heer an den Hängen des Kachir, eines nördlichen Ausläufers des Khangai-Gebirges, lagerte.

Der Tajang, über die Nachricht bestürzt, ließ seinen Sohn Kütschlüg zu sich kommen, der im Gegensatz zu seinem Vater ein wilder Draufgänger war und darin eher seinem Großvater Inantch-bilgä ähnelte. Mit seinem Vater, der ihn ein wenig fürchtete, war er durchaus nicht immer derselben Meinung.

»Vielleicht sollten wir einen strategischen Rückzug ins Altai-Gebirge antreten«, schlug der König kleinlaut vor. Aber sein Sohn bestand auf Angriff. Dem Wortwechsel machte General Qorisü-bätchi ein Ende, indem er Kütschlüg zu Hilfe kam:

»Tajang, dein Vater Inantch-bilgä hat niemals einem Feind den Rücken gekehrt, nie hat ein Gegner die Kruppe seines Pferdes gesehen. Hätten wir früher gewußt, daß dein Antlitz vor der Schlacht lilienweiß wird und du wie ein Weib fortlaufen willst, so hätten wir gleich Königin Gurbesu zum Feldherrn gewählt.« Und zornig warf der General seinen Köcher über die Schulter, sprang aufs Pferd und ritt in vollem Galopp davon.

Djamuqa gab dem König ein wenig taktvoller zu verstehen, es sei besser, die im Kampf weniger erfahrenen Naiman über die Grenze in Feindesland zu führen, wo sie fremd waren, als sie in der vertrauten Heimat der Versuchung zur Flucht auszusetzen.

Angesichts dieser offenen Revolte lenkte der Tajang ein. Widerwillig ließ er seine geplante Verzögerungstaktik fallen und befahl den Aufbruch. Unter schmetternden Trompetenklängen und dröhnenden Trommelwirbeln zog die Armee der Naiman den Tamir hinab, setzte über den Orchon und rückte bis an die östlichen Ausläufer des Naku-Gebirges vor, irgendwo im Norden von Karakorum. Die nach Osten ausschwärmenden Kundschafter wurden von den mongolischen Wachtposten entdeckt. Sie schlugen Alarm, und Dschingis Khan rüstete zur Schlacht.

Durch sein Zaudern hatte der Tajang den Mongolen genügend Zeit gelassen, sich zu erholen. Im übrigen waren sie nie so müde und ausgehungert gewesen, wie sie den Feind glauben machten.

Bei dieser entscheidenden Schlacht stellte der Khan sich selbst an die Spitze der Vorhut, während Qasar die Kerntruppen und Temüge die Reserven anführte. Die Mongolen rückten in jener gedrängten Formation vor, die sie »dichtes Gras« nannten.

Als sie auf die Vortrupps des Feindes stießen, änderte der Khan rasch seinen Schlachtplan und trieb den Karaul der Naiman in einer wilden Attacke bis an den Berg Naku zurück.

Am Fuß des Berges sammelten sich die versprengten Naiman wieder und griffen ihrerseits an. Nun öffneten die Mongolen ihre Reihen und ließen die Feinde gruppenweise durch, um dann im Nahkampf über sie herzufallen. Aus den Einzelgefechten der Vorhut entwickelte sich die Schlacht: Die Tümen griffen in den Kampf ein, der sich bald über das gesamte Schlachtfeld ausbreitete.

Das unbeschreiblich erbitterte und blutige Ringen dauerte vom Morgen bis in die späten Abendstunden. Der Tajang erwies sich in dieser seiner ersten und letzten Schlacht überraschenderweise als besonnener Feldherr, Djamuqa, von Neid und Haß getrieben, vollbrachte wahre Heldentaten – doch alles vergeblich. Die Mongolen kämpften mit solcher Disziplin und kühner Verbissenheit, daß Dschingis Khan schließlich doch den Sieg davontrug.

Der Verlauf des Gefechts wird vom Chronisten des 13. Jahrhunderts in epischer Breite wiedergegeben. Obwohl vierzig Jahre später verfaßt, liefert uns der Bericht ein lebendiges Bild vom Geschehen, das nicht weit von der Wirklichkeit entfernt sein dürfte, da viele Teilnehmer der Schlacht zur Zeit der Niederschrift noch am Leben waren.

So schildert das Heldengedicht, wie der Tajang und Djamuqa von der Anhöhe des Berges Naku die Kämpfe beobachteten. Als er sein Karaul vor den Mongolen zurückweichen sah, rief der Naimankönig aus:

»Wer sind diese Männer, die die unseren verfolgen wie Wölfe eine Schafsherde?« Und bestürzt über den Anblick erwiderte Djamuqa:

»Es sind die Vier Jagdhunde meines Anda Temudschin. Sie

werden mit Menschenfleisch gefüttert und an einer Eisenkette gehalten. Ihre Schädel sind aus gehämmertem Messing, ihre Zähne sind aus Granit gemeißelt; sie haben Zungen wie scharfe Degen und Herzen aus gehärtetem Stahl. Statt der Pferdepeitschen tragen sie Säbel. Sie trinken den Morgentau und reiten in Sturm und Wind. Ihre Feinde reißen sie in Stücke und verschlingen das Fleisch. Schau nur, wie ihnen vor Kampfesgier der Speichel aus dem Mund tropft. Die vier Hunde heißen Djebe, Kubilai, Djelme und Sübütai!«

Dem Tajang lief es kalt über den Rücken. Mit Entsetzen bemerkte er, daß seine Tümen in Gefahr waren, vollständig von den Mongolen eingekreist zu werden. Er erteilte eilig den Befehl, sie sollten sich zurückziehen und ihre Kampflinie ausrichten. Dann gab er seinem Pferd die Peitsche und ritt höher auf den Berg.

»Djamuqa! Schau dort hinüber!«, rief der Tajang. »Wer ist der Mann, der wie ein hungriger Falke an der Spitze der Mongolen vorwärtsstürmt?«

»Das ist mein Anda Temudschin«, erwiderte Djamuqa sorgenvoll. »Er stößt auf die unseren herab wie ein schreiender Adler. Er trägt einen eisernen Panzer und ist unverwundbar für jeden Pfeil. Hast du nicht geschworen, du willst den Mongolen die Köcher von der Schulter reißen? Hast du nicht geprahlt, du würdest sie lebend häuten und von ihnen wie bei einem Lamm nur die Füße übriglassen? Nun schau sie dir an!«

Der Naimankönig erklomm den Berggipfel, während unter ihm an den Hängen der Kampf tobte. Djamuqa floh unerkannt im Getümmel und rettete sein Leben.

Bei Anbruch der Nacht war die Armee der Naiman hoffnungslos eingekreist. Die Mongolen hatten den Berg umstellt, die Naiman saßen in der Falle. Verzweifelt suchten sie die ganze Nacht nach einem Durchschlupf, wurden aber stets grausam zurückgetrieben und erlitten hohe Verluste.

Die aufgehende Sonne warf ihre Strahlen über eine geschlagene Armee, die dennoch nichts von Kapitulation hören wollte. Die Mongolen sammelten sich und stießen erneut vor.

Während dieses Kampfes wurde der Tajang an der Seite verwundet. Vom Blutverlust geschwächt, konnte er sich nicht länger auf dem Pferd halten. Er glitt zu Boden, lehnte seinen Kopf an die kühle Rinde eines Birkenstammes und starb.

Die Schlacht fand ihr Ende durch einen selbstmörderischen Ausfall der Naimanwache, bei dem fast alle umkamen. Dschingis Khan rühmte die Tapferkeit seiner Feinde und ließ ihre Toten mit allen kriegerischen Ehren bestatten, jeden mitsamt seinem Pferd und seinen Waffen gemäß dem mongolischen Brauch, da nach ihrem Glauben »der Kampf im Jenseits weiterging«.

In gewisser Hinsicht war der Sieg am Berg Naku Dschingis Khans größter Erfolg: Durch ihn erlangte er die Herrschaft über die gesamte Mongolei. Nahezu alle Feinde waren entweder tot oder gefangen, lediglich Djamuqa und der Hitzkopf Kütschlüg waren über den Altai entkommen.

Unter den Gefangenen befand sich auch der Uighure T'a-t'a-t'ung-a oder Tata-tunga, der Siegelbewahrer des Naimankönigs. Das Volk der Uighuren gehörte zu den Türken, die im Gebiet des heutigen chinesischen Turkestan in großen, mauerbewehrten Städten lebten. Sie trieben Handel und Ackerbau und hatten ein Alphabet entwickelt, das sich aus der altaramäischen Schrift herleitete und dem syrischen Alphabet ähnelte. Die uighurische Variante der Schrift war sehr schwungvoll und in ihrem Schriftbild beeindruckend.

Tata-tunga wurde vor den Khan geführt. An die Brust gedrückt hielt er einen sonderbaren Gegenstand, das kostbare *altan tamagha*, das »Goldene Siegel«, des toten Naimanherrschers. Auf die Frage Dschingis Khans, was es damit auf sich habe, erklärte der Uighure: »Immer wenn mein Herr, der verstorbene König der Naiman, Getreide oder Silber benötigte, oder wenn er einem Untertanen einen Titel verlieh, bekräftigte er seine Worte durch den Abdruck dieses Siegels hier als Beweis, daß der Befehl von ihm stammte und nicht gefälscht war.«

Er schrieb einige Worte in uighurischer Schrift auf ein Papier und drückte das Siegel darauf, das er zuvor in goldene Tinte getaucht hatte.

Dschingis Khan zeigte sich sehr beeindruckt und ließ ein ähnliches Siegel zu seinem Gebrauch anfertigen, das er fortan bei allen geschriebenen Briefen benutzte. Er erkannte nämlich sofort den Wert der Schrift und gab dem Uighuren den Auftrag, seine Söhne zu unterrichten und sie die mongolische Sprache mit uighurischen Lettern schreiben zu lehren.

Während der restlichen Sommermonate gönnte der Khan seinen Truppen die wohlverdiente Ruhe und Erholung. Zu Beginn des Herbstes zog er jedoch wiederum ins Feld. Irgendwo im Altai liefen Djamuqa und Kütschlüg noch frei herum. Aber zunächst einmal rechnete er mit den Merkiten ab.

Unter den gefangenen Naiman war auch die Schwiegertochter des Merkitenhäuptlings Toqto'a-bäki, der mit seinen Söhnen und Gefolgsleuten rechtzeitig in den Altai geflüchtet war, wo er sich nun mit Kütschlüg zusammentat. Der Khan, den Toqto'as Flucht ärgerte, hatte ihm die Entführung Börtes ohnehin nie vergessen. Vermutlich war das auch der Grund dafür, daß er Toqto'as Schwiegertochter ihrem Mann entriß und mit seinem eigenen Sohn Ügedei verheiratete. Die hübsche junge Frau hieß Töregene und wurde die Mutter Güjüks, des späteren mongolischen Groß-Khans, der in Europa seine Truppen zum Sieg führte. Töregene empfing als Regentin eine Gesandtschaft des französischen Königs Louis IX.

Einem alten Unterhäuptling Toqto'as, Dajir Usun mit Namen, der sich auch an dem Raub Börtes beteiligt hatte, war ebenfalls die Flucht gelungen. Mit seiner jungen Tochter, die sehr schön gewesen sein soll und nach ihrer anmutigen Gestalt *qulan,* »Wildeselchen«, gerufen wurde, verbarg er sich in den Wäldern.

Nach mehreren kalten, im Freien zugebrachten Nächten beschloß Dayir Usun, sich freiwillig zu stellen. Als er in der Ferne einen mongolischen Offizier erblickte, rief er laut:

»Dieses Mädchen gehört Dschingis Khan!« Durch diesen Ruf sicherte der Vater die Unschuld seiner Tochter, denn sich an einem Geschenk für den Khan zu vergreifen, galt als unverzeihliches Verbrechen.

Da Räuber in der Gegend umherstreiften, nahm Naye, so hieß der mongolische Offizier, die Flüchtlinge unter seinen Schutz und geleitete sie auf Umwegen zu Dschingis Khan.

Der Khan war von der Schönheit des Mädchens entzückt, hörte den Bericht Nayes aber gerade deswegen mit Mißtrauen an. Er fragte, weshalb dieser nicht auf direktem Weg ins Lager gekommen sei, denn es schien ihm nur zu verständlich, daß der Offizier die Gelegenheit für sich genutzt hatte. Und in solchen Dingen verstand der Khan keinen Spaß, Nayes Kopf war ernstlich in Gefahr.

Naye beteuerte zwar seine Unschuld. Doch der Khan blieb mißtrauisch. Da ergriff die bis dahin schweigende Qulan das Wort:

»Ich bin noch Jungfrau. Naye hat meinen Vater und mich vor den Banditen in Sicherheit gebracht. Wenn du mir nicht glaubst, überzeuge dich selbst, daß ich die Wahrheit spreche.«

Der Khan ließ sich nicht lange bitten und fand ihre Worte bestätigt. Naye erhielt eine Belohnung und galt von da an als ehrlicher Mann, den man mit wichtigen Aufträgen betrauen konnte.

Im Frühling 1205, dem Jahr des Stiers, zog Dschingis Khan mit seinem Heerhaufen gegen Toqto'a-bäki und Kütschlüg, die rund zweieinhalbtausend Kilometer entfernt an der äußersten Grenze der Mongolei, in Ostkasachstan nahe dem heutigen Semipalatinsk, hausten.

Es war eine Gegend von wilder Schönheit – hohe, von Tannen und Zedern bestandene Berge mit schneebedeckten Gipfeln – wo der Khan auf seine alten Feinde stieß. Toqto'a-bäki wurde im Kampf getötet, Kütschlüg konnte wieder entkommen. Beim Versuch, die mächtig angeschwollenen Fluten des Irtysch zu überqueren, ertranken viele Merkiten und Naiman. Eine kleine Gruppe von Überlebenden flüchtete in die eisige Sandwüste südwestlich des Irtysch, die bis heute nicht ohne Grund von den Russen »Hungersteppe« genannt wird.

Kütschlüg floh mit wenigen Getreuen nach Westen ins große Reich der Qara-Qytai, dessen Herrscher ihm politisches Asyl gewährte. Durch eine sonderbare Laune des Schicksals stieg der vertriebene Kronprinz des Naimanvolkes hier überraschend zu höchsten Ehren empor.

Nur Djamuqa war noch übrig. Mit seinen letzten fünf Gefährten lebte er eine Weile als Abenteurer in den Bergen des heutigen Tannu Tuwa in Südsibirien.

Als er eines Tages ein erlegtes Bergschaf über dem Feuer briet, wurde er von seinen eigenen Leuten überwältigt, gefesselt und vor Dschingis Khan gebracht. Dschingis Khan, der jeglichen Verrat verabscheute, ließ die fünf vor Djamuqas Augen hinrichten. Dann hielt der Khan seinem Blutsbruder alle hinterlistigen Betrügereien vor, die ihm dieser im Laufe seines Lebens angetan hatte. Mit schamrotem Gesicht rief Djamuqa:

»Mein Gesicht brennt, als hätte man mir die Haut abgezogen! Dennoch bin ich stolz, ein Mongole zu sein. Besiegt hat mich ein anderer Mongole, der größer ist als ich. Nun, komm schon, mach meinem Leben ein Ende!«

»Djamuqa«, erwiderte der Khan nicht ohne Bedauern, »du hast dich von uns abgewandt und bist deine eigenen Wege geritten. Deinetwegen sind meine tapferen Krieger aus dem 13. Korps zugrunde gegangen. Ihr Leute, tötet ihn, aber ohne sein Blut zu vergießen, und begrabt ihn auf einem hohen Berg!« Die Ausführung des Befehls übertrug der Khan seinem Lieblingsneffen Altchidai.

Djamuqa wurde vermutlich in eine Filzdecke gerollt und erstickt, eine Todesart, die Fürsten vorbehalten war; gemeine Verbrecher enthauptete man. Die Mongolen glaubten nämlich, die Seele eines Menschen wohne in seinem Blut.

So jedenfalls berichtet der Chronist, der etwa dreizehn Jahre nach Dschingis Khans Tod dessen Geschichte niederschrieb. Einer anderen Quelle zufolge entkam Djamuqa auch diesmal dem Tod, der ihn später in Buchara ereilt haben soll.

Auf jeden Fall war Dschingis Khan nun der unumstrittene Herr über die gesamte Mongolei.

Zweiter Teil

Beherrscher des Ostens 1206-1219

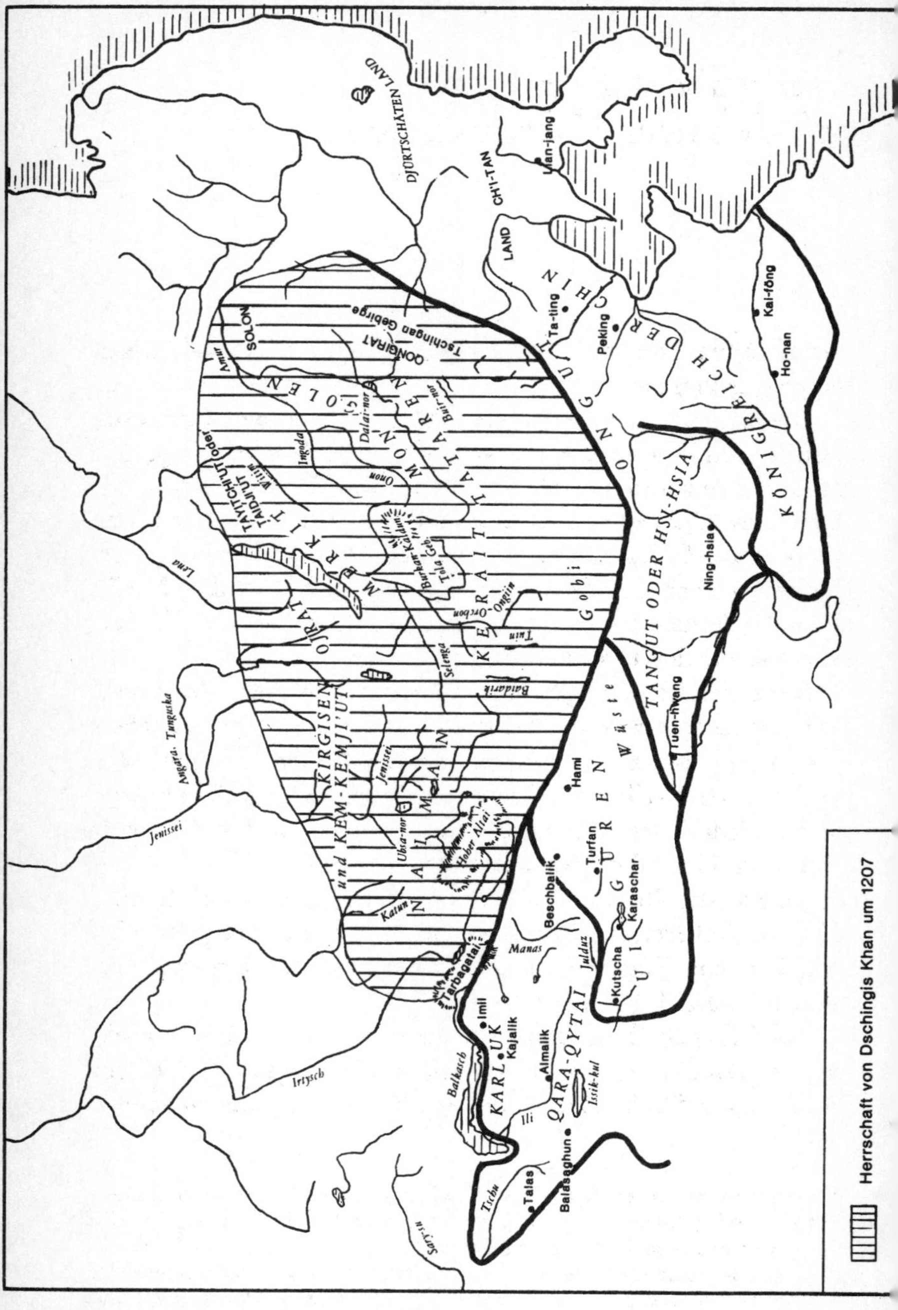

Vereinigung der Mongolei durch Dschingis Khan

Das weiße Banner mit den neun Yakschwänzen

Im Frühling 1206, im Jahr des Tigers, berief Dschingis Khan einen Qurultai ein.

Diesmal war es keine der üblichen Stammeszusammenkünfte, sondern eher eine Art »panmongolischer Kongreß«, zu dem alle turkomongolische Völker eingeladen wurden, um Dschingis Khan zum Groß-Khan zu wählen. Die ganze Mongolei hatte Gelegenheit, den neuen Eroberer und obersten Herrscher kennenzulernen, der im Begriff war, in der Tradition der berühmten Steppenreiche der Hunnen und Türken ein mongolisches Großreich zu konstituieren.

Denn der blauäugige Triumphator wollte sein Reich und seine Stellung von allen Stämmen und Völkern bestätigt haben – er stand ihm zu, der kaiserliche Titel eines *Khagan* oder *Qahan* (»Groß-Khan«). Einmal im Besitz der Macht verzichtete er jedoch auf die bombastische Anrede und zog es vor, sich weiterhin schlicht Khan nennen zu lassen.

Eine solche überdimensionale Versammlung erfordete eine Menge Vorbereitungsarbeit. Außerdem mußte ein passendes Emblem, eine Flagge oder ein Banner, für den Herrscher und sein neues Reich gefunden werden.

Nach langer Überlegung entschied sich der Khan für ein weißes Banner mit neun Schweifen. Es bestand aus einem rechteckigen Stück weißen Tuchs mit einer schwarzen Sonne*

* Pelliot ist der Ansicht, das neunschwänzige Banner habe einen schwarzen Mond getragen. Hierbei läßt er außer acht, daß die Mongolen die Sonne weitaus mehr verehrten. Der »Tag der roten Scheibe« feiert die Sonne, die sommers über der Mongolei in purpurnen Farbtönen aufgeht, und wie wir wissen, wandte sich der Khan beim Gebet der aufgehenden Sonne zu. Weiß war die heilige Farbe der Mongolen, die Neun ihre ma-

in der Mitte, das mit einer Kante an der Tragstange befestigt war. Die andere, gegenüberliegende Seite lief in neun Zipfeln aus, an denen jeweils ein weißer Yakschwanz flatterte.

Mit der zivilen Verwaltung seines Staates hatte der Khan eine Reihe gelehrter Männer betraut. An ihrer Spitze standen Tata-tunga, der Siegelbewahrer, und Hassan, der ehemalige islamische Kaufmann, der seit den Tagen der Baldjuna bei Dschingis Khan geblieben war. Aufgrund ihrer Erfahrung und ihres hellen Verstandes hatte er ihnen die Aufgabe übertragen, das Gewohnheitsrecht der Mongolen aufzuzeichnen und allgemeingültig so zu formulieren, daß es einheitlich im gesamten Großreich angewendet werden konnte.

Das mongolische Wort für Gesetz, *yassaq*, bedeutet außerdem »Befehl des Vorgesetzten«. Deshalb nannte man den geschriebenen Rechtskodex Dschingis Khans den »Großen Yassaq«. Weit über die einfache Niederschrift von Stammesbräuchen hinausgehend, wurde das Werk zur Magna Charta des Mongolenreichs (der eigentlichen Magna Charta kam es übrigens neun Jahre zuvor).

Oberstes Gebot des Yassaq war der Gehorsam gegenüber dem Himmel. Es zeugt von der tiefen Religiosität des Khans ebenso wie ein zweites, das für Gotteslästerung die Todesstrafe androht.

Im allgemeinen erwiesen sich die Rechtsvorschriften als gerecht und praktikabel, ja, manchmal sogar als genial. Der Yassaq ist weder grausam noch unbarmherzig gewesen, obwohl er dem Zuwiderhandelnden schwere Strafen auferlegte. In diesem mongolischen Rechtskodex ist wohl einer der Gründe zu sehen, auf denen der Erfolg des großen Eroberers beruhte. Es lohnt sich daher, das Werk ein wenig näher zu betrachten. Unter anderem ließ der Khan folgende von ihm erlassenen Gesetze niederschreiben:

(Fortsetzung der Fußnote von S. 143)
gische Zahl. Ein japanisches Seidengemälde zeigt das berühmte »Weiße Banner mit den neun Yakschwänzen« auf einer Darstellung, die die Besetzung des Inselreichs durch Kubilai Khan zum Thema hat. Das Mongolenbanner ist auch auf zeitgenössischen persischen Miniaturen dargestellt.

Alle Religionen sollen geachtet, keine der anderen vorgezogen werden.
Die Person eines Gesandten ist unverletzlich.
Das Volk der Mongolen soll seinen Herrschern und den Angehörigen der führenden Schicht keine großartigen Namen oder schmeichelnde Titel geben, wie das andere Völker tun. Das Staatsoberhaupt ist einfach mit »Khan« anzureden. Sein Bruder und auch alle übrigen Verwandten mögen sich mit ihrem Eigennamen nennen.
Die Fürsten und Feldherren versammeln sich im Qurultai, um einen Khan zu wählen. Kein Mann soll sich als Khan bezeichnen dürfen, der nicht zuvor legal durch einen Qurultai gewählt wurde, auf dem man die wichtigsten Kapitel des Yassaq vorgelesen hat. Die Mißachtung dieser Vorschrift wird mit dem Tod geahndet.
Eine Kriegserklärung soll in schlichter Sprache, ohne Prahlen und Drohen abgefaßt sein, da allein Gott, nicht aber der Mensch den Ausgang des Krieges kennt. Die Erklärung soll enden mit den Worten: Wir wollen, daß ihr dies und jenes tut. Handelt ihr anders, so wissen wir nicht, was geschehen wird. Die Zukunft sieht nur Gott.
Wenn kein Krieg ist, so soll man sich der Jagd widmen, die Söhne lehren, wie man wilde Tiere erlegt, damit sie sich im Kampf üben und dabei Kraft und Ausdauer erlangen. Sie sollen lernen, dem Feind ebenso nachzusetzen wie dem Großwild auf der Hatz, und sich dabei nicht schonen.
Innerhalb des Heeres soll die Disziplin mit äußerster Strenge gewahrt und Befehle ohne Widerrede befolgt werden. Selbst ein General hat sich vor einem gewöhnlichen Soldaten zu Boden zu werfen, wenn dieser ihm einen Verweis oder eine Botschaft des Khans überbringt.
Der Handel zwischen den Völkern soll geschützt werden, alle Straßen, Brücken und Karawanenwege im Reich müssen sicher sein. (Diese Vorschrift wurde so streng ausgelegt, daß noch lange nach Dschingis Khans Tod eine Jungfrau einen Goldklumpen auf dem Kopf vom Gelben Meer bis ans Mittelmeer hätte tragen können, ohne unterwegs belästigt zu werden. Unter der *pax mongolica,* erlassen und gesichert durch den Großen Yassaq, hätte niemand gewagt, sich an ihr zu vergreifen.)
Der Dienst der *yam* (»Poststationen«) muß ständig besetzt sein, so daß der Khan ohne Verzögerung von allen Ereignissen erfährt,

die sich in seinem Reich zutragen. An den Hauptrouten sind in regelmäßigen Abständen Relaisstationen mit Pferden einzurichten, in denen immer ausgeruhte Pferde, heiße Speisen und Getränke bereitstehen sollen.

Es wird eine Volkszählung stattfinden, auf deren Grundlage die Zahl der Krieger bestimmt und die Kopfsteuer festgesetzt wird.

Wer mit betrügerischer Absicht Waren auf Kredit kauft und dann Bankrott geht, soll, wenn das zum drittenmal passiert, enthauptet werden.

Niemand soll beim Reden die Stimme erheben oder mit den Händen gestikulieren, um seinen Worten Nachdruck zu verleihen oder um Aufmerksamkeit zu erregen. Wo zwei Männer einen Kampf unter sich austragen, soll sich kein Dritter unbefugt einmischen. Der Unterlegene kann das Stammesgericht anrufen. Wer nach der Anrufung noch Hand an ihn legt, soll mit dem Tod bestraft werden.

Wenn ein Mann und eine Frau beim Ehebruch ertappt werden, sollen beide zum Tode verurteilt werden. Ein Mädchen, das bei unzüchtigen Handlungen überrascht wird, soll mitsamt ihrem Liebhaber ausgepeitscht werden. Sodomiten und Homosexuelle sollen enthauptet werden.

Die Vielehe und die freie »Benutzung« weiblicher Sklaven ist gestattet. Die von den Ehefrauen und Konkubinen geborenen Kinder sind vor dem Gesetz gleich, der Vater kann jedoch seinen Erben nach Gutdünken auswählen. Der Sohn, der das Erbe seines Vaters übernimmt, muß für dessen Nebenfrauen und Konkubinen sorgen und darf diese, wenn er will, als seine eigenen betrachten. Ebenso muß der jüngere Bruder die Frauen des älteren übernehmen, falls dieser ums Leben kommt. Die Sorge für den Haushalt und die Verwaltung des Familienvermögens ist Aufgabe der Hauptgemahlin.

Zuständig für die Durchsetzung der Gesetze sind die *yarugachi*, die »Richter«. Es darf niemand bestraft werden, der nicht auf frischer Tat ertappt wird oder die Tat gesteht. Klagen mehrere Zeugen gegen einen Mann und dieser bestreitet die Tat, so soll er der Folter unterzogen werden, bis er geständig ist. Fehlen schriftliche Unterlagen, so sind drei Augenzeugen erforderlich, um eine wichtige Aussage zu beurkunden.

Der Yassaq erfaßte nahezu alle Lebensbereiche. Er galt als unumstößlich, denn Dschingis Khan duldete nicht, daß sein Kodex von windigen Gesetzesverdrehern verfälscht wurde. Andrerseits respektierte er die Richter und hielt ihnen nie einmal gefällte (Fehl-)Urteile vor.

Der Yassaq wurde ergänzt durch *yarlik,* »Edikte«, die ein zinnoberrotes Siegel trugen. Auf wichtigen Urkunden und der kaiserlichen Korrespondenz prangte ein blaues Siegel. Außer dem Datum war auf ihnen oft der Name des wachhabenden Hauptmanns und die Stunde seiner Wache vermerkt. Der tief religiösen Einstellung des Khans entsprechend begannen alle Edikte mit derselben Anrufungsformel: *Mongka tängri-yin kütchün-dür* – »Durch die Macht des Ewigen Himmels«.

Den Kaiser begleitete ständig eine reisende Kanzlei, die alle amtlichen Verlautbarungen protokollierte. Die Aufzeichnungen wurden später auf Wunsch des Herrschers veröffentlicht.

Im Gegensatz zu vielen Politikern unserer Tage verstand es Dschingis Khan ausgezeichnet zu delegieren. Je größer sein Reich wurde, desto mehr beschränkte er seinen persönlichen Einsatz auf die Entscheidung wesentlicher politischer Fragen – auf Friedensnoten und Kriegserklärungen. Die Zivilverwaltung des Reiches legte er in die Hände von begabten Gouverneuren und Gelehrten. Nie ließ er sich auf eine Debatte ein; enttäuschte ihn ein Untergebener, so schickte er ihn ohne viele Worte fort.

Nach der Einführung der Schrift verbesserte der Khan auch jene Merkstäbe, deren eingekerbte Linien und Zeichen früher als Unterlagen zu Verträgen und Rekrutierungen gedient hatten. Die neuen Stäbe waren zwischen einem viertel und einem halben Meter lang, acht bis zehn Zentimeter breit und nicht mehr aus Holz, sondern aus purem Gold oder Silber angefertigt, oft noch mit Perlen und Edelsteinen besetzt. Oben waren der Titel ihres Besitzers und ein Tigerkopf eingraviert. Diese sogenannten »Tigerstäbe« dienten als Kommandotafeln und galten als Vollmacht des Khans. Wer glücklicher Besitzer eines solchen Stabes war, erhielt alle Wünsche sofort erfüllt.

Goldene Tigerstäbe waren ein Zeichen höchster Anerkennung. Die Geheimagenten des Khans trugen sie bei sich, ebenso Kuriere mit vertraulichen und wichtigen Nachrichten. Auf ihren Stäben war außerdem die Gestalt des Gierfalken eingraviert, jenes herrlichen Falken des Nordens, der als Symbol der Geschwindigkeit galt.

Gleichzeitig mit der Einrichtung der zivilen Verwaltung erfolgte eine Neuorganisierung des Heeres. Die Anzahl der Nachtwachen wurde auf achthundert, später auf tausend erhöht, ebenso die der Köcherträger und Tageswachen. Die Ritter oder Bagadur wurden von tausend auf siebentausend Mann verstärkt, so daß die Wache zuletzt zehntausend Krieger, also einen ganzen Tümen stellte.

Die Leibwache des Khans war in vier Gruppen aufgeteilt, von denen nach wie vor jede an drei aufeinanderfolgenden Tagen und Nächten Dienst tat. Die Nachtwache mußte besonders scharf aufpassen, sie haftete für jeden, der sich dem Zelt des Khans näherte. Niemand wurde ohne Begleitung zum Khan eingelassen. Unerwartete Besucher wurden einfach niedergeschlagen. Wer sich nach der Zahl der Wächter erkundigte, mußte als Buße ein gesatteltes Pferd und eine volle Waffenausrüstung abliefern.

Die Krieger der Wache bildeten die Elitetruppe der Armee. Sie unterlagen zwar einer außergewöhnlich strengen Disziplin, wurden dafür aber durch entsprechende Privilegien entschädigt. Ein gemeiner Soldat der Wache stand höher im Rang als der Oberst einer Schwadron in der übrigen Armee. Ein Angehöriger der Wache konnte wegen eines Vergehens so lange nicht verurteilt werden, bis sein Vorgesetzter den Fall gemeldet und Dschingis Khan ihn sozusagen »freigegeben« hatte.

Die Zelte der Wache waren in einer strengen Ordnung aufgestellt: Die Zelte der ersten tausend Bagadur standen vor dem nach Süden ausgerichteten Zelt des Groß-Khans, die der tausend Nachtwachen und Köcherträger rechts davon, also im Westen, während sich die der übrigen siebentausend Wachen zu seiner Linken anschlossen.

Die Armee wurde von drei Unterfeldherren befehligt. Bo'ortchu unterstand der rechte Flügel, Muqali der linke und Naya das Mittelfeld. Gutschi, der älteste Sohn des Khans, wurde oberster Jagdherr, ein sehr wichtiger Posten bei einem Nomadenvolk, während Tului, der Große Noyan, der in militärischen Dingen begabteste Sohn, seinem Vater als Assistent in allen strategischen und taktischen Fragen zur Seite stand.

Wichtig erschien dem Khan vor allem auch die zweckmäßige Ausrüstung seiner Truppen. Männer wie Pferde trugen im Kampf einen leichten Panzer aus zwei- bis dreifachem Leder sowie einen Helm, dessen Krone aus Eisen war. Ein Nackenschutz aus Leder vervollständigte die »Uniform«. Den Rücken ließ ein Mongole immer ohne Schutz.

Der Säbel, weniger gekrümmt als bei den Türken, eignete sich gleichermaßen zum Hauen wie zum Stechen. Neben Säbel und Lanze führte jeder Reiter noch zweierlei Bogen mit sich, von denen der leichtere zum Schießen aus dem Sattel bestimmt war – denn die Steppenkrieger vermochten im Gegensatz zu den arabischen und europäischen Bogenschützen während des Galopps ihre Pfeile abzuschnellen –, der schwere Bogen hingegen wurde zum Zielschießen aus dem Stand benutzt. Außerdem hingen jedem Berittenen drei Köcher über der Schulter, in denen die Pfeile, der Größe nach sortiert, steckten. Es gab Pfeile, die sogar einen Metallpanzer durchschlugen, und welche mit Stahlspitzen, die an beiden Seiten so scharf geschliffen waren wie ein zweischneidiges Schwert.

Säuberlich verpackt führte jeder Soldat in seinem Sack eine Axt zum Holzzerkleinern mit, ferner eine Zunderbuchse zum Feuerschlagen, ein Messer, Taue – etwa zum Ziehen von Katapulten und Mauerrammen –, Feilen zum Schärfen der Eisenwaffen und natürlich so nützliche Werkzeuge wie Ahle, Fischhaken und Nähzeug. Zur Ausrüstung gehörten außerdem noch eine Notration aus getrocknetem Hammelfleisch und Qurut, ein Futterbeutel für das Pferd und ein Kochtopf für den Mann selber. Der Sack, in dem diese Gegenstände verstaut wurden, war wasserdicht und konnte beim Überqueren der Flüsse am Pferd festgebunden »hinterherschwimmen«.

Um Nebensächlichkeiten wie die Proviantierung seiner Leute und ihrer Tiere kümmerte sich ein mongolischer Feldherr wenig. Auf den Feldzügen verpflegten sich die Truppen aus den Vorräten der eigenen Bevölkerung, deren Gebiete sie durchzogen, oder plünderten die des Feindes. Pferde und Kamele fraßen einfach, was so am Wegrand stand.

Wurden Arbeitskräfte für nichtmilitärische Zwecke benötigt, trieb man die ansässige Bevölkerung in Arbeitsbataillonen zusammen.

Fiel ein Soldat in die Hände der Feinde, und seine Kameraden strengten sich nicht genügend an, ihn herauszuhauen, so wurden sie wegen Feigheit zum Tode verurteilt. Während des Kampfes wurde nur wenig gerufen oder gelärmt, die Mongolen fochten schweigend. Jeder ernsthafte Verstoß gegen die Kriegs- ja, sogar gegen die Jagdgesetze zog die Todesstrafe nach sich, denn die Jagd galt ja als wichtige Übung für den militärischen Ernstfall.

Dschingis Khan legte großen Wert auf ein gut funktionierendes Nachrichtenwesen, denn er hatte erkannt, wie sehr die Bewegungen und Aktionen der Armee und damit letztlich der Ausgang der Schlacht von einer Vielzahl möglichst genauer und zuverlässiger Kundschafterberichte abhingen. Deshalb richtete er einen politischen und militärischen Spionagedienst ein, der aus »lokalen Spionen«, die meist im betreffenden Gebiet ansässig waren, bestand, aus »Kundschaftern«, die zur Ermittlung eines bestimmten Sachverhalts ausgeschickt wurden, und schließlich sogenannten »Doppelagenten«, die absichtlich falsche Nachrichten ausstreuten und deshalb oft unwissentlich von ihren eigenen »Kollegen« angezeigt wurden. Da der Khan im Grunde seines Wesens jeglichem Verrat und Spitzeltum abhold war, bediente er sich nur selten und ungern der »inneren Spione«, wie man die unzufriedenen Offiziere und Beamten der Gegenseite nannte, oder der »bekehrten Spitzel«, übergelaufenen feindlichen Agenten, denn er sagte sich ganz richtig, daß ein Mann, der den einen Herrn betrogen hat, dies auch gut ein zweites Mal tun könnte.

Das reibungslose Funktionieren des mongolischen Nachrichtenwesens zeigte sich beispielsweise später in Afghanistan, dem vielleicht schwierigsten Kriegsschauplatz der damaligen Welt, wo der Khan alle Register der modernen Kriegsführung zog, indem er nicht nur die militärischen, politischen und topographischen, sondern auch die psychologischen Aspekte in seinem Schlachtplan berücksichtigte. Der berühmte russische Historiker Wilhelm Barthold ist der Ansicht, daß die Streitmacht der Mongolen es nur dem militärischen Genie Dschingis Khans zu verdanken habe, dort im nördlichen Afghanistan nicht in größte Schwierigkeiten geraten zu sein.

Und, so darf man wohl hinzufügen, der Genauigkeit ihrer Informationen.

Im Frühling des Tigerjahres hatte der Khan sein Reich und seine Armee neu organisiert. Nun war es Zeit, die Reichsgründung durch einen großen Qurultai zu feiern. Alle geladenen Völker eilten zu diesem Qurultai am Dülün-boldaq, dem Geburtsort des Großen Eroberers.

Sie kamen von allen Steppen und Bergen der Mongolei, aus der brütenden Stille der Taiga und vom fernen, schneebedeckten Altai, aus den ockerfarbenen Bergen des Kizil-Bash-nor und von der tatarischen Seenplatte am Kulun-nor, von den grünen Oasen im topasschillernden Sand der Wüste Gobi und aus den weißen Zeltlagern der Öngüten im langen Schatten der Großen Chinesischen Mauer.

Wie immer im Frühling hatte sich das Onontal mit blühenden Wiesen geschmückt, durch die das kalte Wasser des Flusses rauschte. Hier hatte der Khan ein neues, sehr geräumiges Zelt für die Feier errichten lassen, das unter seinem schneeweißen Dach mehreren hundert Leuten Platz bot.

Zwischen dem Festzelt und dem Zelt des Befehlshabers lagerte die Wache, ganz in der Nähe standen die fünf palastartigen Ordus der königlichen Gemahlinnen.

In der ganzen Gegend des Dülün-boldaq wimmelt es nur so von Leuten, Pferden, Kamelen und Schafen. Hinter allen Rhododendronbüschen schauten weiße Zeltspitzen hervor, auf jedem ebenen Fleckchen Erde stand ein kleines Ordu, die mit all ihren Sonnenschirmen, Yakschwänzen und Seidenbannern dem Betrachter einen prächtig-bunten Anblick boten.

Am Abend vor Beginn des Qurultai verkündete Köktchü, der oberste Schamane und Deuter himmlischer Vorzeichen, eine Botschaft des Ewig Blauen Himmels.

Köktchü, besser bekannt unter seinem Titel *Täb-tängri* (»Hohepriester«), genoß beim Volk großes Ansehen wegen seiner spartanischen Lebensweise. Selbst an bitterkalten Tagen lief er nackt und barfuß im Schnee herum. Manchmal zog er sich tagelang in die Wüste oder auf einen Berggipfel zurück, um sich dort, wie er erklärte, mit dem Himmel und seinen Geistern zu unterhalten. Wie Täb-tängri andeutete, kam während solcher Zeiten ein Apfelschimmel zu ihm, der ihn mit menschlicher Stimme anredete und in den Himmel trug.

Dieser Täb-tängri also trat am Vorabend in das Zelt Dschingis Khans, den kegelförmigen weißen Filzhut auf dem Kopf, und schaute mit verzücktem Blick auf die Anwesenden. Mit zitternder Stimme verkündete er:

»Ich komme gerade vom Dülün-boldaq, wo Gottes Stimme zu mir sprach. Er sagte: ›Ich gebe Temudschin die Macht über alle Länder zwischen den Meeren. Zu Recht trägt er den Namen Dschingis Khan, denn im Himmel gibt es nur einen ewigen Gott, auf Erden nur einen Herrscher, den mächtigen Khan der Ozeane.‹«

Der Khan glaubte an die übernatürlichen Kräfte der Priester, die er als Vermittler zwischen der Gottheit und den Menschen betrachtete. Er vertraute ihren Prophezeiungen, vor allem den Weissagungen aus Schafsknochen, jener alten Orakelform Hochasiens, die sich etwa mit den Ritualen der Auguren und Haruspices im alten Rom vergleichen läßt.

Um die Zukunft zu befragen, dachte man intensiv an das Problem, das einen beschäftigte, und warf die Schulterblätter eines Schafes in die Glut. Blieben sie ganz, so waren die Aussichten gut, krachten sie jedoch, oder bildeten sich Risse, so galt dies als unheilbringendes Vorzeichen. Wenn ein Wahrsager das sogenannte »Zweite Gesicht« besaß, konnte er aus den glühenden Knochen die Anzeichen künftiger Ereignisse herauslesen, ähnlich wie das heute noch mittels Kristallkugeln oder Kaffeesatz geschieht.

Glaubwürdige Quellen berichten, daß Dschingis Khan selbst bisweilen in Trancezustände fiel, in denen er zukünftige oder sich in weiter Entfernung zutragende Ereignisse schaute. Seine Schreiber hielten jedes seiner Worte fest und lasen ihm alles vor, wenn er wieder bei Sinnen war.

Am Tag nach Täb-tängris Prophezeiung strömten die Gäste scharenweise zum großen Festzelt. Sie wurden von Wachen am östlichen Eingang eingelassen. Vor dem Westeingang, der Dschingis Khan vorbehalten blieb, standen Schamanen, die Stangen mit Quasten und Büscheln aus roter und weißer Yakwolle trugen. Im Zelt wies der Kanzler Chin-kai den Gästen ihren Platz an, je vornehmer sie waren, desto näher saßen sie am Westeingang.

Dschingis Khan, nun etwa fünfzig Jahre alt, betrat das Zelt unter dem lebhaften Beifall der Menge. Die Schamanen gingen hinaus und brachten im Freien unter Gebeten ein Trankopfer dar. Nach einer Weile kehrten sie zurück, bereiteten die königliche weiße Filzdecke aus, hießen Dschingis Khan darauf Platz nehmen und trugen ihn zum Thronsessel. Alle Gäste erhoben sich von ihren Sitzen und jubelten dem Herrscher zu, der von nun an die Würde eines Khagans innehatte, obwohl er, wie schon gesagt, sich auch weiterhin nur als Dschingis Khan anreden ließ.

Mit dieser Zeremonie war Temudschin zum Alleinherrscher der Mongolei geworden.

Nach einer kurzen Ansprache an die Versammelten, in der er versicherte, er werde, wenn der Himmel ihm beistehe, das mongolische Volk über alle anderen Völker der Erde erheben, dankte er seinen Kriegern für ihre treuen Dienste. Insbesondere lobte er seine Wache und jene Soldaten, die in den langen Jahren gemeinsamer Kriegszüge in Ehren ergraut waren.

Dann rief er seine Unterfeldherren auf, würdigte ihre Taten und bestätigte einen jeden in seinem Rang oder erhob ihn darüber hinaus. Nur Bo'ortchu überging er, was allgemein mit großer Verwunderung aufgenommen wurde.

Abends im vertrauten Hauszelt stellte Börte ihren Mann zur Rede.

»Ist denn Bo'ortchu nicht dein bester Freund, der Gefährte deiner Jugend?« fragte sie. »Warum hast du ihn so gekränkt?«

»Ich habe nur so getan, als hätte ich ihn vergessen. Bo'ortchu hat viele Neider. Heute nacht freuen sie sich, aber morgen will ich sie beschämen. Ich weiß, daß Bo'ortchu, auch wenn er mit Recht beleidigt sein könnte, nur Gutes von mir spricht.« Er schickte eine Dienerin zu Bo'ortchus Zelt, damit sie ihn heimlich aushorche. Bei der Rückkehr berichtete diese, Bo'ortchus Frau habe sich bitter über die vermeintliche Zurücksetzung ihres Ehemannes beklagt. Aber Bo'ortchu habe ihr befohlen zu schweigen und nur gesagt:

»Ich diene meinem Khan nicht für Lob oder Geschenke. Und sollte er mich hungern lassen, so würde ich ihm trotzdem mit ganzem Herzen und letzter Kraft die Treue halten. Mögen Temudschin und die Seinen ewig leben! Ein größerer Lohn kann mir nicht zuteil werden.«

Am nächsten Tag wurde das Fest fortgesetzt. Als Dschingis Khan den erhöhten Ehrenplatz inmitten seiner Frauen und Söhne eingenommen hatte, sagte er laut:

»Du, Bo'ortchu, bist mein Freund gewesen in Not und Gefahr. Nie kannte dein Herz Furcht. Dem Jüngling, der in Bedrängnis zu dir kam, hast du ohne zu zögern geholfen. Deinen Vater, den reichen Naqu-bajan, hast du als einziger Sohn verlassen, um mir zu folgen. Und als die Merkiten den Burqan-qaldun angriffen, hast du mich unter Einsatz deines eigenen Lebens geschützt. Mein standhafter Bo'ortchu, der du Leben und Tod in meinem Dienst für gleich erachtest, wer sollte dich nicht beneiden? Du sollst auch weiterhin an meiner Seite stehen über allen meinen Kriegern!«

Dann lobte er die »Vier Jagdhunde«, die, wie er sagte, »das Rückgrat der Hochmütigen gebrochen, die Feinde auf der Steppe niedergeschlagen und ihre Leiber getreten hätten«.

Zu Qortchi sagte der Khan:

»Du hast einmal eine Weissagung ausgesprochen und hast dann von meiner Jugend bis jetzt lange Zeit hindurch Nässe und Kälte mit mir zusammen ertragen und dich wie ein Heiliger geführt. Du, Qortchi, hast damals gesagt: ›Wenn die Weissagung eintrifft und dir vom Himmel nach deinem Sinn geschieht, dann mache mich zum Besitzer von dreißig Frauen!‹ Da es jetzt eingetroffen ist, so gewähre ich dir: Sieh dir die schönsten Frauen und schönsten Mädchen aus den unterworfenen Völkern an und wähle dir dreißig Frauen aus!«

Sorqan-chira und seine Söhne wurden aufgerufen.

»Du hast mir das Holzjoch vom Hals genommen, das werde ich dir nie vergessen. Ich gebe dir und deinen Söhnen die fetten Weiden der Merkiten am unteren Selenga. Eure Kriegs- und Jagdbeute sollt ihr ungeschmälert behalten und nichts davon abgeben.«

Dem jungen Chigi-qutuqu, den er als Kind auf dem Schlachtfeld unter Tataren aufgelesen hatte, wandte sich der Khan mit den Worten zu:

»Von diesem Tag an betraue ich dich mit zwei wichtigen Aufgaben. Du sollst die Steuern eintreiben und die Weiden gerecht unter meinem Volk verteilen. Du sollst der Oberste Richter sein. Erweise dich deines Amtes würdig, höre und bestrafe die Verbrecher. Wer eine Geldbuße verdient, dem sollst du sie auferlegen, wer sein Leben verwirkt hat, dem sollst du es nehmen. Niemand soll an deinem Urteil rütteln können.«

Chigi-qutuqu wurde außerdem zum Schriftführer der berühmten *kökö däbtär*, der »Blauen Hefte«, bestellt, in denen die Gerichtsurteile mit roter oder goldener Tinte aufgezeichnet wurden und die allen Richtern als Leitfaden dienten. Der Khan sagte:

»In den *kökö däbtär* soll nichts geändert werden. Ich will, daß alle gerichtlichen Entscheidungen und alle großen Taten in ihnen verzeichnet werden, so daß sie unseren Nachkommen zur Belehrung dienen.«

Chigi-qutuqu verwaltete sein Amt als Oberster Richter und Hüter des Yassaq sehr gewissenhaft. Er gab nichts auf Geständnisse, die unter dem Druck von Drohungen oder der Folter abgelegt wurden. Seine Urteile zeugen gleichermaßen von Gerechtigkeit wie von gesundem Menschenverstand, so daß sie späteren Generationen als Musterbeispiele dienten.

Dschingis Khan gedachte auch des 13. Korps, des Wolfs-Korps, das von Djamuqa und seinen Leuten aufgerieben worden war. Er rief den Sohn des damals gefallenen Anführers zu sich und überließ ihm genügend Männer und Weideland, um ein neues Wolfs-Korps zu gründen.

»Dein Vater wurde zu Tode gefoltert«, sagte der Khan, »weil er treu für mich kämpfte. Von nun an soll ein Teil von jeder Kriegsbeute seinen Witwen und Waisen und deren Nachkommen vorbehalten bleiben.«

Zuletzt ernannte Dschingis Khan den ehrwürdigen alten Usun zum obersten Schamanen, ein bei den Mongolen wichtiges Amt, das etwa mit unserem Erzbischof vergleichbar wäre.

»Nach unserem Brauch steht der Oberpriester über allen anderen. Du, Usun, sollst deshalb weiße Gewänder anlegen und auf einem weißen Hengst reiten. Mögest du für unsere kühnen und schwierigen Unternehmungen stets den günstigsten Stern, den geeignetsten Zeitpunkt auswählen!«

Diese Ernennung Usuns zum obersten Schamanen hat ein wenig schönes Vorspiel gehabt. Täb-tängri hatte Dschingis Khan nämlich nicht nur Macht und Ruhm geweissagt, sondern ihm auch eine »höchst tendenziöse Offenbarung« mitgeteilt: »Der Geist hat mir einen Befehl des Ewigen Himmels offenbart. Zunächst wird Temudschin regieren und nach ihm wird es Qasar sein. Wenn du Qasar nicht beseitigst, bist du in Gefahr!«

Der machtgierige Schamane hatte sich nämlich mit Dschingis Khans Bruder zerstritten und hielt eine derartige »Weissagung« für den geeigneten Weg, seinen Feind zu beseitigen. Er erweckte zunächst auch wirklich den Argwohn des Khans, der Qasar verhaften und degradieren ließ, aber sowohl seine Mutter als auch andere Getreue öffneten ihm die Augen über die eigentlichen Gründe des heimtückischen Täb-tängri, dem daraufhin von drei Wachen die Wirbelsäule gebrochen wurde.

Usun, der zu seinem Nachfolger bestimmt wurde, sollte ein großer und aufrichtiger Schamane werden.

Mit Usuns Einsetzung schloß der Khan den offiziellen Teil des großen Qurultai. Es wurde noch tagelang gefeiert, dann ging der panmongolische Kongreß im Jahr des Tigers zu Ende.

Dreißigfaches Eheglück

Die Sibiren besaßen weder Zelte noch Herden wie ihre mongolischen Nachbarn. Sie stellten ihre kegelförmigen Hütten aus Birkenrinde in den Wäldern auf und ernährten sich von der Jagd und vom Fallenstellen. Zu den bedeutendsten Stämmen gehörten die Kirgisen, seit alters her als »blonde« Kirgisen bekannt wegen ihrer blauen Augen und hellen Haare. Viele Jahrhunderte vor Dschingis Khan hatten sie über die Mongolei geherrscht, sich dann aber wieder in die heimatlichen Wälder zurückgezogen. Sie waren ein kriegerisches Turkvolk und wohnten am oberen Jenissei in der Gegend des heutigen Minusinsk. Als Haustiere hielten sie gezähmte Rentiere, die sie mit Fleisch, Milch und Kleidung versorgten; Rentierzunge war weithin als Delikatesse bekannt.

1207, im Jahr des Hasen, entschloß sich der Khan zu einem Eroberungszug nach Norden. Seinen ältesten Sohn Gutschi betraute er mit der Aufgabe, die Kirgisen zu unterwerfen. Da nach mongolischem Brauch der älteste Sohn die von seines Vaters Ordu entferntesten Weiden bekam, erhielt Gutschi den Nordwesten, »soweit die Hufe seiner Pferde zu traben vermochten«.

Gutschi, der übrigens infolge eines Jagdunfalls leicht hinkte, erreichte das Land der Kirgisen im späten August, als gerade der erste Schnee die Hochebenen bedeckte. Er überrumpelte sie in einem Sturmangriff und machte sich zu ihrem Khan. Wegen seines Hinkens nannten sie ihn *Aqsaq Qulan*, den »Lahmen Wildesel«.

Im folgenden Jahr, dem Jahr des Drachen, überquerte Gutschi mit seinen Truppen den Angara in Richtung Norden und überfiel das Volk der Oirat, das im Land Ibir-Sibir lebte (daher der Name »Sibirien«). Auch die Oirat unterwarfen sich, und ihr Häuptling reiste an die Eselskruppe zu Dschingis Khan, dem er Pferde, Zobelfelle und einen weißen Falken als Tribut mitbrachte.

Nördlich der Oirat wohnten die Tumat, ein kräftig gebauter, hellhaariger Menschenschlag, der an der Oka zu Hause war. Ihr Land, das aus Taiga, Wald und Eiswüsten bestand und mit dichtem Buschwald bewachsen war, wurde in jenen Tagen von der ob ihrer drallen Schönheit weithin bekannten Königin Tarqun regiert.

Dschingis Khan sandte Boroqul, eines der »Vier Rennpferde«, als Anführer gegen die Tumat. Sein Stellvertreter war jener Qortchi, dem der Khan die dreißig Mädchen versprochen hatte.

Die Schar der Mongolen kämpfte sich durch das dichte Unterholz bis an die Rindenhütten der Tumat vor, die von einer hohen Palisade umgeben waren. Wie aus heiterem Himmel fielen sie über den ahnungslosen Stamm her, der kaum Widerstand leisten konnte.

Vor der größten Hütte stand eine weißgekleidete, schöne junge Frau von stattlicher Gestalt. Mit federnden Schritten ging sie furchtlos den Angreifern entgegen. Sie bebte vor verhaltener Wut. Die Mongolen behandelten die Königin Turqan jedoch ehrerbietig als Dschingis Khans Eigentum.

Qortchi, feurig wie ein sibirischer Hirsch zur Brunftzeit, beeilte sich, das königliche Versprechen einzulösen und sich dreißig Schöne auszuwählen, was ihm bei dem Überangebot an hübschen Mädchen gar nicht so leicht fiel.

Leider konnte er sein dreißigfaches Eheglück zunächst nicht lange genießen. Die anderen Tumatstämme sammelten sich nämlich und überfielen die Truppe Boroquls aus dem Hinterhalt. Boroqul wurde getötet, Qortchi geriet in Gefangenschaft und hatte nun, von den dreißig Frauen verhöhnt und gepeinigt, nichts zu lachen.

Als Dschingis Khan von der Niederlage seiner Leute erfuhr, sandte er sofort eine zweite, größere Truppe gen Norden, um Boroqul zu rächen. Sie überrannte im Sturm alle

Dörfer der Tumat. Boroquls Leichnam wurde gefunden und bestattet, Qortchi gerade noch rechtzeitig befreit.

Als Qortchi mit seinen Damen heimkehrte, überließ ihm der Khan als Zeichen seiner Gunst außer den dreißig Frauen auch noch die propere Königin.

Die Viertausend-Meilen-Front

Unter der strengen Herrschaft Dschingis Khans waren Ruhe und Frieden in der Mongolei eingekehrt. Wie einst unter den Hunnen und Türken hatten sich die Stämme wieder zu einer großen Einheit zusammengefunden. Nun da es innerhalb der Landesgrenzen nichts mehr zu tun gab, wandte sich das Interesse des großen Eroberers nach Süden, den alten Kulturen der Tanguten, Uighuren und Koreaner zu.

Dschingis Khan verfügte zu jener Zeit über ein stehendes Heer von zehn bis zwölf Tümen hervorragend ausgerüsteter, in langen Kriegsjahren erprobter Reiter, die gegen Hitze und Kälte, Hunger und Durst gleichermaßen abgehärtet waren. Das erste Ziel dieser phänomenalen Armee auf ihrem Südfeldzug waren die Tanguten.

Das große Reich der Tanguten, Hsi-Hsia genannt, umfaßte die schneebedeckten Gebirge, öden Hochebenen, gelbgleißenden Wüsten und blühenden Steppen der Provinz Kansu, die bis in unser Jahrhundert eine Art »wilder Westen« Chinas geblieben ist. Ferner gehörte dazu ein Teil der Wüste Gobi und das Ordos-Plateau im weiten Bogen des Gelben Flusses. Im Südwesten lag die Grenze am Kuku-nor, dem »Blauen See« in Tibet, wo an Hsining vorbei auf tangutischem Territorium der Karawanenweg nach Lhasa verlief.

Das Reich Hsi-Hsia ähnelte Tibet. Die Tanguten waren mit den Tibetern verwandt und wie diese meist buddhistischen Glaubens. Hier wie dort drehten Lamas in orangefarbenen Gewändern ihre Gebetsmühlen, das *Om mani padme hum* dazu herleiernd. Der Staat der Tanguten war hochzivilisiert und besaß viele blühende Städte. Sie hatten eine eigene, recht komplizierte Schrift, die mit der chinesischen verwandt war.

Quer durch das Land zog sich die alte Seidenstraße. Ein stehendes Heer von mehr als 150 000 Kriegern war nahe der Hauptstadt und entlang den Grenzen stationiert.

Ein Teil der Bevölkerung lebte noch in Nomadenzelten. Sie besaßen große Kamelherden und züchteten das Yak, den Grunzochsen mit dem Pferdeschweif, dessen Milch sie auch tranken.

Die Tangutenmädchen, vor allem jene aus der kalten Gegend des Kuku-nor, waren wegen ihrer Schönheit berühmt. Sie trugen schwarze Filzhüte mit breiter Krempe, die sich von ihren weißen und rosafarbenen Satinkleidern seltsam abhoben. Marco Polo schreibt voller Bewunderung, sie hätten eine helle, zarte Hautfarbe und seien überaus wohlgestaltet.

Der Khan bereitete den Feldzug gegen diese Großmacht von langer Hand vor. Vorsichtig ließ er seine Reiter, erst in kleinen, dann immer größeren Trupps, in das Land »einsickern«, so daß die Krieger allmählich mit den Verhältnissen dort vertraut wurden. Er sammelte Informationen und erprobte den Kampfgeist seiner Leute wie auch den Mut der Tanguten in kleinen Scharmützeln. Auf einem dieser Streifzüge nahm er einen jungen Tanguten gefangen, einen Kamelhirten, den er aufgrund seiner außerordentlichen Intelligenz »von den Mäulern der Kamele übers Volk« erhob und ihm den mongolischen Namen Qagan gab.

Im Jahr der Schlange, 1209, leitete Dschingis Khan die Offensive gegen das Reich Hsi-Hsia ein. Im Frühling brach er aus seinem Ordu an der Eselskruppe auf, zog den Tola und den Ongin hinab und durchquerte in einem anstrengenden Marsch die Wüste Gobi. Bis zur ersten tangutischen Oase legte das Mongolenheer eine Strecke von über tausend Kilometern zurück. Dann boten sich den vom Wüstensand brennenden Augen grüne Weiden, reifende Kornfelder und Pappelalleen dar, die von Kanälen bewässert wurden. Ein Meer von Blüten und Schwärme bunter Vögel schmückten die paradiesische Landschaft, über die von Osten her die violetten Gipfel des Alaschan-Gebirges herübergrüßten.

Nachdem Reiter und Pferde sich erholt hatten, besetzte der

Khan eine größere Garnisonsstadt im West-Alaschan. Dann zog er mordend und sengend durch die Provinz Kaschin, bis ihn nur noch der Gebirgszug des Alaschan von der Hauptstadt der Tanguten trennte. Über das Gebirge führte eine Straße, die von der Festung Kei-men kontrolliert wurde. Angesichts der drohenden Gefahr war die Besatzung der Burg auf 120 000 Mann erhöht worden, die der Fürst Aschagambu befehligte.

Dschingis Khan, der nicht im Traum daran dachte, die starke Festung zu belagern, lockte den Feind mit einer Kriegslist aus seinem Bau. Er stellte die Wagen mit dem Proviant in Sichtweite der Burg auf der Ebene vor der Festung ab und ließ sie von einer lächerlich kleinen Kriegerschar bewachen. Mit der Hauptmasse der Truppen legte er sich in den Hinterhalt und wartete. Aschagambu schluckte den Köder. Und während seine Soldaten über die Wagen herfielen und sie plünderten, umzingelten die Mongolen das ganze Terrain und zwangen das feindliche Heer zur Kapitulation; Aschagambu wurde gefangengenommen. Im Handstreich eroberte der Khan nun die Festung, in der kaum Leute zur Verteidigung zurückgeblieben waren. Damit war die Straße zur Hauptstadt offen.

Dschingis Khan überstieg mit seinem Heer das Gebirge und ritt auf die Hauptstadt des Hsi-Hsia-Reiches, das heutige Ninghsia am Ufer des Huang-ho, zu. Es war die erste mit Mauern und Bollwerken bewehrte Stadt, vor der das Mongolenheer sich aufstellte. Dennoch waren es nicht die Mauern, die den Khan am Angriff hinderten, sondern vielmehr das netzförmige Kanalsystem, mit dessen Hilfe das Wasser des Gelben Flusses auf die Felder geleitet wurde. Das Gewirr von Wasserläufen und überfluteten Feldern machte jede Reiterattacke unmöglich.

Der Sommer ging in den Herbst über, und immer noch stand Dschingis Khan vor der Stadt. Da er weder über Katapulte noch über Rammböcke verfügte, um die Mauer zu überwinden, schien seine Lage hoffnungslos. Dann aber hatte er die rettende Idee.

Schwere Herbstregen hatten den Gelben Fluß stark anschwellen lassen. Wenn man das Wasser umleitete, würden die tiefer gelegenen Stadtteile überflutet werden. Sofort ließ der Khan Arbeitskolonnen aus Gefangenen aufstellen, die oberhalb der Stadt einen Damm bauen mußten und einen Kanal, der das gestaute Wasser in die Stadt leiten sollte. Der Fluß durchbrach jedoch den Damm und die entfesselte Flut ergoß sich nicht nur in die Stadt, sondern auch über das Mongolenlager, wo viele Männer und Pferde im Wasser des Huang-ho ertranken.

Obwohl der Plan also fürs erste fehlgeschlagen schien, brachte er letztlich doch den gewünschten Erfolg: Das Wasser höhlte die lehmigen Stadtmauern aus, so daß sich der Tangutenkönig zur Übergabe entschloß, als Dschingis Khan ihm einigermaßen annehmbare Friedensbedingungen stellte.

Zum Abschluß des Friedensvertrages schickte der Tangutenkönig Li An-ch'üan eine prächtig gekleidete Gesandtschaft ins Mongolenlager. Als Tribut führten sie die erlesensten Produkte des Landes mit sich: Eine Herde weißer Kamele, weiße Jagdfalken und Behälter mit rötlichbraunem Moschus, ferner jenes herrlich leichte Gewebe aus weißem Kamelhaar, das in ganz Asien berühmt war. Ein Mantel aus diesem Material kostete fünfzig Goldstücke, so daß nur schwerreiche Leute ihn sich leisten konnten. Marco Polo nannte den Stoff später »das herrlichste Gewebe der Welt«.

Der Hofmeister des Tangutenherrschers führte die Delegation an. Demütig gebeugt überbrachte er dem Khan die Botschaft seines Königs:

»Wir kennen deine Macht und fürchten dich. Aber von diesem Tag an wollen wir dir treu dienen. In Krieg und Frieden wollen wir deine Rechte sein.« Damit erklärte sich der König der Tanguten zum Vasall des Mongolenkhans.

Um den Pakt zu besiegeln, hatte der König eine seiner Töchter mitgeschickt, die er dem Herrscher zur Frau gab.

Bevor Dschingis Khan sein Lager abbrach, veranstaltete er noch ein großes Fest für Tanguten und Mongolen.

Den General Aschagambu ließ er erst zu einem späteren

Zeitpunkt frei. Voller Zorn über die Erniedrigung seines Volkes, den Kopf voller Rachepläne, kehrte der Tangutenfürst in seine Festung am Alaschan zurück.

Westlich des Hsi-Hsia-Reiches, im heutigen Ostturkestan Chinas, lag das Reich der Uighuren. Es erstreckte sich über ein Gebiet von weit über eine Million Quadratkilometer und bestand in der Hauptsache aus einem sandigen Wüstenbecken, das von den eisigen Bergen des Kuen-Lun- und des Tienschan-Gebirges eingefaßt wurde. An den von Gletschern und Schneefeldern gespeisten Flüssen entlang zog sich eine Kette blühender Oasenstädte wie Khotan, Yarkand, Turfan und Kaschgar.

Die Uighuren gehörten zu den Türken. Sie kontrollierten die großen Karawanenwege zwischen dem Nahen Osten und China und waren wohl das kultivierteste Volk in ganz Zentralasien. Im Norden des Landes waren Buddhisten und Christen in der Überzahl, nach Westen hin nahm die Zahl der Moslems ständig zu.

Der uighurische König Idiqut Bartchuq, der mit großem Prunk im nördlich gelegenen Bechbalik residierte, war ein Vasall des Qara-Qytai-Reiches, das westlich von Kaschgar lag. In Uighurien saßen Regierungsvertreter und Steuereinzieher von Qara-Qytai, die für den uighurischen König eine ständige Quelle des Ärgers waren. Er entschloß sich daher, den Teufel mit Beelzebub auszutreiben und Dschingis Khan um Hilfe zu bitten.

Freudig ging der Khan auf das uighurische Angebot ein, das ihm nicht nur die Kontrolle über die ost-westlichen Karawanenwege verschaffen würde. In Uighurien lebten auch viele gelehrte Männer, wie Dschingis Khan sie für seine Zivilverwaltung wohl brauchen konnte. Er versprach den Uighuren Schutz gegen die Qara-Qytai unter der Bedingung, daß König Bartchuq sein Lehnsmann wurde und die besten Köpfe des Landes in den Dienst des stetig wachsenden mongolischen Staates traten.

Nicht lange nach dem Abfall der Uighuren erlebte das

Qara-Qytai-Reich eine Periode innerer Konflikte. Der Mongolenkhan nutzte diese Situation, um sich die östliche Provinz am Balchaschsee anzueignen, und schickte Kubilai, einen seiner »Vier Jagdhunde«, an die Spitze einer Truppe in das Balchaschgebiet.

Auf seinem Weg nach Westen zog Kubilai durch die Dschungarei, vorbei an den nördlichen Ausläufern des *Tienschan*, des »Himmlischen Gebirges«, wo der eisige Gipfel des *Khan Tängri*, des »Himmelskönigs«, in das blaue Firmament aufragte. Immer weiter nach Westen ziehend umging er den saphirfarbenen *Issyk-kul*, den »Warmen See«, der trotz seiner hohen Lage nie zufriert.

Von da aus wandte er sich nach Nordwesten zum Ili, dessen Ufer er bis zum Balchaschsee folgte. In der fruchtbaren Ebene des Siebenstromlandes, die hinter dem heutigen Alma Ata beginnt, wohnte damals das Volk der Qarluq, ein türkischer Stamm, der von seinem König *Arslan*, dem »Löwen«, regiert wurde.

König Arslan, wie Idiqut Bartchuq ein Vasall der Qara-Qytai, schüttelte sein altes Lehnsverhältnis ab und leistete Dschingis Khan den Lehnseid. Und um zu zeigen, daß er seinen Namen zu Recht trug, erschlug er den Statthalter der Qara-Qytai.

Östlich an das Land der Qarluq grenzte das wegen seiner Äpfel berühmte Tal *Almaligh*, der »Apfelgarten«, am Oberlauf des Ili in der Gegend des heutigen Kuldja. Sein König Buzar, ein ehemaliger Pferdedieb und Räuberhauptmann, beeilte sich gleichfalls, den Mongolenkhan seiner Loyalität zu versichern. Als Beweis für seinen guten Willen schickte er einen Sohn und eine Tochter an den Hof Dschingis Khans.

Durch die nahezu kampflose Annexion der kleinen Fürstentümer am Balchaschsee öffneten sich dem Khan viele Türen nach Westen. Aber zunächst ging sein Interesse mehr in Richtung Osten.

In der Zeit, da Kubilai die Grenzen des mongolischen Herrschaftsbereichs weit nach Westen verlegte, war Sübütai, der

Grabmonument aus Afghanistan, das die typische Tracht der Mongolen zeigt (Istanbul, Institut für Islamische Archäologie).

zweite der »Vier Jagdhunde«, nach Osten bis zum Fluß Jalu vorgestoßen, der die Grenze zu Korea bildet.

Sübütai schickte einen Eilboten in die damalige Hauptstadt Koreas und forderte den Herrscher auf, sich dem Khan zu unterwerfen. In der knappen Formel des Yassaq heißt es unmißverständlich zum Schluß: »Handelt ihr anders, so wissen wir nicht, was geschehen wird. Die Zukunft sieht nur Gott!«

Der koreanische König lehnte ab.

Sübütai verwüstete die nördlichen Landstriche Koreas und überrannte schließlich die gesamte Halbinsel vom Jalu bis an die Straße von Korea.

Als zwei Menschenalter später Kubilai Khan, der Enkel Dschingis Khans, mit einer Flotte gegen Japan in See stach, benutzte er die Häfen Südkoreas als Flottenstützpunkte.

Das Hsi-Hsia-Reich, Uighurien, Almaligh, Korea – vom Japanischen Meer bis an den Balchaschsee hielten die Tümen des Mongolenheeres eine über viertausend Meilen (sechseinhalbtausend Kilometer) lange Front. Nordchina war umzingelt, der Weg nach Westen stand offen.

Im Banne der Großen Mauer

Seit dem Tatarenfeldzug, den Dschingis Khan im Auftrag Pekings geführt hatte, galt er nach wie vor – zumindest nominell – als Vasall Chinas, ein Umstand, der ihn nie sonderlich gefreut hatte.

Nordchina, das alte China des Konfuzius, umfaßte nahezu alle Provinzen nördlich des Yangtsekiang mit einer Bevölkerung von mehr als fünfzig Millionen. Es wurde vom Goldenen Kaiser regiert, zu dessen Machtbereich auch die Mandschurei gehörte, Heimat der ungebärdigen Djürtschäten, die die Ahnen der Mandschus und damit Begründer einer eigenen Dynastie waren. Ferner kontrollierte China die Steppen der Inneren Mongolei im Norden der Großen Mauer. Das gewaltige militärische Potential Pekings bestand aus einem stehenden Heer von fünfzig Divisionen oder einer halben Million Krieger – ein Fünftel davon verwegene djürtschätische Reiter –, während sich der Rest aus kampferprobter chinesischer Infanterie rekrutierte.

Nordchina verfügte über ein gut gestaffeltes Verteidigungssystem: Der mandschurische Grenzschutz verteidigte die Grenzen Chinas gegen sibirische Eindringlinge entlang des 50. Breitengrades, etwa tausend Kilometer nördlich von Peking, die zweite Front schirmte das Kernland der Mandschurei nach Korea hin ab und die dritte, bei weitem wichtigste Abwehranlage zog sich in Gestalt der Großen Mauer mit einer Länge von 2450 Kilometern vom Gelben Meer bis zu den Hochebenen der Tanguten.

Auf einem Fundament aus gestampfter Erde und Granitblöcken erhebt sich das Ziegelwerk der Mauer neun bis zehn Meter hoch bis zu einer Gesamthöhe von sechzehn Metern.

Die Breite der Plattform zwischen den Brustwehren mißt durchschnittlich fünf Meter, so daß fünf bis sechs Reiter nebeneinander Platz haben. In Abständen von etwa dreihundert Meter ist die Mauer mit Wehrtürmen besetzt, die auch als Wacht- und Signaltürme benutzt wurden, indem man die Nachricht mittels eines Codes aus Rauchzeichen über weite Entfernungen hinweg rasch weiterleitete. Die großen Tore, etwa das Tor von Kalgan zur nördlichen Steppe hin, wurden durch gewaltige Festungstürme gesichert, die die lebenswichtigen Grenzprovinzen vor den Einfällen feindlicher Nomadenhorden schützten.

Als sich Dschingis Khan nun daran machte, sein Vasallentum ein für alle Mal abzustreifen, galt sein erster Gedanke der Überwindung und Lähmung dieses dreifachen Verteidigungssystems. Als die Tataren den mandschurischen Grenzwall überrannten, verlor dieser seine Schutzfunktion für Peking, Sübütais Einfall nach Korea schlug eine Bresche in die östliche Verteidigungslinie, blieb also nur noch die Große Mauer.

Die Schlüssel zur Mauer lagen damals in Händen der Öngüten, eines halbnomadischen Volkes türkischer Abstammung, das in den Graslandschaften der Inneren Mongolei siedelte. Durch Verträge und eine lange Tradition hatte der Goldene Kaiser sie zu Wächtern der Chinesischen Mauer bestellt.

Als vorausblickender Politiker umwarb der Khan nun zunächst die Öngüten, bis sie ihr Bündnis mit Peking aufkündigten. Der Öngütenkönig Alaquch-tägin, übrigens ein Christ, stellte sich gegen den Einspruch seiner Unterhäuptlinge auf die Seite Dschingis Khans und erhielt dafür als Gegenleistung die gesamte Innere Mongolei und die Grenzländer nördlich der Mauer, ohne daß es ihn einen Schwerthieb kostete.

Im Jahr des Drachens, 1208, hatte Prinz Wei, ein naher Verwandter des Goldenen Kaisers, Dschingis Khan in seinem Ordu besucht und war von ihm äußerst unfreundlich empfangen worden. Als der Goldene Kaiser ein Jahr später starb und eben jener Prinz Wei unter dem Namen Chung-hei den Thron bestieg, schickte er sofort eine Gesandtschaft zum

Herrscher der Mongolen, um die einst verweigerte Huldigung zu erzwingen.

»Wer ist denn der neue Regent?« erkundigte sich der Khan, als wisse er nichts von dem Thronwechsel in Peking.

Der Gesandte sagte es ihm.

»Wie das?« brauste der Khan in gespieltem Zorn auf. »Ich glaubte immer, nur ein würdiger Mann könne ein ›Sohn des Himmels‹ werden. Soll ich mich etwa vor einem Spitzbuben wie dem Prinzen Wei verneigen?«

Er spuckte nach Süden aus, in die Richtung Chinas, schwang sich aufs Pferd und ritt davon.

1211, im Jahr des Widders, rief Dschingis Khan einen großen Qurultai an den Quellen des Kerulen zusammen und gab seine Absicht bekannt, das Reich der Chin anzugreifen.

Im Frühling waren alle zur Stelle: König Bartchuq von den Uighuren brachte reichen Tribut, König Arslan von den Qarluq erschien mit seinen Männern, und König Buzar von Almaligh, der durch dringende Staatsgeschäfte verhindert war, schickte seinen Sohn.

Während der Qurultai andauerte, begab sich der Khan auf eine Wallfahrt zum Burqan-qaldun. Oben auf dem Gipfel verneigte er sich barhäuptig vor der Sonne.

»O Ewiger Himmel!« betete Dschingis Khan. »Ich habe mich bewaffnet, um das Blut meiner Onkel Okin-barqaq und Ambuqai Khan zu rächen, welche die Chin schändlich ermordeten. Wenn du meine Absicht billigst, schenke mir von oben die Hilfe deines Armes.«

Als er nach mehreren Tagen strengen Fastens und Meditierens den Berg hinabstieg, war er überzeugt, nun nach dem Willen des Ewigen Himmels zu handeln. Er schickte einen Boten nach Peking mit einem Ultimatum, in dem er vom Goldenen Kaiser Genugtuung für alle Unbill und Beleidigungen forderte, die seine Vorgänger den Mongolen zugefügt hatten. Für den Fall, daß der Kaiser die Genugtuung verweigerte, legte er gleich eine kurzgehaltene Kriegserklärung bei.

Als Überbringer der Botschaft wählte der Khan seinen Freund Dschafar Khodja aus, einen alten Baldjunier, der mit den Verhältnissen Chinas bestens vertraut war. Selbstverständlich war auch der Khan über China genau informiert, meist durch chinesische Überläufer, die sich vom Goldenen Kaiser abgewandt hatten und in die mongolische Armee eingetreten waren.

Der Goldene Kaiser Chung-hei, ein selbstbewußter Mann, nahm Dschingis Khans Ultimatum nicht sonderlich ernst. Schon wieder so ein Barbarenhäuptling, der mit seiner Stärke prahlte! Lohnte es sich überhaupt, für einen solchen Wicht die gewaltige Armee nach Norden ins unwirtliche Steppenklima zu schicken? Was hatte man von einer solchen Horde schon zu fürchten, in der sich nur die Anführer eine eiserne Rüstung leisten konnten?

Mehr Sorge bereiteten dem »Sohn des Himmels« die südchinesischen Provinzen, wo die Dynastie der Sung in ihrer Hauptstadt Hangtschou regierte. Dort saß die Großmacht, die Peking unruhig machte.

Deshalb sandte der Goldene Kaiser zur gleichen Zeit, als Dschingis Khan alle wehrfähigen Männer des Mongolenreiches zur Fahne rief, die chinesische Armee unter General Hu-sha-hu nach Süden in die Reiskammern des Sung-Reiches. Er eroberte das Land in einem Blitzkrieg, so daß die Regierung von Hangtschou sich gezwungen sah, einen jährlichen Tribut von 250 000 Unzen Gold an Peking abzuführen.

Was die Kaufkraft anbelangt, so läßt sich jene Viertelmillion mit keiner Goldwährung unserer Tage vergleichen. Das tägliche Leben war billig im China des 13. Jahrhunderts. In Peking erhielt man für eine kleine Silbermünze zwei Gänse oder drei Fasane oder aber mehrere Pfund jener schweren Shantungseide, die nicht nach Elle, sondern nach Gewicht gehandelt wurde.

Für dieselbe Münze konnte man bis zu drei Schalen des kostbaren chinesischen Porzellans erstehen, bemalt mit den zarten Farben der Pfirsichblüte, des Meeresgrüns und der Bläue des vom Regen reingewaschenen Himmels. Das Porzellan wurde auf dem Seeweg bis nach Ostafrika, Arabien und sogar nach Marokko und Spanien exportiert, denn seit Erfindung der »stets nach Süden weisenden Nadel«, also des Kompasses, besaß China, vor allen Südchina, eine beachtliche Flotte seetüchtiger Handelsschiffe.

Der Handel mit Übersee beeinflußte nahezu alle Bereiche der hochkomplizierten Wirtschaft Chinas. Bereits lange vor Dschingis Khans Zeit hatte der Mangel an Metallmünzen die Regierungen Chinas mehrmals dazu veranlaßt, Schatzbriefe und Papiergeld auszugeben. Auf den Märkten Chinas konnte man die verschiedensten exotischen Handelsgüter erstehen, und zwar nicht nur leblose Ware, sondern auch ebenholzfarbene Sklaven, die vorzugsweise von den vermögenden Familien Kantons gekauft wurden.

Der Wohlstand des Landes spiegelte sich natürlich vor allem im luxuriösen Hofleben. Der Goldene Kaiser ließ innerhalb und außerhalb Pekings prachtvolle Sommer- und Winterpaläste bauen inmitten aufwendiger Gartenanlagen. Bei den üppigen Mahlzeiten war für Unterhaltung aufs beste gesorgt. Tanzmädchen und Sängerinnen, Jongleure und Magier zeigten ihre Künste, dressierte Tiger beugten das Knie vor dem Herrscherthron, und mechanische Spielzeuge, wie jene goldenen Pfauen, die auf Händeklatschen hin zu tanzen anfingen, erfreuten die Gäste. Ibn Battuta, ein Maure aus Tanger und der größte arabische Abenteurer des Mittelalters, sah zu seinem Erstaunen bei einem Gastmahl in Südchina jenen Seiltrick, der später unter dem Namen »indischer Seiltrick« auch bei uns bekannt wurde. Dabei erklettert ein Knabe ein frei im Raum schwebendes Seil, verschwindet, wird von seinem Meister in Stücke gehauen und dann wieder zum Leben erweckt. Aber das sei, wie Ibn Battuta versichert wurde, alles nur Taschenspielerei.

Als die Chin ihren Sieg über die Südprovinzen ausgiebig gefeiert hatten, erheischte das mongolische Problem von neuem, und nun unabweisbar, ihre Aufmerksamkeit. Im Winter des Jahres 1209 gelangte die Nachricht vom Fall der Tangutenhauptstadt an den Pekinger Hof. Obwohl viele hohe Beamte auf sofortige Gegenmaßnahmen drängten, zögerte der Goldene Kaiser noch. Außerdem pflegte er Boten mit Unheilsnachrichten zu bestrafen, als hätten sie selbst das Unglück verschuldet, so daß die Kuriere und Kundschafter die ihnen in den Ordus der Mongolen widerfahrenen Beleidigungen möglichst verschwiegen oder doch beschönigten, wenn sie nicht im Gefängnis landen wollten.

Erst als Dschafar Khodja mit Dschingis Khans Ultimatum vor den Goldenen Kaiser trat und im Namen seines Herrn Sühne für alle Beleidigungen forderte, die die Chinesen den Mongolen angetan hätten, erkannte der Kaiser den Ernst der Lage. Nun, wenn jener Dschingis Khan unbedingt Krieg wollte, den konnte er haben.

Dschafar überbrachte seinem Herrn die kaiserliche Antwort.

Die mongolischen Streitmächte hatten sich bereits vollzählig an den Ufern des Kerulen und des Tola versammelt. Die ganze Mongolei befand sich im Kriegszustand. Am Altai stand ein schlagkräftiges Heer unter dem Befehl Toqutschars, einem Schwiegersohn des Khans. Temüge kommandierte die Reserve, sein Hauptquartier hatte er am Kulun-nor in der Mandschurei aufgeschlagen.

Mit zwölf Tümen rückte Dschingis Khan im Frühling des Jahres 1211 nach Süden vor. Er selbst führte das Hauptfeld an, Muqali befehligte den linken, Bo'ortchu den rechten Flügel.

In weitem Abstand voneinander zogen die drei Heeresabteilungen in Richtung der Stadt Kalgan, einem Haupttor in der Großen Mauer nordwestlich von Peking.

Nach dem langen Ritt durch die Wüste Gobi traf das Heer unter Dschingis Khan auf den Weidefeldern der Öngüten ein. König Alaquch-tägin begrüßte die Verbündeten. Den Sommer über biwakierte die Armee auf den Weiden unmittelbar vor der Mauer, bis Muqali sich mit seinen Leuten einfand und die Zahl der Reiter auf 80 000 erhöhte. Bo'ortchu und seine 40 000 Mann blieben im Westen vor der Provinz Shansi, um einen Teil der chinesischen Truppen dort festzunageln.

Von einem Hügel aus betrachtete Dschingis Khan die

Große Mauer, die einst als Verteidigungsanlage gegen die Hunnen errichtet worden war. Zweifellos war ihm die Legende bekannt, nach der ein Zauberpferd die Türme der Mauer erschaffen haben soll, indem an allen Stellen, wo sein Huf die Erde berührte, ein Turm aus der Erde wuchs, und zwar neun auf jeder Meile.

Als er erfuhr, der mongolische Eroberer halte sich vor Chinas Grenze im Land der Öngüten auf, entschloß sich der Generalstab in Peking, ihn mit einem massiven Präventivschlag in seine Schranken zu weisen. Der Kaiser gab Befehl, die Wachtruppen in den Nordprovinzen zu verstärken.

Daraufhin setzten sich große Truppenverbände in Marsch auf die öngütischen Grenzländer. Ein großes chinesisches Heer begab sich im Eiltempo in die Gegend um Foutschou, eine Stadt dreißig Meilen außerhalb der Mauer von Kalgan, in der Nähe der nördlichsten Mauerschleife.

Eine zweite, noch größere Streitmacht rückte unter der Führung Hu-sha-hus, des Siegers in Südchina, südlich von Foutschou vor in das sogenannte »Gebiet des Wildfuchses«. Ein gewaltiger Heerhaufen wälzte sich da nach Norden, wohl an die 350 000 Mann alles in allem, von denen immerhin über 150 000 Mann reine Kampftruppen gewesen sein dürften. Allein die Elitetruppe der Djürtschäten, das Rückgrat der chinesischen Armee, zählte so viele Krieger wie alle Truppen Dschingis Khans zusammen.

Im Herbst verschanzte sich die zweite Armee im Gebiet des Wildfuchses, während die erste weiter nördlich außerhalb der Mauer stationiert wurde.

Den Sommer über hatte Dschingis Khan sich durch seine Kundschafter und Spähtrupps genauestens informieren lassen, wo und in welcher Zahl sich die riesigen Heere der Chin niederließen. Er entschied nun, die Armeen getrennt anzugreifen. Zuerst zog er gegen die kleinere Abteilung zu Felde, schlug sie vernichtend und nahm die Stadt Foutschou ein, wo die Mongolen das Jagdschloß des Goldenen Kaisers plünderten. Während sie noch ihre Beute verteilten, berichteten die chinesischen Kundschafter ihrem General Hu-sha-hu:

»Der Feind ist lediglich auf Raubgut aus. Die Mongolen lassen ihre Pferde neben Foutschou auf der Weide grasen.«

Daraufhin brach Hu-sha-hu sofort nach Norden auf, die beweglichen djürtschätischen Reitereinheiten vor der schwerfälligen chinesischen Infanterie. Als er die Nachricht erhielt, daß die djürtschätischen Trupps in lockerer Schlachtordnung nahten, beschloß Dschingis Khan, sich der feindlichen Armee entgegenzustellen.

Bei Huan-erh-Tsui, einem wichtigen Paß im Wildfuchs-Gebirge, prallten die feindlichen Mächte aufeinander. Der Hagel der mongolischen Pfeile brachte die djürtschätische Vorhut zum Stehen. Muqali drängte mit dem linken Flügel vor, bis die djürtschätische Front nachgab. Gleich hinter Muqali folgte Dschingis Khan mit den Kerntruppen und seinen zehntausend Wachen, unter deren gemeinsamem Ansturm die djürtschätische Kavallerie zusammenbrach. Nach links und rechts in die Reihen der Feinde dreinschlagend preschten die Mongolen vor.

Die zurückweichenden Djürtschäten stießen auf die langsamer vorrückende Infanterie, woraufhin unter dem nichtmilitärischen Begleitpersonal regelrechte Panik ausbrach. Ohne Rücksicht auf den Nachbarn suchte jedermann sein Heil in der Flucht. Und schon bald wurden auch die Kämpfenden von Panik und Verwirrung angesteckt.

Auf der engen Paßstraße müssen sich unbeschreibliche Szenen abgespielt haben, als sich die Menschenflut wie ein reißender Strom zwischen die Felsen ergoß. Denn die einander bedrängenden und quetschenden Menschenleiber zerdrückten und zertrampelten weniger die Feinde als vielmehr die eigenen Leute. Die Stärkeren kämpften sich dabei auf Kosten der Schwächeren den Weg frei.

Die Mongolen brauchten nur die Paßhöhen zu besetzen und die blind davonstürzenden Chin wie reifes Korn niederzumähen ...

Aber nicht einmal Dschingis Khans Krieger vermochten das über dreihunderttausend Mann starke Heer an einem Vormittag auszulöschen. Ein Teil der zweiten chinesischen Armee schlug sich zum etwa fünfzig Kilometer entfernten Huiho-pao durch, wo sie mit den Überlebenden der bei Foutschou geschlagenen ersten Armee zusammentrafen.

Hu-sha-hu beriet mit den Generälen der ersten Armee, welche Sicherheitsvorkehrungen man treffen könnte. Viel Zeit zum Überlegen blieb ihnen allerdings nicht.

Auf ausgeruhten Pferden griffen die Mongolen erneut an. Und wieder wich die kaiserliche Heeresmacht, zumindest was von ihr übrig war, in wilder Flucht zurück. Hu-sha-hu entkam mit einigen tausend Leuten, andere Generäle setzten sich mit ihren Kriegern in die Berge ab.

Dschingis Khan ließ die Flüchtlinge nicht zur Ruhe und Besinnung kommen. Er setzte ihnen über Berge und Täler nach bis zur Serpentinenstraße nach Peking, wo Hu-sha-hu schließlich mehr tot als lebendig ankam.

Es bedurfte keiner langen Erklärungen. Als der Goldene Kaiser die jämmerliche Gestalt betrachtete, die sich da vor ihm niederwarf, wußte er, daß seine Nordarmee aufgehört hatte zu existieren.

Die Mongolen hatten dreimal hintereinander eine Schlacht gewonnen und dabei ein Blutbad angerichtet, das selbst heute, im Zeitalter hochentwickelter Waffen, als verheerend bezeichnet werden muß. Der Goldene Kaiser hatte seine gesamten Elitetruppen eingebüßt, in den Bergen um Huan-erh-Tsui lagen ihre Leichen wie Scheithölzer übereinandergeschichtet. Auch viele der höheren Offiziere waren gefallen.

Vor allem der Verlust der djürtschätischen Reiterei bereitete Peking Kopfzerbrechen. Aus einer Bevölkerung von über fünfzig Millionen ließen sich leicht neue Infanteristen ausheben, aber eine schlagkräftige Kavallerie kann man nicht von heute auf morgen aus dem Boden stampfen. Um die Verluste auszugleichen, erließ Peking strenge militärische Verfügungen.

Unterdessen besetzte Dschingis Khan die wichtigsten Bergpässe und eroberte alle Forts zwischen Kalgan und den grünen Ebenen Nordchinas. Er ließ Djebe den berühmten Nankou-Paß erstürmen, der in Gestalt einer kilometerlangen

Schlucht durch finster zerklüftetes Felsgebirge eine enge Schleife der Mauer gleichsam durchschneidet.

Dschingis Khan lagerte mit seiner Armee auf dem »Berg der Tiger und Drachen«, der sich etwa dreißig Kilometer von Peking entfernt über das flache Land erhebt. Bei klarem Wetter lag die chinesische Hauptstadt gut sichtbar vor ihren Augen und dahinter erstreckten sich, soweit der Blick reichte, die unermeßlichen Ebenen des chinesischen Tieflandes.

Die ausschwärmenden mongolischen Spähtrupps sahen sich erstaunt in den chinesischen Dörfern um. Hier gab es hübsche Häuschen mit gepflegten Gärten, sorgsam bestellte Felder und buntbemalte Torbogen, vielgeschossige Pagoden mit wellenförmigen Dächern und reichgeschnitztem Gebälk. Das einzige, was die Steppensöhne in dieser fremdartigen Landschaft vertraut anmutete, waren die Kamele.

Dschingis Khan erteilte General Djebe den Auftrag, die Befestigung der Stadt Peking auszukundschaften. Djebe umritt die roten, bis zu zwanzig Meter hoch aufragenden Stadtmauern und erkannte, daß seine Kavallerie gegen die mehrfachen, insgesamt bis zu vierzig Kilometer langen und an ihrer Basis zehn Meter breiten Mauern nichts ausrichten konnte.

Der Khan hatte weder die Absicht noch die Mittel, Peking zu erobern. Zunächst war ihm lediglich daran gelegen, die chinesischen Heere in freiem Feld zu schlagen und das Umland zu verwüsten.

Das von seinen Versorgungsquellen abgeschnittene Peking fror jämmerlich in jenem Winter. Ein kaiserliches Dekret gestattete sogar, wichtige Bauten aus Holz abzureißen, um die Bevölkerung auf diese Weise mit Brennstoff zu versorgen.

Im Laufe der Schlachten hatten die mongolischen Truppen viele chinesische Offiziere gefangengenommen; eine Anzahl freiwilliger Überläufer hatte sich ihnen zugesellt. Nachdem der Khan sich ihrer Loyalität versichert hatte, nutzte er ihre Kenntnisse, die für ihn unschätzbaren Wert besaßen.

So erfuhr er beispielsweise, daß kaum noch Truppen in der südlichen Mandschurei standen. Sofort schickte er Djebe, den gescheitesten seiner Generäle, zur Eroberung der Gebiete aus.

Mitten im eisigen Winter des Jahres 1212 brach Djebe mit seinem Heer zur Eroberung der Provinz Liaoning auf und rückte gegen Liao-yang vor, einer großen Stadt südlich von Mukden, dem heutigen Schenyang. Trotz seines raschen Anmarsches hatten die Verteidiger der Stadt sein Nahen bemerkt, und Djebe stand vor verschlossenen Toren. Zum Schein machte er kehrt. Die Stadt Liao-yang wähnte sich in Sicherheit und begann mit den Vorbereitungen zum chinesischen Neujahrsfest. In der Nacht stürmten die Mongolenhorden durch die für die Feier wieder geöffneten Tore, überrumpelten die Wachen und plünderten die Stadt.

Nachdem Djebe zurückgekehrt war, rief Dschingis Khan seine Generäle zusammen. Bo'ortchu hatte ebenfalls seine Mission im Westen erfüllt – die kaiserlichen Truppen der Provinz Shansi von der Schlacht bei Huan-erh-Tsui fernzuhalten. Sobald ihm die Nachricht vom Sieg der Mongolen überbracht wurde, fiel Bo'ortchu in Shansi ein und brachte als wertvollste Beute eine riesige Pferdeherde mit.

Dschingis Khan, der Nomade, war nicht imstande, über Städte und Siedlungen mit Ackerbaukultur zu herrschen. Das war auch nicht sein Ziel, ihm ging es vor allem um die strategisch wichtigen Pässe. So führte er denn sein mit Beute schwer bepacktes Heer zurück in die mit Schnee bedeckten Wildfuchsberge. Als die mongolische Nachhut über den Nankou-Paß verschwunden war, dürfte der Goldene Kaiser ähnlich wie sein Zeitgenosse, der Dichter Lu Yu, geseufzt haben:

»Mein Vaterland bleibt ungerächt,
Wann werden wir die Sieger sein?
Die dritte Nachtwache bricht an,
Schnee hüllt die Wildfuchsberge ein.«

Dschingis Khan verbrachte den Rest des Winters in der Öngütensteppe bei Dolon-nor, wo sein Enkel Kubilai Khan den berühmten Palast von Shang-tu errichten sollte.

Im folgenden Frühling erhoben sich die Ch'itan, ein weitläufig mit den Mongolen verwandtes Volk, in der südlichen

Mandschurei gegen die chinesische Vorherrschaft. Dschingis Khan sandte sofort einen Boten zu Liu K'o, dem Anführer der Aufständischen, und schlug ihm ein Bündnis vor. Freudig stimmte Liu K'o zu und schwor dem Khan in angemessener Feierlichkeit den Vasalleneid.

Mit mongolischer Unterstützung wurde Dschingis Khans neuer Gefolgsmann zum König der Südmandschurei ausgerufen.

Der chinesische Kaiser nutzte die Verschnaufpause, die ihm der Rückzug der Mongolen ins Land der Öngüten gewährte, um die ramponierten chinesischen Streitmächte wieder instandzusetzen. Aus dem unerschöpflichen Reservoir des geduldigen Chinesenvolkes füllte er die Lücken in den Reihen der Krieger auf. Die Armee am Yangtsekiang, die die Südprovinzen unter der Sung-Dynastie kontrollierte, mußte ihre besten Leute der Nordarmee zur Verfügung stellen.

Als die Truppen Dschingis Khans erneut vor Pekings Mauern erschienen, regierten Aufruhr und Chaos in der Stadt. Der General Hu-sha-hu hatte den Chin-Kaiser ermordet und dessen Neffen als Nachfolger ausgerufen.

Einige der Mongolenfürsten schlugen die Belagerung Pekings vor. Aber der Khan winkte ab. Er hatte weder die Mittel noch die Absicht, so stark befestigte Städte wie Peking zu belagern. Sein Ziel war das offene Land bis zum Gelben Fluß, das er durch konzentrisches Vorrücken seiner drei Heersäulen unterwerfen wollte. Ein kleiner Truppenteil blieb zur Bewachung und Abriegelung Pekings zurück, mit den übrigen Verbänden brach er auf gen Süden, in das Herz Chinas.

Plündernd und brandschatzend zogen die Mongolen ihres Weges. Die wehrfähigen Männer standen im Heer des Kaisers oder waren bei der Katastrophe von Huan-erh-Tsui umgekommen, so daß Dschingis Khans Leute kaum auf Widerstand stießen. Lediglich die befestigten Städte trotzten ihnen wie Felsblöcke in einem Strom, alles andere fiel dem Feuer oder dem Schwert zum Opfer.

Aber auch viele Städte ergaben sich dem Feind. Unter Dschingis Khans persönlichem Befehl stand das Hauptheer mit 60 000 berittenen Kriegern, das für Belagerungen durch die einheimische Bevölkerung verstärkt wurde. Dazu fing man alle Bauern ein, deren man habhaft werden konnte, band sie in Gruppen aneinander und trieb sie wie eine Viehherde hinter den Reitern her, bis sie vor Entkräftung fast umfielen. Bei der Belagerung einer Stadt mußten die Unglücklichen vorgehen und als erste auf die an die Mauern gelehnten Leitern steigen, als lebender Schutzschild für ihre Peiniger. Manche der Gefangenen verloren den Verstand und fielen in mörderischer Wut übereinander her, wie der Patriot Lu Yu berichtet:

»Nun höre ich von Gefangenen,
die, aneinander gebunden,
sich gegenseitig töten.
Im herbstlichen Wind
greif ich zum Degen,
mit quellenden Tränen.«

Dschingis Khan verwüstete viele kleine und größere Städte auf seinem Zug zum Gelben Fluß. Widersetzte sich eine Stadt zu hartnäckig, so umging er sie einfach.

Von Peking aus hatte das Mongolenheer über sechshundert Kilometer bis an das Ufer des Hwangho zurückgelegt, dessen braungelbe Fluten ein schier unüberwindliches Hindernis für die Truppen darstellten. Dschingis Khan folgte dem linken Flußufer in den Norden der Provinz Kiangsu. Zu jener Zeit mündete der Gelbe Fluß südlich der Halbinsel Shantung in das Gelbe Meer, wo er sich zu einer riesigen Bucht ausweitete.

Zum erstenmal im Leben erblickte der Khan den Ozean, seinen »Namenspatron«. Von der Mündung des Gelben Flusses wandte er sich nordwärts zur Eroberung der Provinz Shantung, die sich als Halbinsel ins Gelbe Meer vorstreckte.

Shantung war damals die Hochburg des konfuzianischen China. Von den Einfällen nördlicher Barbarenvölker kaum je berührt, breitete sich eine Landschaft mit blühenden Bergwiesen und murmelnden Quellen am Fuße des Taischan aus, Chinas heiligem Berg, wo Konfuzius gelehrt und meditiert hatte.

Im Westen des Berges lag und liegt Tsinan, eine hübsche Stadt mit vielen Parks, Gärten und Lotusteichen, die ihren immensen Reichtum der Produktion der berühmten schweren Shantungseide verdankte. Der Handel mit der in ganz China begehrten Seide gestattete den Patriziern und Beamten der Stadt ein Leben in Wohlstand und Luxus, wie Lu Yu sagt:

»Entzückt von Pflaumenblüte und Hibiskus
kritzle ich Verse und genieße Wein.
Mich kleiden Zobel und gestickte Seide;
ein Falke sitzt auf meinem Handgelenk,
auf meinem Schoß ein Mädchen mit geschürztem Kleide.«

Dschingis Khan unterwarf Tsinan, wohnte jedoch nicht in der Stadt, die er wie alle anderen Städte verachtete. Er ritt über das stille Land mit seinen Obstgärten und Hirsefeldern, in dem die kleinen Hütten sich hinter Zypressen versteckten und rote Tempeln aus den Tannenhainen hervorleuchteten, und wo inmitten der Azaleenbüsche viele weiße Lilien glänzten.

Wenn der Khan mit seinen Gefährten in der Abenddämmerung den bernsteinfarbenen, gewürzten Wein genoß, während vielleicht in der Ferne eine Tempelglocke läutete, mochte er wohl etwas ahnen vom Zauber eines friedlichen Lebens. Aber sobald die Gesellschaft ein paar Becher geleert hatte, erscholl wieder der wilde, heisere Ruf der Zechenden nach Lautenspielerinnen und Tanzmädchen.

Von Shantung aus setzte der Khan den Weg nach Norden fort und zog, überreich mit Gold und Silber beladen, mit Pferden und Kamelen, willigen Tanzmädchen und hübschen Knaben am belagerten Peking vorbei zurück zu den Steppen jenseits der Großen Mauer.

Bo'ortchu war inzwischen tief in die reiche Ackerbauprovinz Shansi vorgedrungen. Mit der alten, aber stets wirksamen Taktik der Mongolen griff Bo'ortchu auch in Shansi die Städte nicht aus der Richtung an, aus der sie den Einfall der Barbarenhorden erwarteten, sondern er schlug einen großen

Bogen nach Süden und überrumpelte die verblüfften Bürger mit einem Sturmangriff von hinten. Unter Bo'ortchus Attacken fielen die Städte P'ing-yang, Fentschou und Kiangtschou um wie Kegel beim Spiel. Sogar die alte Provinzhauptstadt T'ai-yüan ergab sich, die berühmt war für ihre Edelmetallproduktion und ihre Asbestfasern, die sogenannten »Fäden aus Steinseide«, die man dort zu feuerbeständigen Geweben verarbeitete.

Nachdem sie das Land nach Herzenslust geplündert hatten, kehrten Bo'ortchus Truppen schwerbepackt in die Ebene von Tatung am Rand der Öngütensteppe zurück.

Das dritte Mongolenheer unter Qasars Oberbefehl hatte die Nordroute eingeschlagen, die sie über die Flüsse Nonni und Sungari zum Amur führte, der heute die Grenze zwischen der Mandschurei und der Sowjetunion bildet. Damit war Qasar dem Wunsch seines Bruders nachgekommen. Er hatte die Mandschurei, das Ursprungsland der Chin-Dynastie, und, was weitaus wichtiger war, das Stammland der djürtschätischen Reitertruppen unter die Kontrolle der Mongolen gebracht.

Die Entfernung zwischen Qasars Armee und dem südlichsten Vorstoß der Mongolen am Gelben Fluß betrug 2500 Kilometer, eine Schneise der Vernichtung, die das sengende und mordende Nomadenheer im Laufe eines einzigen Jahres in die fruchtbare Landschaft Chinas geschlagen hatte. Lu Yu beklagte in bitteren Worten die schier endlosen Gefechte:

»Von den Grenzen her
treibt Hörnerklang
den sinkenden Mond an.
Im Sand der Schlachtfelder
leuchtet verloren
Kriegergebein.
Heut Nacht werden vielerorts
Tränen geweint.«

Die Verbotene Stadt

Das Peking der Goldenen Kaiser: Eine Fläche von mehr als hundert Kilometer im Geviert, umschlossen von hellroten, zinnenbewehrten Mauern, ein Bild des Wohlstands und der Lebensfreude. Ein Wunderland des Ostens mit Tempeln und Pagoden, Türmen und Palästen, großen Parks und versteckten Toren, die in verschwiegene Gärten führten. Die Stadt war als ebenmäßiges Viereck angelegt und hatte so gerade Straßen, daß man sie in ihrer ganzen Länge von einem Ende bis zum anderen überblicken konnte.

Pekings schönstes Bauwerk war der Wan-ning kung, der Sommerpalast vor den Mauern der Hauptstadt. In seinem Park hatte man einen künstlichen Hügel aus blaugrünem Mineral aufgeschüttet und einen großen Lotusteich angelegt. Der Palastbezirk – Vorgänger der heutigen »Verbotenen Stadt« – umfaßte mehr als hundert Bauwerke im reinsten chinesischen Stil. Sogar die Eunuchen, die »goldenen Kandelaber im Schatten des Thrones«, besaßen ihre eigenen, luxuriös ausgestatteten Unterkünfte.

Die aus allen Provinzen und Landschaften erwählten Haremsdamen erfüllten höchste Ansprüche. Schönheit allein, in China durchaus nicht selten, war noch kein Freibrief für den kaiserlichen Harem. Die jungen Damen mußten eine Prüfung in der Dichtkunst und über die Klassiker ablegen, außerdem mußten sie eine Nacht in Gesellschaft einer Hofdame verbringen, die feststellte, ob die Mädchen nicht schnarchten und am Morgen noch einen reinen Atem hatten.

Viele vornehme Chinesinnen trippelten auf verkrüppelten Füßen durchs Leben. Bereits den kleinen Mädchen aus guter Familie wurden die Zehen unter die Fußsohle zurückgebunden, denn es galt als äußerst verführerisch, wenn ein junges Mädchen auf ihren »Lilienfüßchen« hilflos einherschwankte. Nicht einmal beim allseits beliebten Spiel von »Wolken und Regen« durften die armen Geschöpfe die Seidenwickel unter den Brokatpantoffeln lockern.

Bei abendlichen Festen bot der Sommerpalast mit seinen abertausend Lichtern einen feenhaften Anblick. Chao Pingwen, ein Zeitgenosse Dschingis Khans, hat uns ein Bild davon »gemalt«:

> »Blumen ranken sich um die Mauern des Verbotenen
> Viertels,
> Über dem Lotus schwebt ein Duft, der bis in die
> Weinbecher dringt,
> Und die fünfsaitige Laute singt von des Volkes Gedeihen
> und Wohlstand.«

Im Jahre 1214 umzingelte Dschingis Khan mit seinem Heer die Kaiserstadt. Die Metropole hatte sich gewappnet, sie starrte regelrecht vor Waffen, und selbst der Palastbezirk war in eine Festung verwandelt worden. Bevor er zum Sturm blies, schickte der Khan einen Bevollmächtigten zum Kaiser mit dem Angebot, sich gegen ein angemessenes »Geschenk« zurückzuziehen.

Erleichtert zahlte der Chin-Kaiser einen wahrhaft majestätischen Tribut. Truhen voller Gold und Juwelen, zahllose Ballen feinster Seide, ganze Pferdeherden und Scharen von jungen Mädchen und Knaben wurden ins Lager des Mongolenherrschers geschickt. Als persönliches Geschenk an Dschingis Khan sandte der Kaiser die Prinzessin Kikuo, die den Eroberer von da an überallhin begleitete. Sobald der Khan mit seiner Armee und der Beute über den Nankou-Paß abgezogen war, atmete der Kaiser in Peking erleichtert auf.

Auf der Öngütensteppe erreichte den Khan die freudige Nachricht, daß ihm ein Enkel, der zweite Sohn Tuluis, geboren worden war. Das Kind, das den Namen Kubilai erhielt, wurde später von Marco Polo beschrieben als »wohlgestalteter junger Mann mit Adlernase, gerötetem Gesicht und scharfen dunklen Augen«. Die dunklen Augen und Haare überraschten den Khan, dessen Kinder allesamt hellhaarig waren. Kubilais älterer Bruder hieß *Möngke*, der »Ewige«, der später als Möngke Khan über ein Reich vom Yangtsekiang bis zur Donau regieren sollte.

Der Chin-Kaiser hatte genug von Peking, das seiner Meinung nach viel zu nah an der Grenze lag. Er entschloß sich, seinen Wohnsitz mehrere hundert Kilometer südlich ans jenseitige Ufer des Gelben Flusses zu verlegen, dessen Fluten das weitere Vordringen der Mongolen verhindert hatten. Die neue Reichsmetropole war K'ai-feng-fu, bis dahin Hauptstadt der Provinz Honan. Obwohl der kaiserliche Beschluß auf lange Sicht zweifellos von Vorteil war, erwiesen sich die unmittelbaren Folgen als sehr ungünstig: Das Heer fühlte sich vom Monarchen im Stich gelassen; ganze Abteilungen meuterten und liefen geschlossen zu den Mongolen über.

Sobald die nördlichen Paßstraßen schneefrei waren, schickte Dschingis Khan seinen Feldherrn Muqali nach Peking.

Im Frühling des Jahres 1215, genau hundert Jahre nach der Eroberung Pekings durch die Djürtschäten, stand Muqali vor den Mauern der Stadt, in der ein großes Kontingent von Chin-Kriegern sich für einen harten Kampf rüstete.

Die Belagerung zog sich über den ganzen April hin. Im Mai wurde der Wan-ning kung, der Sommerpalast, von den Mongolen erstürmt und eingenommen. In der Stadt selber herrschte bereits Hungersnot. Als die Mongolen einen von K'ai-feng-fu abgesandten und von Reserveeinheiten bewachten Lebensmitteltransport abfingen, leerte der Gouverneur von Peking den Giftbecher.

Bei der Einnahme Pekings wurde Muqali unterstützt durch den Chin-General Ming-an – ein Überläufer, der sich in der Stadt sehr gut auskannte. Ein Viertel nach dem anderen fiel in harten Straßengefechten. In ihrer Angst, von den Mongolen geschändet zu werden, warfen sich Mädchen und junge Frauen zu Zehntausenden von der Stadtmauer. Eine riesige

Feuersbrunst rötete Tag und Nacht den Himmel – einen ganzen Monat lang ohne Unterlaß, wie man sagt.

Über den verkohlten Trümmern Pekings erhob sich das Banner mit den neun weißen Yakschwänzen und der schwarzen Sonne in der Mitte, die freilich über diesen Ruinen mehr einem ausgebrannten schwarzen Loch ähnelte.

Dschingis Khan stattete Peking nur einen kurzen Besuch ab; wie schon erwähnt, mochte er Städte nicht.

Den Offizieren, die an der Belagerung Pekings teilgenommen hatten, gratulierte er zum Sieg. Einen alten Baldjunier mit Namen Chin-kai zeichnete der Khan besonders aus. Er ließ ihn den hohen Turm eines buddhistischen Tempels besteigen und in jede Himmelsrichtung einen Pfeil abschießen. Das Terrain, das die Pfeil-Ziele umschlossen, durfte Chin-kai sein Eigentum nennen.

Als der Sohn und ein Onkel des Goldenen Kaisers, die den Mongolen in die Hände gefallen waren, dem Khan vorgeführt wurden, erinnerte dieser sich an seinen Großonkel Ambaqai Khan, der von den Chinesen auf den Hölzernen Esel geschlagen worden war. Dschingis Khan ließ jedoch Milde walten und befahl nur, die Gefangenen in Ketten zu legen.

Chigi-qutuqu und zwei andere hohe Offiziere erhielten den Auftrag, die Staatskasse zu übernehmen und ein Verzeichnis der Schatzkammerbestände anzufertigen. Der ehemalige Schatzkanzler, der dabei half, bot ihnen eine hohe Bestechungssumme an, wenn sie es mit dem Zählen nicht allzu genau nähmen. Chigi-qutuqu wies ihn ab, die beiden anderen erlagen der Versuchung jedoch.

Chigi-qutuqu war kein Schwätzer. Er behielt die Sache für sich und paßte lediglich auf, daß niemand etwas von den Gold- und Silbermünzen, von den Juwelen, kostbaren Möbeln und teuren Vasen beiseite schaffte. In Kisten verpackt wurde der Schatz ins Lager des Khans verfrachtet und neben dem königlichen Zelt aufgetürmt.

Vermutlich wußte der Khan Bescheid oder die verlegenen Mienen der Offiziere, die zusammen mit Chigi-qutuqu Rapport erstatteten, sagten es ihm. Denn plötzlich fragte er:

Dschingis Khan auf der Jagd; chinesische Malerei (Paris, Musée Guimet).

»Wieviel wollte der Schatzkanzler euch geben?«

Die beiden stotterten etwas herum, gestanden dann aber die Wahrheit. Der Khan bedachte sie mit einem schweren Tadel und lobte Chigi-qutuqu, den Hüter seines Yassaq.

Wie immer hielt der Khan unter den Gefangenen nach begabten Leuten Ausschau. Diesmal fand er einen außergewöhnlichen Mann in dem Prinzen Yeh-lü Ch'u-ts'ai, der, obwohl chinesisch erzogen, seiner Herkunft nach ein Ch'itan und daher mit den Mongolen verwandt war.

Der Prinz, etwa fünfundzwanzig Jahre alt, von hohem Wuchs und mit einer klangvollen tiefen Stimme, war ein hochgebildeter Mann und gelehrter Astrologe. Wie berichtet wird, war er stolzer Besitzer eines imposanten Bartes, der ihm bis zur Gürtelschnalle reichte.

Nachdem er ihn lange gemustert hatte, kam der Khan auf sein Lieblingsthema zu sprechen: den Unterschied zwischen Ch'itan und Djürtschäten.

»Die Ch'itan sind nicht mit den Djürtschäten verwandt«, sagte er. »Im Gegenteil, die beiden Völker sind seit Urzeiten miteinander verfeindet. Ich habe deine Ahnen gerächt, Yeh-lü.«

Prinz Yeh-lü, der den Steppenkaiser nicht weniger aufmerksam betrachtete wie dieser ihn, hielt stolz dem forschenden Blick der blauen Augen stand, als er erwiderte:

»Mein Großvater, mein Vater und ich haben dem Goldenen Kaiser stets treu gedient. Ich bin kein Heuchler, der seinen früheren Herrn verrät.«

Dschingis Khan nickte zufrieden.

»Du sollst an meiner Seite bleiben«, sagte er nach einer Weile und ernannte Yeh-lü Ch'u-ts'ai zu seinem Ratgeber.

Der Ch'itan-Prinz war ganz anders als die anderen hohen Offiziere und Würdenträger. Er verachtete das Gold und die Mädchen und war nur glücklich, wenn er sich mit gelehrten Manuskripten oder Arzneien beschäftigen konnte. Für die unterworfenen Völker machte er den Vermittler und Fürsprecher bei Dschingis Khan.

Besonders heftig bekämpfte er den Plan einiger mongolischer Feldherren, welche die verweichlichten Chinesen, die weder ein Pferd satteln noch ein Zelt aufschlagen konnten, von ihren Äckern vertreiben wollten, damit aus dem Ackerland endlich wieder eine »anständige« Nomadensteppe würde.

Yeh-lü erklärte seinem neuen Herrn die Prinzipien der Landwirtschaft, wie sie damals in China betrieben wurde. Er rechnete ihm vor, welche Summe ein Stück Ackerland allein an Boden- und Handelssteuer einbrachte, dazu noch die Zehntabgaben, und drückte den Betrag in Silbermünzen und Weizensäcken aus.

Der praktischen Argumenten stets zugängliche Khan überlegte und stimmte zu. Er ließ Yeh-lü freie Hand bei der Ausarbeitung eines Steuersystems, das sich für mongolische Verhältnisse besser eignete. Auf Yeh-lü geht die Erhebung der sogenannten »Kopfsteuer« zurück, die nach und nach im gesamten Mongolenreich eingetrieben wurde.

Dschingis Khan lagerte noch vor Peking, als einer seiner Pfeilboten mit der Nachricht angeritten kam, ein Gesandter des Sultans Muhammad von Chorezm befinde sich auf dem Weg zum Beherrscher der Mongolei. Von seinen moslemischen Ratgebern wußte der Khan bereits eine ganze Menge über diesen Sultan Muhammad. Voller Ungeduld, mehr über diesen Mann zu erfahren, sah er der Ankunft des chorezmischen Gesandten entgegen.

Sultan Muhammad, der Schatten Gottes auf Erden

Malik-Schah, einer der großen Seldschuken-Sultane in Persien, hatte einen Türkensklaven aus dem inneren Afghanistan, der zum Mundschenk aufgestiegen war. Für seine Verdienste erhielt der Mundschenk Anauschtagin Gartscha die Provinz Chorezm im Süden des Aralsees. Unter seinen ehrgeizigen Nachfolgern vergrößerte sich das zunächst bescheidene Besitztum sehr rasch zum Sultanat, bis die Herrscher von Chorezm schließlich die Seldschuken in ihrer Rolle als herrschende Macht in Westasien und im Mittleren Osten ablösten.

Zur gleichen Zeit, als Dschingis Khan die Mongolenstämme unter seinem Banner vereinte und Sultan Saladin im Heiligen Land die Kreuzfahrerheere zurückschlug, eroberte Sultan Tagas von Chorezm große Gebiete des Irans und des heute russischen Zentralasiens.

Nach den Anekdoten, die von Sultan Tagas überliefert sind, dürfen wir ihn uns als gnädigen und humorvollen Herrscher vorstellen, ganz im Gegensatz zu seiner Gemahlin Turkan-khatun, die als grausam und herrschsüchtig in die Geschichte eingegangen ist.

Sultan Tagas besiegte die Armee des Kalifen von Bagdad und eroberte Buchara. Es spricht für ihn, daß er die Einwohner der besiegten Stadt mit Nachsicht und Milde behandelte.

Der Sultan starb etwa zu der Zeit, als Dschingis Khan gegen die Tataren zu Felde zog. Nach seinem Tod riß die ehrgeizige Turkan-khatun die Macht an sich und wußte es durchzusetzen, daß ihr Lieblingssohn Muhammad – er war nicht der älteste Sohn – den Thron von Chorezm bestieg.

Der neue Sultan, ein hochgewachsener Mann von angenehmem Äußeren, war seinem Wesen nach ein ganz anderer

Mensch als sein gelassener und gutmütiger Vater. Muhammad war sehr abhängig von seiner resoluten Mutter, die ihn stets daran erinnerte, wem er den Thron zu verdanken hatte. Außerdem übte Turkan-khatun einen ungewöhnlich starken Einfluß auf das chorezmische Heer aus – ein Söldnerheer, das sich aus den türkischen Nomadenvölkern zwischen Aralsee und Kaspischem Meer rekrutierte.

Einen hohen Anteil der Soldaten und Offiziere stellte das Volk der Qyptschaq, das in seiner Lebensweise und seinen Bräuchen den Mongolen ähnelte. Tatsächlich waren die Qyptschaq erst vor ein paar hundert Jahren aus den Grenzgebieten der Mongolei westwärts gewandert. Turkan-khatun verdankte ihren Einfluß auf das Heer dem Umstand, daß sie die Tochter eines Qyptschaqkhans war.

Die chorezmische Armee, etwa 500 000 Mann stark, zeigte alle Schwächen eines Berufsheeres. Beförderungen erfolgten nach einem starren langwierigen Reglement. Jeder Soldat diente im ersten Jahr als Stallknecht, dann weitere vier Jahre als einfacher Reiter. Im fünften erhielt er einen besseren Sattel, im sechsten durfte er eine Paradeuniform anlegen und im siebten wurde er, wenn er Glück hatte, zum *withak-baschi*, zum »Ältesten des Zeltes« ernannt. Erst von diesem Zeitpunkt an konnte er schrittweise in die Reihen der Offiziere aufsteigen. Hier war kein kometenhafter Aufstieg für ein militärisches Naturtalent möglich, wie es unter Dschingis Khan nicht nur vorkam, sondern fast eine Art Regel war.

Zu seinen Lebzeiten hatte Sultan Tagas sich mit einem Offizierskorps umgeben, dem er den größten Teil seiner militärischen Erfolge verdankte. Indem es sich auf Verdienste in der Vergangenheit berief und zäh an seinen Privilegien festhielt, entwickelte sich das Korps allmählich zu einer Kaste, die einen Staat im Staate bildete. Unter Turkan-khatun verstärkte sich diese Tendenz noch; die militärische Aristokratie der Chorezmier bestand zum Schluß nur noch aus Qyptschaq, von denen viele zum Klan, ja, zur Familie der Sultanmutter gehörten.

Dennoch war die chorezmische Streitmacht als Fahnenträgerin des Islams die bei weitem stärkste Kraft in den westlichen Ländern Asiens, der die vergleichsweise kleinen Heere der Syrer und Araber, die sich zudem mit den Kreuzfahrern im Heiligen Land herumschlugen, nicht das Wasser reichen konnten.

Außer den Turkvölkern dienten in der chorezmischen Armee, vor allem in den Elitetruppen, grobknochige Gebirgsleute vom Stamme der Ghor aus dem fernen Afghanistan. Die Ghoriden sprachen persisch und gehörten zum kaukasischen Typus.

Sultan Muhammad, der sich als Sendbote und Schwert des Islams auserwählt fühlte, setzte die von seinem Vater begonnenen Eroberungszüge fort. Er kämpfte gegen die christlichen Staaten im Kaukasus, vor allem gegen Georgien und Armenien, aber auch gegen seine Glaubensgenossen.

Im Jahre 1206, dem Jahr der mongolischen Einigung, schloß Sultan Muhammad Nordafghanistan seinem chorezmischen Reich an. Seinen größten Triumph errang er jedoch über die Qara-Qitai, deren Reich zwischen dem seinen und dem erstarkenden Mongolenreich lag.

Der verstorbene Vater des Sultans war ein Vasall des Qara-Qitai-Herrschers gewesen, dem er, wenn auch oft zähneknirschend, jährlichen Tribut zahlte. Tagas hatte die Qara-Qitai immer als »Puffer« zwischen sich und den wilden Mongolenhorden betrachtet. Wiederholt hatte er seinem Sohn Muhammad eingeschärft, ja keinen Streit mit den Qara-Qitai vom Zaun zu brechen, wenn er die Sicherheit von Chorezm nicht aufs Spiel setzen wolle.

Wie sich zeigen wird, hatte der alte Sultan die Verhältnisse richtig eingeschätzt. Noch in seinem letzten Willen beschwor er den Sohn und Nachfolger, sich nie gegen die Lehnsherren zu erheben und den Tribut widerspruchslos zu entrichten.

Die Qara-Qitai, die »Schwarzen Ch'itan«, waren die Nachfahren jener Ch'itan-Stämme, die einst von den Djürtschäten aus China vertrieben worden waren. Aber ihre Macht war im Schwinden. Sie waren nicht mehr das starke Volk, das Sultan

Tagas den Lehnseid aufgezwungen hatte. Außerdem wirkte die Tatsache, daß bei den Qara-Qitai eine buddhistische Oberschicht über eine vorwiegend moslemische Bevölkerung herrschte, wie ein rotes Tuch auf das religiöse Empfinden Sultan Muhammads, der sich als Fahnenschwinger des Islams zur Befreiung der islamischen Nachbarn berufen glaubte.

Im Jahre 1209 konnte Sultan Muhammad die ersten Erfolge in seinem Kampf gegen die ungläubige Oberschicht der Qara-Qitai verbuchen. Ihr Herrscher war Ch'u-lu-ku, der den Titel Gur-khan angenommen hatte. Vor nicht langer Zeit war Kütschlüg, der Sohn des letzten Naimankönigs, mit wenigen Gefolgsleuten an den Hof des Gur-khan geflüchtet. Ch'u-lu-ku hatte ihn freundlich empfangen und ihm sogar seine Tochter zur Frau gegeben. Aber der Schwiegersohn, der übrigens dem nestorianischen Glaubensbekenntnis anhing, mißbrauchte die Güte des Gur-khans und zettelte in den östlichen Provinzen seines Reichs einen Aufstand an. Er ging so weit, einen Boten an Sultan Muhammad zu schicken mit dem Vorschlag, gemeinsam gegen den Gur-khan vorzugehen und das Reich der Qara-Qitai nach dem Sieg zu teilen. Nur zu gern ging Muhammad auf dieses Angebot ein.

Unterdessen hatte sich der Aufstand wie ein Buschfeuer unter der moslemischen Bevölkerung ausgebreitet. Schließlich wurde der Buddhist Ch'u-lu-ku von dem christlichen Rebellen Kütschlüg gefangengenommen und abgesetzt.

Sultan Muhammad rückte mit seinem Heer in die Westprovinzen ein und eroberte Samarkand. Im Osten hatte Dschingis Khan bereits Uighurien und die Gebiete am Balchaschsee annektiert, so daß für Kütschlüg nur das Kernland Kaschgarien übrigblieb. Qara-Qitai als Großmacht hatte aufgehört zu existieren. Und was Sultan Tagas zeitlebens gefürchtet hatte, war eingetroffen: Das Bollwerk gegen die Mongolen wurde schwächer und schwächer. Sultan Muhammad merkte es nicht, zu sehr war er von seiner militärischen Macht überzeugt und von seinem Sendungsbewußtsein erfüllt.

Unterdessen gab Kütschlüg seinem Schwiegervater die Freiheit zurück und ließ ihm auch die Würde des Gur-khans.

Wie es wirklich am Hof des geschrumpften Qara-Qitai-Reiches zuging, schildert ein Gesandter Sultan Muhammads:

»Bei öffentlichen Audienzen sitzt Kütschlüg wie ein Kammerherr zu Füßen des Gur-khans, den er bei jeder Angelegenheit, mag sie nun wichtig sein oder nicht, um Rat fragt. Aber nur selten handelt er so, wie der Herrscher ihm rät.«

Nach zwei Jahren Scheinherrschaft starb Gur-khan Ch'u-lu-ku, möglicherweise durch Gift. Kütschlüg erbte den Harem und das Vermögen seines Schwiegervaters, das dieser auf seinen Raubzügen von Uighurien bis Indien zusammengerafft hatte.

Sultan Muhammad erinnerte an seine Hilfe bei der Thronbesteigung des neuen Herrschers und forderte einen angemessenen Anteil an Haremsdamen und Schätzen.

Kütschlüg war da jedoch ganz anderer Meinung und ließ den chorezmischen Gesandten, der die Ansprüche Muhammads überbracht hatte, in Ketten legen. Der Sultan mobilisierte daraufhin kleinere Stoßtrupps, die im Guerillastil nach Kaschgar einfallen sollten. Dem ehemaligen Naimanprinzen konnte das nur recht sein, denn in dieser Taktik war er Meister. Und obwohl er Muhammad anklagte, er führe Krieg mehr nach Art eines Verbrechers als eines Königs, erwiderte er dessen Feindseligkeiten mit gleicher Münze – allerdings mit größerem Erfolg.

Sultan Muhammad gab seine fruchtlosen Bemühungen nach einiger Zeit auf und wandte sich vorerst gen Norden, wo es wieder einmal aufsässige Qyptschaq zur Räson zu bringen galt. Und da er nun schon einmal dort war, annektierte er in Westsibirien gleich neue Territorien, durch die sich sein Reich bis an die sibirischen Grenzprovinzen des Mongolenreiches ausdehnte, ein Umstand, dem später noch große Bedeutung zukommen sollte.

Gleichzeitig nahmen die chorezmischen Generäle auf Befehl des Sultans im Süden die befestigte Stadt Ghazna ein, die südlich von Kabul an der Straße nach Kandahar liegt. Mit den Gebirgspässen, die aus dieser Gegend in das Industal hinabführen, hatte Muhammad den Schlüssel zu Indien in der

Hand. Seit langem plante er einen Einfall nach Indien, ein Ziel, das nun in greifbare Nähe gerückt schien.

Im selben Jahr kapitulierte Peking vor dem großen Herrscher der Steppenvölker.

Das Reich der Qara-Qitai war zur Bedeutungslosigkeit herabgesunken, Sultan Muhammad herrschte über den Westen, Dschingis Khan über den Osten des asiatischen Kontinents. Nur der Pamir und der kleine Landstrich Kaschgarien trennte die beiden Großmächte noch voneinander.

Innerhalb der islamischen Welt gab es für Sultan Muhammad keinen Rivalen, der sich mit ihm messen konnte. Das Reich Chorezm erstreckte sich vom Kaukasus bis an die Grenze Indiens, von Sibirien bis zum Persischen Golf. Das christliche Armenien zahlte ihm Tribut, und sogar das ferne Oman auf der arabischen Halbinsel erkannte seine Vorherrschaft an.

Mit über fünf Millionen Quadratkilometern war die Landmasse des ungeheuren Reiches größer als Indien. Das damals viel dichter als heute besiedelte Land dürfte zur Zeit Sultan Muhammads eine Bevölkerung von annähernd hundert Millionen gehabt haben.

In Groß-Chorezm ließ sich der Sultan wie ein Heldenkönig des alten Perserreiches feiern. Man verglich ihn mit Alexander dem Großen, dessen Andenken über die Jahrhunderte hinweg lebendig geblieben war und der sein Riesenreich in fast demselben Raum errichtet hatte. Sogar in offiziellen Dekreten ließ Muhammad sich als »Zweiten Alexander« rühmen. Außerdem ließ er ein Siegel anfertigen, das hinter seinem Namen den Titel »Gottes Schatten auf Erden« eingeschnitten trug.

Nach dem Vorbild anderer Sultane besaß auch Sultan Muhammad eine Fanfarengruppe, die fünfmal täglich, zu den vorgeschriebenen Gebetszeiten des *Koran*, vor den Toren des Palastes aufmarschieren und ein kurzes Musikstück blasen mußte. Da er sich jedoch für mächtiger hielt als alle anderen Herrscher, ließ er die Fanfarenweise eigens für seine Söhne blasen und wählte zu seinem Ruhm eine Melodie mit dem Titel »Alexander der Große«, die bei Sonnenauf- und -untergang von siebenundzwanzig Prinzen auf goldenen Trommeln und goldenen, mit Edelsteinen besetzten Hörnern gespielt wurde.

Jede Lebensäußerung des Sultans war von bombastischen Zeremonien begleitet. In seinem Harem warteten Hunderte von Odalisken*, ausgewählt unter den schönsten Mädchen des Landes, auf seinen Wink. Die Küchen seiner Paläste verarbeiteten unvorstellbare Mengen von Wildbret, Fleisch, Gemüsen und Früchten zu erlesenen Speisen.

Selbstverständlich hatte auch Turkan-khatun, die Mutter Muhammads, teil an den Ehren und Schätzen ihres Sohnes. Muhammad verlegte seine Hauptstadt in das eroberte Samarkand und überließ seiner Mutter die alte Metropole mit den umliegenden Provinzen als Regierungssitz, wo Turkan-khatun unter dem Titel »Fürstin des Weltalls« mit verschwenderischem Aufwand Hof hielt.

Der Wohlstand des chorezmischen Reiches spiegelte sich im sozialen wie im kulturellen Leben, das hier eine unvergleichlich höhere Stufe erreicht hatte als im zeitgenössischen Europa des Mittelalters. Die Handwerker schufen wahre Kunstwerke in Holz, Bronze und Elfenbein, die Waffenschmiede stellten schlagkräftige und zugleich prächtige Waffen her aus gehärtetem Stahl mit kunstvollen Gold- und Silberintarsien.

Das 12. und 13. Jahrhundert gehörten nicht mehr zur großen Epoche des Islams. Die Glanzzeit war vorüber, in der sich die arabische Kultur aus der persischen entwickelt und von dieser gelöst hatte und, unter griechischem Einfluß, ihre Wunderwerke der Architektur schuf sowie in den Wissenschaften und auf dem Gebiet der Literatur Meisterhaftes vollbrachte, dessen Ruf bis ins weit entfernte Spanien und Sizilien drang. Aber noch lebte der Geist der großen Zeit und wurde sorgsam gehegt und gepflegt in allen Moscheen, Hochschulen und Bibliotheken des großen chorezmischen Reiches, das mit seinen

* Weiße türkische Haremssklavinnen.

dichtbevölkerten Provinzen zu den Hochburgen des Islams gehörte.

Man lebte nicht schlecht in diesem Chorezm, wo nicht nur einige Reiche und Adlige ihr Leben genießen konnten, sondern auch das Volk am Wohlstand teilhatte. Die Männer trugen Turbane aus schneeweißem Baumwollstoff, die Frauen hauchdünne Schleier aus feinstem Seidengewebe. An den Festtagen und an Neujahr, das im März unserer Zeitrechnung gefeiert wurde, strömte das bunt gekleidete und prachtvoll geschmückte Volk auf die Ebenen vor den Toren, vergnügte sich mit Landpartien oder machte Ausflüge in die entfernteren, landschaftlich reizvollen Gegenden.

»In dieser Hinsicht«, schreibt der Chronist Nessawi, »übertreffen die Bürger der Stadt Isfahan alle anderen mit ihrem Aufwand. Bei feierlichen Anlässen sieht man sie in Gewändern aus buntem Samt, die über und über mit funkelnden Steinen bestickt sind, aus der Stadt ins Freie ziehen.«

Die Soldaten des Sultans waren gleichfalls in prächtige Galauniformen gekleidet. Tagsüber sorgten Flötenbläser, Jongleure und Tanzbären für die Unterhaltung des Volkes, in der Nacht erhellten Fackelzüge und Feuerwerk die Feststätten.

Die Hofleute kleideten sich in Brokatgewänder und wuschen die Hände in goldenen Schalen, in denen duftende Rosenblätter auf dem Wasser schwammen. Viel Zeit verbrachten sie in den Türkischen Bädern, wo man ausgiebig über die Künste der Sängerinnen, über Vierzeiler von Rudaki und Omar Chajjam und natürlich auch über Rennpferde und Jagdhunde diskutierte. Nach dem Abendgebet wurden bei einbrechender Dämmerung dicke Teppiche in den gepflegten Gärten ausgebreitet, auf denen die illustre Gesellschaft sich niederließ und bei rubinrotem Wein aus Schiras oder bei Weißwein aus Kirmith, der von *Sakis*, »Schankmädchen«, kredenzt wurde, dem Tanz der Odalisken zuschaute.

Obwohl die Moslems den *Koran* treu befolgten, wurde viel getrunken. Allerdings verbietet der *Koran* auch nicht ausdrücklich den Genuß von Wein, sondern verspricht ihn vielmehr als eine Freude des Jenseits. Das Verbot jeglichen Alkohols (*al kohl* ist ein arabisches Wort) wird nach der Überlieferung im *Hadith*, den Sprüchen des Propheten Mohammed, ausgesprochen. Wie es in Chorezm damit gehalten wurde, zeigt ein Vierzeiler des persischen Dichters Hafis:

»Trink deinen Wein und laß die Laute klingen;
Und bringt dir jemand hämisch bei,
Daß Wein ein großes Laster sei,
Sag: Allah hat Geduld in allen Dingen!«

Bereits vor der Eroberung der Stadt Ghazna im Jahre 1215 gelangte zunächst das Gerücht, dann aber ein ausführlicher Bericht über den chinesischen Siegeszug Dschingis Khans nach Chorezm.

Seit Sultan Muhammad seine islamischen Rivalen im Westen überwältigt hatte, gehörte die Eroberung Indiens und Chinas zu seinen Wunschträumen. Es ärgerte ihn, daß ihm da offensichtlich ein anderer zuvorgekommen war, noch dazu ein halbwilder Nomadenfürst. Neid und verletzter Ehrgeiz nagten an ihm. Tadsch ad-Din, einer seiner Minister, erklärt:

»Im Herzen des Sultans Muhammad hatte sich der Wunsch festgesetzt, das chinesische Reich zu erobern und dem seinen anzugliedern. Ständig erkundigte er sich bei Reisenden aus dem Osten nach den dortigen Verhältnissen. Er hegte das Verlangen, vertrauenswürdige Männer als Kundschafter in jene Gegenden zu entsenden, damit sie ihm über Zusammensetzung und Stärke des mongolischen Heeres, über seine Waffen und sonstige Kriegsausrüstung berichteten. Wir, die Diener des Sultans, haben alles versucht, um ihn durch Zerstreuung abzulenken, aber vergeblich, jene Gedanken waren durch nichts aus seinem Sinn zu vertreiben . . .«

Der Sultan ernannte Baha ad-Din, einen Mann von edler Gesinnung und Herkunft, zum Führer einer Gesandtschaft an den Hof Dschingis Khans. Das Hauptziel des Unternehmens waren genaue Informationen über den Mann, in dem Muhammad mit Recht seinen künftigen Gegner und Rivalen um die Oberherrschaft in Asien vermutete.

Außerdem war der Sultan auch am Handel interessiert, denn seit dem Einzug der Mongolen waren die chinesischen Märkte offen. Mit ausdrücklicher Genehmigung des Sultans rüsteten drei chorezmische Großhändler eine Karawane aus, die mit den typischen Landesprodukten beladen der Gesandtschaft auf dem Fuße folgen sollte.

Die Gesandtschaft brach von Samarkand auf und schlug einen weiten Bogen nach Norden, um auf diese Weise Kaschgarien – und damit Kütschlügs Räuberbanden – auszuweichen. Sie ritt am Balchaschsee entlang und zog durch die Dschungarei nach Osten, wo sie über die Mongolei und auf dem Weg über Kalgan vor Peking gelangte. Hier sahen die Männer aus Chorezm zum erstenmal mit eigenen Augen die grauenhaften Spuren von Tod und Verwüstung. Baha ad-Din schreibt:

»Als wir die Grenze nach China überschritten hatten, erblickten wir vor Peking, wo der Goldene Kaiser seinen Wohnsitz hat, einen weißen Hügel. Als wir, die Gesandten des Sultans Muhammad, darauf die Führer befragten, welcher seltsame Schnee den Hügel bedecke, senkten sie den Kopf und gaben zur Antwort, das sei kein Schnee, sondern die Gebeine der Erschlagenen, was dort weiß in der Ferne leuchte.

Und als wir ein paar Meilen weiter geritten waren, wurde die Erde dunkel und schlüpfrig von vergossenem Blut, und es dauerte lang, bis wir wieder trockenen Boden unter den Füßen spürten. Manchem von uns wurde schlecht von den üblen Dünsten, die von der Erde aufstiegen.

Vor den Toren der großen Stadt Peking sahen wir unter einer Bastei der Zitadelle Menschenknochen, die zu einem hohen Haufen aufgeschichtet dalagen. Auf unsere Frage sagte man uns, das seien die Gebeine von 60 000 Mädchen und jungen Frauen, die sich während der Erstürmung der Stadt aus Angst vor den Mongolen von den Türmen und Stadtmauern gestürzt hatten . . .

Am Tage unserer Heimkehr schickte uns der Khan eine große Anzahl seltener und kostbarer Dinge und noch andere Gaben als Geschenk für Sultan Muhammad.

›Ich bin der Regent über die Länder der aufgehenden

Sonne‹, sagte Dschingis Khan, ›und Sultan Muhammad herrscht über jene Gebiete, wo die Sonne untergeht. Wir wollen einen festen Bund der Freundschaft, des Einvernehmens und des Friedens schließen, damit die Karawanen frei zwischen unseren Ländern herüber und hinüber ziehen können und unsere kostbaren Handelswaren zu euch und die euren zu uns gelangen können.‹

Und wie er sagte, so geschah es. Ständig verkehrten Karawanen und Kaufleute zwischen unseren Ländern und tauschten Waffen, Kleider, Stoffe und viele andere wertvolle Gegenstände miteinander aus. Und Friede herrschte zwischen den Monarchen beider Länder.«

Dschingis Khan meinte es ernst mit seinem Wunsch nach Frieden und Handelsaustausch. Seit der Niederlage Chinas hatten sich die Textilien- und Weizenmengen, die China bisher an die Mongolen geliefert hatten, drastisch verringert, und der Khan hielt Ausschau nach neuen Versorgungsquellen. Er selbst empfing die chorezmischen Händler an seinem Hofe, wies ihnen neue Zelte als Unterkünfte zu und sorgte dafür, daß es ihnen auch sonst an keiner Bequemlichkeit mangelte.

Als ein Händler aus Buchara glaubte, die Mongolen übers Ohr hauen zu können und eine unangemessen hohe Summe für seine Waren forderte, ließ ihm der Khan seine Seidenstoffe einfach wegnehmen. Sein Gefährte, ebenfalls nach dem Preis befragt, antwortete rasch, er mache sein ganzes Handelsgut Dschingis Khan zum Geschenk. Dschingis Khan bedankte sich höflich und ließ dem Händler ein wenig später den fünffachen Preis für jeden Ballen überreichen. Sogar der Mann aus Buchara ging nicht leer aus.

Etwa zur gleichen Zeit, als Dschingis Khan sein Interesse den westlichen Ländern zuwandte, soll er der Überlieferung nach einen wunderbaren Traum gehabt haben, der an das vom biblischen Josef gedeutete Traumgesicht des ägyptischen Pharaos erinnert. Arabische Händler, die zur Auslegung des Traumes aufgefordert wurden, berichteten davon dem chorezmischen Chronisten Djuzdjanis, der folgendes darüber schreibt:

»Wie zuverlässige Personen bezeugten, hatte Dschingis Khan nach der Eroberung Chinas, wo er vier Jahre hindurch große Verwüstungen anrichtete, eines Nachts einen sonderbaren Traum. Er band sich einen Turban aus einem endlos langen Tuch, so daß ihm von der Arbeit des Wickelns die hocherhobenen Arme schmerzten und er so müde wurde, als trüge er einen riesigen Kornsack auf dem Kopf.

Als der Khan anderntags seine Ratgeber nach dem Sinn des Traumes fragte, antwortete einer der weisen Männer:

›Der Turban ist ein Kleidungsstück der Moslems. Fragen wir die Händler, welche Bedeutung sie deinem ungewöhnlichen Traumbild beimessen.‹

Der Führer der Handelskarawane, ein kluger Araber, antwortete ehrerbietig auf Dschingis Khans Frage:

›Seit der Prophet Mohammed, Allahs Segen über ihn!, den Turban zu seiner Kopfbedeckung erkor, ist er Kopfputz und Zierde jedes Arabers. Auch die Kalifen von Bagdad tragen den Turban. Dein Traum, mein Gebieter, mag bedeuten, daß Königreiche des Islams in deinen Besitz kommen und ihre Einwohner, die dem moslemischen Glauben anhängen, sich dir unterwerfen.‹

Die Auslegung des Traumes war ganz nach dem Geschmack des mongolischen Herrschers, der damit die Erfüllung seiner geheimsten Wünsche bestätigt sah.«

Im Jahre 1216, bevor Dschingis Khan von China aus in Richtung Norden aufbrach, befahl er dem General Samuqa, der einen Tümen anführte, den Chin-Kaiser in der neuen Hauptstadt K'ai-feng-fu anzugreifen. Der neue Regierungssitz des Goldenen Kaisers lag am Südufer des Gelben Flusses an einer Stelle, wo dieser breit wie ein Meeresarm und somit für Reiter unpassierbar ist. Samuqa zog flußaufwärts nach Westen, bis er eine Furt fand. Bei dieser Gelegenheit drang er tief in die Provinz Shensi ein und plünderte die alte Stadt Hsian am Ufer des Kun Ming, der heute Weiho heißt. An der Stelle, wo der Weiho in den Gelben Fluß mündet, eroberten die Mongolen die Festung Tungkwan, damals wohl die stärkste Bastion Chinas, wenn nicht ganz Asiens. Schließlich zog das Heer mordend und plündernd solange nach Osten weiter, bis es die Ebene von K'ai-feng-fu erreichte.

Vor den Mauern der Stadt K'ai-feng-fu erkannte der erfahrene Feldherr Samuqa bald, daß die hervorragend befestigte und mit ausreichendem Vorrat versehene Stadt für ihn uneinnehmbar war. Als dann noch von mehreren Seiten her chinesische Truppen gegen ihn vorrückten, wurde seine Situation allmählich prekär. Schon sah es so aus, als säße Samuqa mit seinen Kriegern in der Falle, als zu seinem Glück während eines plötzlichen Kälteeinbruchs der Gelbe Fluß zufror. Samuqa entkam über das Eis und kehrte zum Khan zurück.

Bevor es galt, neue, große Aufgaben in Angriff zu nehmen, wollte der Khan noch eine alte Rechnung ein für alle Male begleichen: Nach seiner Rückkehr aus China entschloß er sich, die wenigen in der Kirgisensteppe nördlich des Balchasch- und Aralsees umherziehenden Merkitenklans auszurotten. Die Durchführung der Angelegenheit überließ er Sübütai.

Der einäugige, in vielen Schlachten erprobte Feldherr erhielt eine völlig neue Ausrüstung, zu der auch mit Eisenplatten beschlagene Kampfwagen gehörten, Vorläufer unserer Tanks. Im Frühling des Jahres 1216 machte sich Sübütai vom Lager am Kerulen aus auf den Weg und erreichte nach einem Marsch von fast zweitausend Kilometern das Gebiet des Tarbagatai-Gebirges, wo sich die Merkiten gewöhnlich aufhielten. Doch sie hatten sich rechtzeitig in die kahlen Steppen nördlich des Balchaschsees geflüchtet, wohin die Mongolen ihnen nun nachsetzten.

Sübütai folgte ihnen mit seinem Heer weitere tausend Kilometer über die öde Taiga und die vereisten Moosfelder Westsibiriens bis in die Gegend von Turgaj im Norden des Aralsees, ein Gebiet, das bereits zum Territorium des chorezmischen Sultans Muhammad gehörte ...

In jenem Frühling erholte sich Sultan Muhammad in der Stadt Buchara von den Regierungsgeschäften. Er hatte Sorgen. Seit er jene Gesandtschaft zu Dschingis Khan geschickt hatte, gab es Streit zwischen ihm und seiner Mutter Turkan-khatun, der es gelungen war, die hohe Geistlichkeit auf ihre Seite zu ziehen.

Der Sultan, dem viel am inneren Frieden gelegen war, gab schließlich nach. Er erfüllte den Wunsch seiner Mutter und erklärte seinen jüngsten Sohn, den ihm eine Frau aus dem Klan Turkan-khatuns geboren hatte, zu seinem Erben und Nachfolger. Damit brachte er jedoch seinen ältesten Sohn Dschelal ad-Din gegen sich auf, dessen afghanische Mutter Turkan-khatun nicht leiden konnte.

Den Zwist mit der Priesterschaft trieb er ebenfalls nicht auf die Spitze, sondern schickte nur die ihm am gefährlichsten erscheinenden Würdenträger ins Exil, unter ihnen den Imam Sadr-Dschahan von Buchara, der sich dem Sultan gegenüber ähnlich anmaßend und intrigant verhalten hatte, wie dereinst der Schamane Köktchü gegenüber Dschingis Khan.

Muhammad versuchte nun, all diese leidigen Angelegenheiten in den Frühlingsgärten Bucharas zu vergessen. Er jagte in den Bergen, deren Gipfel noch schneebedeckt waren, und lauschte abends dem Gesang schöner Mädchen:

»Den Becher in der Hand,
Die Locken gelöst,
Verschoben das Gewand,
Die Brust entblößt.«

Mehr oder weniger aus Langeweile entschloß sich Sultan Muhammad zu einem Vergeltungsschlag gegen Kütschlüg und verließ an der Spitze eines Heeres seine Hauptstadt Samarkand. Unterwegs erreichte ihn die Nachricht, Merkitenhorden hätten die Grenzen seines Reiches überschritten und hielten sich nördlich des Aralsees auf. Der Sultan änderte daraufhin seine Pläne und schwenkte mit den Truppen nach Norden um.

Bei Djend meldeten die Eilboten, den Merkiten folge eine mongolische Armee auf dem Fuße. Der Sultan zeigte sich erfreut und forderte Verstärkungstruppen an, um, wie er sagte, »zwei Hasen mit einem Hieb zu erschlagen«. Als die Hilfstruppen eintrafen, verfügte er über eine 60 000 Mann starke Kavallerie, mit der er sich eiligst in den Norden seines Landes begab.

Von seinen Soldaten hatten nur wenige schon mal von diesen nördlichen Landstrichen gehört, geschweige denn sie je betreten. Ein chorezmischer Offizier schrieb darüber:

»Der Sultan drang weit nach Norden bis in das Land der Mitternacht vor, wo nachts der Himmel nicht finster wird, sondern im Zwielicht verharrt. Man ahnt, wie die Sonne unter dem Horizont von West nach Ost wandert, bis sie nach wenigen Stunden wieder über dem Horizont erscheint.«

Die moslemischen Krieger verwirrte das Phänomen, da sie nicht wußten, wann sie ihre Gebete verrichten sollten, wenn die Sonne nicht richtig auf- und unterging. Schließlich einigten sich die Gelehrten, man könne das Beten vor dem Einschlafen lassen, wenn der richtige Zeitpunkt dafür nicht zu ermitteln sei.

Als die Tage der Mitternachtssonne vorüber waren und man sich wieder nach den Tageszeiten richten konnte, gelangte die chorezmische Armee in eine Gegend, wo zahllose Leichen umherlagen. Ein Überlebender, der mehr oder weniger zufällig entdeckt wurde, berichtete dem Sultan, daß zwischen den Merkiten und Mongolen eine große Schlacht stattgefunden habe, in welcher die Merkiten besiegt und niedergemetzelt wurden. Danach seien die Mongolen in eben die Richtung davongeritten, aus der sie gekommen waren.

Der Sultan nahm die Verfolgung auf und holte die Mongolen in wenigen Tagen ein. Er lächelte verächtlich, als er die an Zahl unterlegene Reiterschar auf ihren struppigen kleinen Pferden sah. Überrascht stellte er fest, daß die Helme und Rüstungen der Mongolenkrieger nicht aus Eisen, sondern aus Leder waren.

Als sich die Truppen gegenüberstanden, ritt Sübütai vor und bat um eine Audienz beim Sultan. Er entschuldigte sich, daß er bei der Verfolgung der Merkiten chorezmisches Gebiet habe betreten müssen, doch habe er keine andere Möglichkeit gesehen, mit diesen Räubern abzurechnen. Und wenn man es recht überlege, so habe er, Sübütai, dem Sultan sogar einen Dienst erwiesen, indem er sein Land von diesem Gesindel befreit und die Nordprovinzen vor Zerstörung bewahrt habe.

Der Sultan bestand jedoch darauf, als Strafe für die Verletzung seiner Hoheitsrechte ein Exempel zu statuieren.

»Du sagtest mir«, sprach der Sultan, »dein Khan habe dir nicht befohlen, gegen mich zu kämpfen. Mir dagegen hat Allah der Allmächtige es zur Pflicht gemacht, alle Ungläubigen zu bekriegen. Mongolen oder Merkiten, ihr seid mir alle gleich. Rüste dich zum Gefecht!«

Dschelal ad-Din stand schweigend neben seinem Vater, dessen Lieblingssohn er war, obwohl ihn jener auf Drängen Turkan-khatuns bei der Erbfolge übergangen hatte. Dschelal ad-Din hatte türkische Gesichtszüge, aber die dunkle Hautfarbe seiner afghanischen Mutter.

Unter Trommelwirbel und dem hellen Klang silberner Trompeten formierte sich die chorezmische Armee zur Schlachtordnung. In der weiten sibirischen Steppe boten die Schwadronen und Divisionen ein herrliches Bild mit ihren tänzelnden Pferden, den Helmbüschen und den aufblitzenden Krummsäbeln. Bunte Seidenfahnen flatterten dem Heer Sultan Muhammads voran, das sich in seiner ganzen Pracht vor den Mongolentruppen aufbaute, die bereits eine Schlacht und mehrere tausend Kilometer Wegstrecke hinter sich gebracht hatten.

Unter dem Befehl Dschelal ad-Dins drang der rechte Flügel der Moslems vor und warf die Mongolen zurück. Auf der anderen Seite behielten die Mongolen die Oberhand und drängten ihrerseits die Krieger des Sultans in die Defensive, so daß die Schlacht bald mehr und mehr einem wirbelnden Strudel glich. Muhammad selbst geriet in Gefahr und wurde nur durch das beherzte Eingreifen seines Sohnes gerettet. Der jeweils siegreiche rechte Flügel der einen Armee schlug auf den schwachen linken der anderen ein, bis die hereinbrechende Dämmerung den Kampf unmöglich machte. Die Heere trennten sich, ohne daß eine Entscheidung gefallen war.

Während der Sultan fest entschlossen blieb, die Schlacht anderntags fortzusetzen, machte sich Sübütai mit den Seinen im Schutz großer Lagerfeuer aus dem Staube.

Durch Sübütais Rückzug hatte Sultan Muhammad die

Schlacht zwar gewonnen, die Disziplin und Härte, mit der die Mongolen gegen seine Übermacht gekämpft hatten, verfehlten jedoch nicht ihren Eindruck auf ihn. »Noch nie in meinem Leben«, so erklärte Muhammad, »bin ich in einer Schlacht so kühnen und entschlossenen Kriegern begegnet.«

Ritt über das Dach der Welt

Abermals überwand Sübütai Tausende von Kilometern sibirischer Wildnis, ehe er im Spätherbst wieder in der Zeltstadt Dschingis Khans eintraf. Aufmerksam lauschte der Khan den Berichten seiner Krieger, und sein Respekt vor Sultan Muhammad wuchs. Trotz der Niederlage wünschte er Frieden und plante deshalb, eine Abordnung nach Buchara zu entsenden. Als diese sich schließlich auf den Weg machte, hatte sich das politische Bild Südwestasiens gewandelt.

Im Land zwischen Tigris und Euphrat, dem heutigen Irak, herrschte der Kalif von Bagdad, ein Nachfahre des aus *Tausendundeiner Nacht* berühmten Harun al-Raschid, ein Mann, der den Mantel des großen Propheten um die Schultern trug. Seine Stellung in der islamischen Welt war vergleichbar der Rolle, die der Papst im Mittelalter für die christliche Welt spielte: geistliches Oberhaupt und weltlicher Fürst in einem. Nun stellte Sultan Muhammad die Forderung, der Kalif solle sich auf seine geistliche Macht beschränken und einen Teil seiner weltlichen Güter dem Reich von Chorezm überantworten, kurzum: Er solle ihm Bagdad abtreten. Damit erneuerte der Sultan nur eine alte Forderung seiner Vorgänger, der großen Seldschuken-Sultane, als deren legitimer Nachfolger er sich betrachtete.

Die Kalifen regierten schon lange nicht mehr ihr Reich, sondern hielten lediglich Hof in Bagdad als mehr oder weniger gefügige Marionetten der Mamelukengarde, einer türkischen Wachtruppe, die von Harun al-Raschids Sohn aufgestellt worden war und die sich im Laufe der Zeit Herrscherrechte über die nachgiebigen Kalifen angemaßt hatte. Aber hin und wieder begehrte ein Kalif von starker Persönlichkeit gegen ihre Bevormundung auf und weitete seinen Machtbereich über die Palastmauern aus. Der Kalif en-Nagir war ein solcher Mann.

Auch darin ähnelte Kalif en-Nagir den zeitgenössischen Päpsten, die sich mit Erfolg gegen die Kaiser des Heiligen Römischen Reiches durchzusetzen wußten. Kaltblütig und berechnend hatte der grausame Kalif viele Mitglieder seiner Familie, der Abbasiden, wegen geringfügiger oder gar keiner Anlässe in den Kerker werfen lassen. Und wer einmal hinter den Mauern des Bagdader Gefängnisses saß, verließ es nicht mehr für den Rest seines, meist nur noch kurzen, Lebens.

Die Stadt Bagdad am Tigris enthielt wahre architektonische Wunderwerke in Gestalt schlanker Minarette und behäbiger, mit reichen Ornamenten verzierter Kuppelbauten. Der Palast des Kalifen, mit allem Luxus und Pomp des Zeitalters ausgestattet, zog sich kilometerlang hin mit Gärten voll seltener Tiere und Pflanzen, in deren künstlich angelegten Teichen es von exotischen Fischen nur so wimmelte.

Der Gebieter der Gläubigen verließ den Palastbezirk nur einmal im Jahr, wenn er auf einem weißen Maultier zur Großen Moschee ritt. Singend und tanzend jubelte ihm das Volk auf der Straße zu, wenn der mit Edelsteinen reich geschmückte Kalif sich der Menge zeigte. Über seinen Turban hatte er den schwarzen Schleier der Abbasiden gelegt als Zeichen seiner Demut vor Gott und als Mahnung, wie rasch alle Pracht und weltliche Würden in das Dunkel des Todes überwechseln – *sic transit gloria mundi.*

Seit Jahren schon lagen der Fürst von Bagdad und der Herrscher von Chorezm miteinander in Streit. Kalif en-Nagir hatte Sultan Tagas, den Vater Muhammads, grundlos der Rebellion und des Verrats bezichtigt, worauf dieser sein Heer gegen die Truppen Bagdads ausgeschickt hatte. Die chorezmische Streitmacht siegte, und ihr General sandte das abgeschlagene Haupt des feindlichen Kommandeurs seinem Herrn in die chorezmische Hauptstadt. Bevor Tagas seinen Plan, Bagdad zu erobern, jedoch verwirklichen konnte, ereilte ihn der Tod.

Nun wiederholte sein Sohn Sultan Muhammad die Aufforderung, der Kalif möge seine weltliche Macht an Chorezm abtreten. Der Kalif lehnte dieses Ansinnen rundweg ab. In seinen Methoden nicht weniger skrupellos als der Sultan, dingte der Beherrscher der Gläubigen eine Bande von Wegelagerern, die den chorezmischen Statthalter im Irak ermordeten. Er verbündete sich mit Kütschlüg, dem Erzfeind des Islams, und ermutigte ihn zum gemeinsamen Angriff auf Muhammad. In Ghazna wurden sogar Beweise dafür gefunden, daß der Kalif auch die afghanischen Emire zum Aufstand gegen den Sultan angestachelt hatte.

Im Jahre 1217, nach dem Gefecht mit Sübütai, übergab Sultan Muhammad die verräterischen Schriften der geistlichen Obrigkeit seines Landes, damit sie den Kalifen seines hohen Amtes für unwürdig erklärten und an dessen Stelle ihn selbst als einzigen rechtmäßigen Verteidiger des Islams, des wahren Glaubens an Allah, anerkannten. Kalif en-Nagirs Name wurde aus den Gebeten gestrichen, sein Münzgeld für ungültig erklärt.

Der Sultan ging noch weiter und stellte einen Gegenkalifen auf, einen Mann, der in gerader Linie von Ali, dem vierten islamischen Kalifen abstammte, der von Millionen Moslems als der einzige legitime Nachfolger des Propheten verehrt wird.

Der Sultan glaubte, sich dadurch die rechtliche Grundlage für die Eroberung Bagdads verschafft zu haben.

Die Vorhut der chorezmischen Armee überwand den Schah-Paß westlich von Hamadan und schlug ihr Lager am Rande des Iranischen Hochlandes auf, bereit, jederzeit in die mesopotamische Tiefebene, die Wiege so vieler alter Kulturen, hinabzusteigen.

Zum Glück für den hart bedrängten Kalifen, der das Unheil durch Protest- und Bittbriefe abzuwenden versuchte, fiel der Winter mit Schneestürmen und Frost ins Gebirge ein. Muhammad zog seine Truppen vorerst zurück in der Absicht, bei günstiger Witterung mit größeren Kontingenten zurückzukehren.

Der Überlieferung nach soll der Kalif von Bagdad auch an Dschingis Khan eine geheime Botschaft abgesandt haben, in der er den ungläubigen Mongolenkhan zum gemeinsamen Vorgehen gegen seinen Glaubensbruder aufforderte. Beweise dafür existieren zwar nicht, doch scheint es angesichts des hinterhältigen Charakters von en-Nagir keineswegs ausgeschlossen. Ob und was der Khan antwortete, ist ebenfalls nicht bekannt.

Dschingis Khan war trotz Sübütais Niederlage nach wie vor bestrebt, gute Beziehungen zum chorezmischen Hof herzustellen. Er schickte eine Karawane nach Chorezm, die außer Handelsgütern eine Menge Geschenke für den Sultan mitführte, darunter einen Goldklumpen »groß wie der Höcker eines Kamels«, ferner Ballen feinster chinesischer Seide, Edelmetalle, Elfenbein, Moschus, Jade und jene Stoffe aus leichtem weißem Kamelhaar, für deren Herstellung die Tanguten berühmt waren.

Mit Ausnahme des mongolischen Gesandten Uquna, der die Karawane anführte, waren alle Teilnehmer Moslems, sogar die begleitenden Wachtruppen. Es dürften rund vierhundertfünfzig Männer mit über fünfhundert Kamelen gewesen sein, die sich auf den Weg machten zur chorezmischen Hauptstadt. Die Kamele Mittelasiens sind den arabischen »Wüstenschiffen« an Kräften überlegen und vermögen eine Last von dreihundert bis vierhundert Kilogramm viele Tage hindurch über schwieriges Gelände zu transportieren, so daß man sich ungefähr vorstellen kann, welche Werte da mit der Geschwindigkeit weit ausgreifender Kamelschritte nach Westen schaukelten.

Die kleine Gruppe der Gesandten ritt der Lastkarawane voraus und erreichte im Frühling 1218 Buchara, den Regierungssitz des Sultans. Zunächst versuchte Muhammad, die moslemischen Abgesandten Dschingis Khans zum Übertritt in seine Dienste zu bewegen, aber als dies nichts fruchtete, übergab er ihnen ein Dokument, das seinen Willen zum Frieden ausdrückte.

Mittlerweile war die Lastkarawane nach Otrar am Syrdarja, einer Grenzstadt nahe dem heutigen Taschkent, angelangt, wo sie von den Leuten des chorezmischen Gouverneurs Inaltchiq angehalten wurde. Inaltchiq war ein Vetter Sultan Muhammads, der in Otrar mit einer Kavallerie von 20 000 Mann die Grenze bewachte.

Inaltchiq beschuldigte die moslemischen Händler Dschingis Khans, sie seien Spione, und ließ sie festnehmen. Ein Eilbote, den er vorsichtshalber zum Sultan schickte, kehrte mit dessen Einwilligung zurück: Sein Vetter möge mit den vermeintlichen Verrätern nach Gutdünken verfahren.

Mehr brauchte Inaltchiq nicht. Er gab Befehl zu einem Massaker, dem nur ein einziger Kamelknecht entkam, der sich rechtzeitig in einer Feuerstelle versteckt hatte. Es gelang ihm, auf Schleichwegen die Stadt zu verlassen und die Schreckensnachricht Dschingis Khan zu überbringen.

Einen Teil der geraubten Güter behielt Inaltchiq für sich, den größeren Teil schickte er nach Buchara zum Sultan, der die Gegenstände, die er nicht für seine Schatzkammer auswählte, mit großem Gewinn verkaufen ließ.

Als Dschingis Khan von der Ermordung seiner Leute erfuhr, schloß er die Kleidertruhe auf und legte jene Gewänder an, die er vor dem chinesischen Krieg auf seiner Wallfahrt zum Burqan-qaldun getragen hatte. Auch diesmal pilgerte er auf den heiligen Berg und brachte dort sieben Tage mit Gebet und Fasten zu, um den Beistand des Himmels zu erbitten.

Er entschloß sich, die letzte Entscheidung über Krieg oder Frieden Muhammad zu überlassen. Falls Inaltchiq gegen den Willen seines Herrn gehandelt hatte, so mochte Muhammad ihn bestrafen. Tat er es nicht, so war ein friedliches Auskommen mit ihm offensichtlich nicht länger möglich.

Zum Überbringer des Ultimatums bestimmte der Khan einen Mann namens Bughra, der chorezmischer Herkunft war und dessen Vater unter Sultan Tagas gedient hatte. Mit zwei mongolischen Begleitern brach Bughra nach Samarkand auf, wobei er um Otrar und Inaltchiq einen großen Bogen machte.

Während der Audienz bei Sultan Muhammad forderte

Bughra seinem Auftrag gemäß Genugtuung für das Blutbad von Otrar, »andernfalls, so läßt Dschingis Khan dir sagen, ist das Leben deiner Untertanen keine Kupfermünze mehr wert«.

Der Sultan dachte nicht daran, den Vetter für seine Tat zur Rechenschaft zu ziehen, und ließ Bughra töten. Den beiden Mongolen, die ihn begleitet hatte, ließ er die Bärte abrasieren und schickte sie so zu Dschingis Khan zurück.

Damit gab Sultan Muhammad das Signal zu einer Vernichtungsorgie, wie sie die Welt bisher noch nicht gesehen hatte.

Dschingis Khan übereilte nichts. Er war gut informiert über die Streitkräfte des Sultans und unterschätzte ihre Stärke keineswegs. Umsichtig bereitete er den Krieg mit Chorezm vor. Zuerst mußte er Kütschlüg aus dem Weg räumen, damit dieser ihm nicht unerwartet in den Rücken fallen konnte. Kütschlüg herrschte nach wie vor über das Kernland des ehemaligen Qara-Qitai-Reiches, dessen westliche Provinzen der Sultan annektiert hatte.

Unter dem Befehl Djebes sandte der Khan ein zwei Tümen starkes Heer nach Westen vor die Stadt Almaligh. Dort wandte sich Djebe nach Süden, fiel in die Gartenlandschaft Qara-Qitais ein und eroberte die alte Metropole Balasaghun, damals eine recht bedeutende Stadt in der sogenannten »Zuckerschale« des heutigen Russisch-Zentralasiens in der Nähe von Frunse. Djebe nannte die Stadt, die sich kaum widersetzte, *Gobalik*, die »schöne Stadt«.

Djebe gewährte seinen Kriegern und ihren Pferden eine Ruhepause, setzte in Gobalik einen mongolischen Statthalter ein und folgte dann Kütschlüg, der sich nach Kaschgarien abgesetzt hatte.

Das Vorhaben der Mongolen wurde dadurch erleichtert, daß Kütschlüg sich durch seine Grausamkeit viele Feinde im eigenen Land geschaffen hatte. Er selbst war nestorianischen Glaubens und hatte eine Buddhistin zur Frau genommen. Mit ihr gemeinsam verfolgte er die Moslems in seinem Lande wegen ihres Glaubens. Als der oberste Imam von Chotan dagegen Einspruch erhob, ließ er ihn an das Holztor seiner Moschee kreuzigen. Die Nachricht von dieser Greueltat gelangte bis zu den Kreuzfahrerheeren im fernen Palästina, die in Kütschlüg einen Kampfgefährten sahen.

Geschickt nutzte Djebe den Haß der Moslems gegen Kütschlüg für seine Zwecke aus und machte sie zu Bundesgenossen, indem er ihnen völlige Religionsfreiheit versprach. Und da die mongolischen Krieger sich im Gegensatz zu den Soldaten Kütschlügs außerdem sehr gesittet und diszipliniert betrugen (Djebe hatte jegliche Plünderung und Belästigung der einheimischen Bevölkerung aufs strengste untersagt), wurden sie bald überall als willkommene Befreier von dem Tyrannen Kütschlüg begrüßt.

Kütschlüg floh durch das Tal des Naryn zum Pamir, wo Djebe ihn am Rande der Hochebene, an den Quellen des Oxus, des heutigen Amu-darja, einholte und in die Enge trieb. Auf dem Pamir-Plateau, das die höchste Ebene der Welt ist – im Durchschnitt etwa so hoch wie der Montblanc – und von Persern und Afghanen »Dach der Welt« genannt wird, endete die Menschenjagd an den entlegenen Ufern des Sariq-qol. Eine Jägergruppe stöberte den Flüchtigen in seinem Versteck auf und tötete ihn. Den Kopf Kütschlügs brachten sie zu Djebe.

So endete der Naimanprinz Kütschlüg, dem wohl ein glänzendes Schicksal beschieden gewesen wäre, wenn Dschingis Khan nicht immer wieder seinen Lebensweg gekreuzt hätte.

So rasch wie möglich verließ Djebe die unwirtliche Hochebene und stieg hinab zu den Weiden, wo sich die Pferde von den Strapazen des Gebirges erholen konnten. Ein paar Männer schickte er mit dem Kopf Kütschlügs voraus. Bereitwillig öffneten die Städte ihre Tore, und das überwiegend moslemische Turkestan feierte die Mongolen als Retter vor dem gewalttätigen Nestorianer.

Unter den riesigen Pferdeherden in Kaschgar wählte Djebe für seinen Herrn und Freund tausend Pferde aus, die die gleiche Blesse auf der Nase trugen wie jenes Schlachtroß Dschingis Khans, das Djebe vor vielen Jahren unter ihm weggeschossen hatte.

Die Nachricht von den neuesten Eroberungen der Mongolen fand im gesamten islamischen Bereich starken Widerhall. Innerhalb kürzester Zeit hatte ein Mongolenfeldherr seinen Feind auf schwierigstem Gelände verfolgt und geschlagen, einen Feind, den selbst der mächtige Sultan Muhammad nicht völlig besiegt hatte. Der schamanengläubige Mongole hatte Moslems befreit, die der Sultan, der sich »Schatten Allahs« nannte, nicht zu schützen vermocht hatte. Mehr noch, waren nicht die Opfer des Blutbads von Otrar, das der Sultan zwar nicht befohlen, aber doch gebilligt hatte, mit einer Ausnahme Anhänger des islamischen Glaubensbekenntnisses gewesen?

Sultan Muhammad, der Beherrscher des chorezmischen Reiches, hatte das Recht verwirkt, den *djihad*, den »heiligen Krieg« gegen die Ungläubigen zu führen.

Bevor er sich nach Westen begab, bestätigte Dschingis Khan den Feldherrn Muqali in seinem Amt als Statthalter der chinesischen Provinzen. Der Khan war dem General in Freundschaft verbunden und bewunderte dessen außergewöhnliches politisches und militärisches Talent. Als Vizekönig hatte Muqali unumschränkte, fast kaiserliche Verfügungsgewalt. Außerdem stand ihm das Recht zu, Dschingis Khans neunschwänzige Standarte mit der schwarzen Sonne als Feldzeichen zu führen.

»Wenn Muqali meine Standarte emporhebt«, sagte der Khan, »so ist das, als wäre ich selbst anwesend.«

Chin-kai erhielt den Auftrag, in den Argunbergen eine Kolonie chinesischer Kunsthandwerker zu gründen. Der jüngste Bruder des Khans, Temüge, bekam das Kommando über die Mongolei mit dem Hauptquartier am Buir-nor, Qasar erhielt die Provinzen am Amur. Der Ch'i-tan-Prinz Liu-ko bestieg als König den Thron seiner mandschurischen Heimat.

Nachdem er so die Verwaltungsprobleme gelöst hatte, blieb noch die heikle Frage der Nachfolge – Dschingis Khan war mittlerweile immerhin dreiundsechzig Jahre alt geworden. Das Problem der Nachfolge schloß zugleich die Frage ein, ob Gutschi, den Börte bald nach ihrer Rückkehr von den Merkiten geboren hatte, nun der leibliche Sohn Dschingis Khans war oder nicht. Dschingis Khan hatte nie danach gefragt, Börte und Bo'ortchu hüteten sich ebenfalls, davon zu sprechen, obwohl es ihnen auf der Zunge brannte. Jedermann wartete angespannt.

Als ein Streit zwischen Gutschi und seinem Bruder (oder Halbbruder) Tschaghatai ausbrach, rief letzterer wütend in Gegenwart seines Vaters aus: »Der Merkit da!« Nun war die Katze aus dem Sack, und es war an Dschingis Khan, sie wieder einzufangen.

Der Khan, der den Charakter seiner Söhne seit langem gründlich studiert hatte, bestimmte Ügedai zu seinem Nachfolger. Leider hatte keiner der Söhne das Charisma des Vaters geerbt, doch Ügedai war intelligent, großmütig und gerecht. Er war der geeignete Mann, um die jähzornigen Mongolenfürsten im Zaum zu halten. Allerdings hatte Ügedai auch eine große Schwäche: das Trinken.

Zu Ügedais Stellvertreter ernannte der Khan seinen jüngsten Sohn Tului, der von früher Jugend an eine große militärische Begabung gezeigt hatte. Freimütig und bescheiden willigte Tului ein: »Ich werde wie die Reitpeitsche stets an der Seite meines Bruders sein.«

Gutschi behielt sein Amt als oberster Jagdherr, ein bei den Mongolen ja sehr wichtiger Posten. Der eigensinnige Tschagatai wurde zum Obersten Hüter des Yassaq eingesetzt anstelle von Chigi-qutuqu, der den Oberbefehl über eine Armee erhielt.

Außer den Kindern Börtes, seiner Hauptgemahlin, hatte Dschingis Khan noch viele Söhne und Töchter von seinen Nebenfrauen und Konkubinen, denen er je nach ihrer Eignung mehr oder minder bedeutende Verwaltungsposten zuwies.

Seine zweite Frau, Qulan, besaß das Vorrecht, ihn auf seinen Feldzügen zu begleiten.

Die mongolischen Streitkräfte standen in voller Kriegsbereitschaft, als Dschingis Khan seine Verbündeten durch Sendboten über das Verhalten Sultan Muhammads informieren ließ. Der Sultan, der sich nach dem Vorgehen der Mongolen gegen Kütschlüg bereits in Sicherheit wähnte, ahnte nicht, welche Katastrophe von Osten her über sein Land hereinbrechen sollte.

Sultan Muhammad berief den Kriegsrat zur Erörterung der Lage ein, als ihn die Kunde von den vordringenden Mongolentruppen erreichte. Ein hoher Offizier schlug vor, man solle die gesamte Streitmacht Chorezmiens, mehrere hunderttausend Mann, entlang dem Ufer des Syr-darja aufstellen. In einer Art natürlicher Verteidigungslinie würde es den ausgeruhten Heeren des Sultans ein Leichtes sein, die vom langen Marsch durch die Wildnis erschöpften Feinde aufzuhalten und vernichtend zu schlagen.

Der Sultan lehnte ab. Er fürchtete den Klan der militärischen Machthaber nicht minder als die fremden Eindringlinge. Wie leicht konnten sich die Generäle einer solchen geballten Heeresmacht nach dem Sieg über die Mongolen gegen den eigenen Herrn wenden. Seine ständig intrigierende Mutter Turkan-khatun machte nach wie vor ihren Einfluß in der Armee geltend, und die aufmüpfige Geistlichkeit lauerte nur auf eine Gelegenheit zur Rebellion.

Außerdem wußte niemand, an welcher Stelle Dschingis Khan angreifen würde. Er hatte alle Vorteile der Offensive auf seiner Seite und konnte mit seiner wendigen Streitmacht die Truppen des Sultans leicht umgehen oder an einer Stelle die Phalanx durchbrechen.

Muhammad beschloß deshalb, seine Armee im Landesinneren aufzustellen, das sich übrigens für einen Verteidigungskrieg hervorragend eignete. Ihm unterstanden Truppenverbände von insgesamt einer halben Million Kriegern, von denen er einen Teil zur Verteidigung der nördlich gelegenen Städte abkommandierte. Auch dann noch blieb ihm ein Heer, das den Mongolen zahlenmäßig weit überlegen war, und das er hinter dem Schutzschild des breit dahinfließenden Oxus bereithielt. Er hoffte, die Gefechte mit den befestigten Städten würden die Kampfkraft der Mongolen bis dahin so weit geschwächt haben, daß er sie mit seiner Übermacht vernichtend schlagen könnte.

Die Schlüsselstädte Buchara und Otrar versah Muhammad gleichfalls mit starkem Truppenaufgebot. In Otrar standen 50 000 Mann unter dem Oberbefehl Inaltchiqs, in Samarkand waren 110 000 postiert. Zum Schutz der Vorstädte Samarkands ließ der Sultan einen achtzig Kilometer langen Ringwall aufschütten. Zur Finanzierung des gewaltigen Projekts erhob er die dreifache Jahressteuer. Außerdem plante er eine schlagkräftige Bürgerwehr zur Verstärkung des Heeres.

Sultan Muhammads letzte Amtshandlung im Norden seines Reiches bestand in einer Inspektionsreise durch die befestigten Städte, vor allem Samarkand, wo der Bau des Ringwalls nur langsame Fortschritte machte. Mit bitterer Ironie bemerkte der Sultan, die Mongolen würden das Gebilde mit einem Peitschenknall wegfegen.

Danach begab er sich in den Süden und richtete sein militärisches Hauptquartier in der Stadt Balch ein, dem antiken Baktra im heutigen Afghanistan. Seine Entscheidung hatte vor allem auch symbolische Bedeutung, denn Baktra war die Residenz Alexanders des Großen gewesen, als dessen Nachfolger sich Sultan Muhammad immer noch betrachtete. Und rühmte man ihn nicht allerorten mit dem Ehrentitel »Alexander der Zweite«?

Dritter Teil

»Wird nicht ein großer Name von mir künden?« 1219-1221

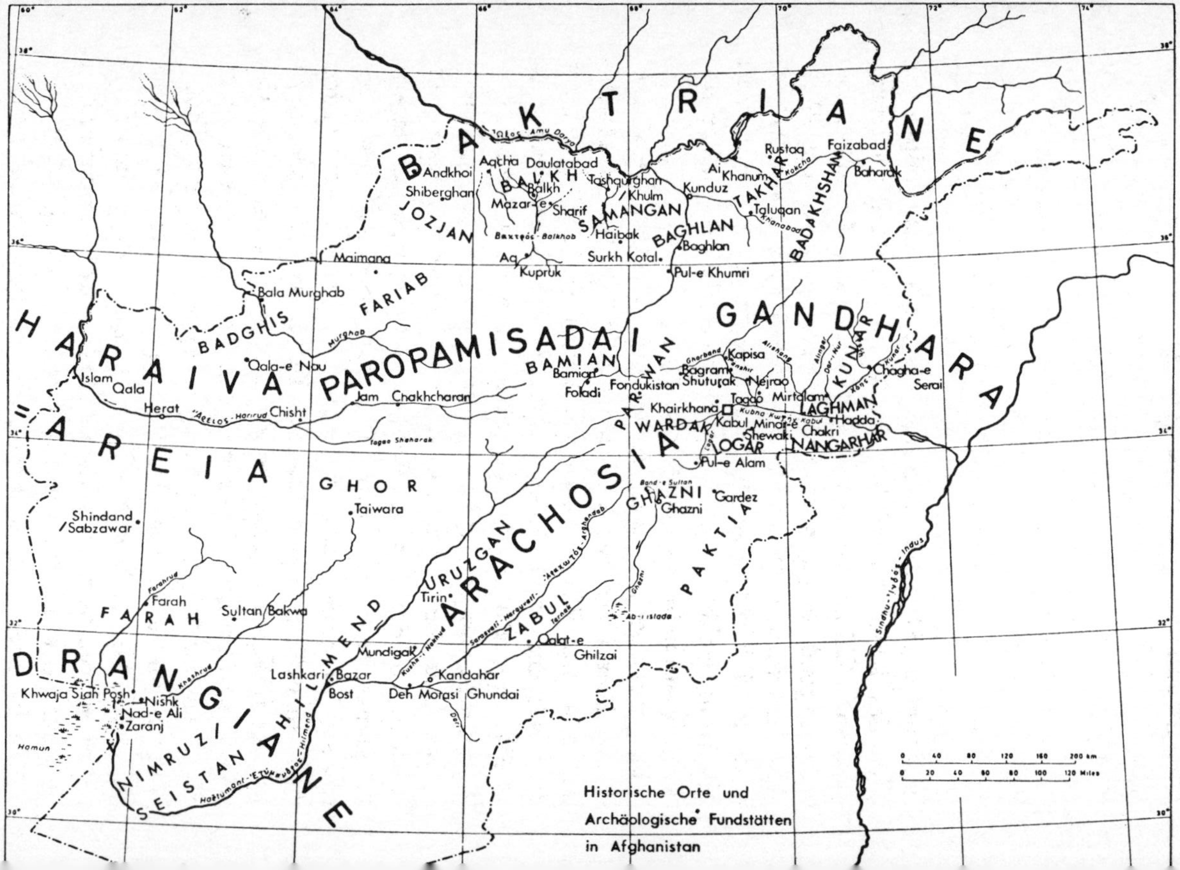

Historische Orte und
Archäologische Fundstätten
in Afghanistan
BAKTRIANE
HARAIVA
=AREIA
PAROPAMISADAI
GANDHARA
ARACHOSIA
DRANGIANE
BALKH
JOZJAN
SAMANGAN
TAKHAR
BADAKHSHAN
BAGHLAN
FARIAB
BADGHIS
BAMIAN
PARWAN
WARDAK
LOGAR
LAGHMAN
NANGARHAR
KUNAR
GHOR
GHAZNI
PAKTIA
URUZGAN
ZABUL
FARAH
HILMEND
NIMRUZ
SEISTAN
Andkhoi
Shiberghan
Aqcha
Daulatabad
Balkh
Mazar-e Sharif
Tashqurghan
Khulm
Haibak
Kunduz
Ai Khanum
Rustaq
Taluqan
Faizabad
Baharak
Maimana
Aq Kupruk
Surkh Kotal
Baghlan
Pul-e Khumri
Bala Murghab
Qala-e Nau
Islam Qala
Herat
Chisht
Jam
Chakhcharan
Bamian
Foladi
Fondukistan
Bagram
Shuturak
Kapisa
Nejrao
Tagao
Mirtalam
Khairkhana
Kabul
Minar-e Chakri
Shewaki
Hadda
Chagha-e Serai
Pul-e Alam
Gardez
Ghazni
Band-e Sultan
Taiwara
Shindand /Sabzawar
Farah
Sultan Bakwa
Tirin
Mundigak
Lashkari Bazar
Bost
Kandahar
Deh Morasi Ghundai
Qalat-e Ghilzai
Khwaja Siah Posh
Nishk
Nad-e Ali
Zaranj
Hamun
Amu Darya
Murghab
Harirud
Balkhab
Kokcha
Khanabad
Ghorband
Panjshir
Alishang
Alingar
Dar-i-Nur
Kunar
Kabul
Logar
Tagao Shaharak
Farahrud
Khashrud
Hilmend
Arghandab
Tarnak
Dori
Ghazni
Ab-i-istada
Sindhu - Indus
0 40 80 120 160 200 km
0 20 40 60 80 100 120 Miles

Aufbruch im Morgengrauen

Im Sommer 1219 stand Dschingis Khan mit seinen Tümen am Ufer des Irtysch unweit der Stelle, wo heute die Grenzen Rußlands, Chinas und der Mongolei aufeinanderstoßen. Die hervorragend ausgerüstete Streitmacht lagerte in den Wäldern und auf den Wiesen der Flußlandschaft. Jeder Krieger besaß zwei Pferde zum Wechseln. Sogar das kritische Auge des Mongolenkhans ruhte mit Wohlgefallen auf seiner Armee, die sich in bester Verfassung befand.

Er gebot über ein Heer von 150 000 gutbewaffneten Männern – überflüssige Versorgungstruppen pflegten die Mongolen nicht mitzuführen – und eine Menge gepanzerter Wagen. Neu war ein aus Chinesen rekrutiertes Technikerkorps von 10 000 Spezialisten für Belagerungsmaschinen unter dem Kommando von Chang Jung, einem Fachmann aus Shantung.

Das Korps setzte sich aus hochqualifizierten Technikern zusammen, von denen jeder ein Meister auf seinem Gebiet war. Sie konstruierten und bedienten Ballisten* und Pfeilwurfmaschinen, Sturmböcke und Mauerbrecher, Katapulte und andere Kampfmaschinen, mit denen man Festungsmauern zerschmettern und Wehrtürme zum Einsturz bringen konnte. Die Geschosse der Artillerie bestanden aus Stein- oder Eisenkugeln, die man mit Werg und Lumpen umwickelte, mit Naphta übergoß, und dann angezündet in das belagerte Gebiet katapultierte. Die größten Maschinen konnten riesige Steinblöcke von mehreren hundert Kilogramm Gewicht emporschleudern, die alles niedermähten, was sich ihnen in den Weg stellte.

Die Brunnen und Zisternen des Feindes verseuchte man

* Antikes Wurfgeschütz.

durch Kadaver oder Giftstoffe, ja, sogar giftige Tiere dienten oft als Waffe. Wie man sieht, sind biologische Waffen durchaus keine Erfindung der Neuzeit.

Den Sommer des Jahres 1219 verbrachte Dschingis Khan am Irtysch mit Kriegsvorbereitungen, zu denen die Ausarbeitung einer umfassenden Taktik gehörte. Außerdem sollte noch ein Kontingent von Tanguten sich dem mongolischen Heer anschließen. Aber kein Mann vom Kuku-nor oder aus der Hauptstadt traf am Irtysch ein.

Der Tangutenkönig hatte nämlich auf den Rat Aschagambus, Dschingis Khans Erzfeind, gehört: Vielleicht kam der Khan nicht mehr aus Chorezm zurück, dann konnte man das verhaßte Joch endlich abschütteln. Tanguten kriegte er jedenfalls nicht.

So brach der Khan mit seiner Armee in der Morgendämmerung eines frühen Herbsttages nach Westen auf. Die Rache am König der Tanguten verschob er auf später.

Die schweren Kriegsmaschinen wurden auf Wagen transportiert – in Einzelteile zerlegt – und von eigenen Wachtrupps begleitet. An steilen Berghängen spannten sich zusätzlich Reiter mit ihren Pferden vor die Wagen, und wo unwegsames Gelände es erforderte, legten die chinesischen Ingenieure Straßen aus Felsschotter an. Außerdem bauten sie unterwegs nicht weniger als achtundvierzig Brücken, auf denen jeweils zwei Wagen nebeneinander Platz hatten.

An den Straßen wurden in regelmäßigen Abständen Depots angelegt, auf deren eingelagerte Munitions- und Proviantvorräte *karajin*, besondere »Wachtposten«, achtgaben. Die Niederlassungen dienten gleichzeitig als Pferdestationen für die Kuriere, mit denen der Khan die Verbindung zu den anderen Teilen seines Landes aufrechterhielt.

Langsam vorrückend gelangte das mongolische Heer in die Steppe von Qayaligh, eine breite, von den Bächen und Flüssen des Tienschan bewässerte Ebene, etwa achthundert Kilometer vom Irtysch entfernt, die nach Nordwesten zum Balchaschsee hin abfällt. Hier machten die mongolischen Streitkräfte nochmals Rast, ergänzten ihre Vorräte aus der reichen

Ernte von Almaligh und sammelten Kräfte vor der anstrengenden Wegstrecke durch die wasser- und vegetationslose Wüste Ak-kum im Süden der Hungersteppe. Das nächste Wasser gab es erst wieder am Syr-darja, der äußeren Verteidigungslinie Sultan Muhammads.

Große Schaf- und Pferdeherden wurden der Armee voran in die Wüste getrieben, wo selbst an den kleinsten Wasserlöchern mongolische Posten Wache standen. Als Führer dienten ortskundige Moslems, die auch als Dolmetscher und Vermittler zwischen den Mongolen und den Bewohnern der Oasen fungierten.

Erst als die gefährliche Route auf diese Weise gesichert war, marschierte die Vorhut des Heeres los.

In einigem Abstand folgte die Hauptmasse. Endlos schien der Weg über den ausgebrannten harten Boden, an dem kahle Felsen wie die Wände eines Feuerofens aufragten. Danach kamen Sanddünen, über die die Pferde ihre Wagen wie Schiffe durch das unaufhörliche Auf und Ab einer glühenden Wellendünung zogen. Sogar die Kamele, diese sonst so wüstentüchtigen Lasttiere, litten unter der für die Jahreszeit ungewöhnlichen Hitze.

Geduldig ertrugen die Mongolen alle Entbehrungen und Mühsal, die ihnen Klima und Landschaft auferlegten, bis endlich erstes Grün die Nähe des Syr-darja anzeigte. Nach neunhundert Kilometern Wüstenmarsch erreichten sie die Grenze des großen chorezmischen Reiches. Bald wurden in der Ferne die Kuppeln und Minarette sichtbar, die über den weißen, mit hellem Grün bewachsenen Mauern der Stadt Otrar in den Himmel ragten. Das erste Ziel, Otrar am ungeschützten Ufer des Syr-darja, war erreicht.

»Die Feinde erschienen bei Otrar an der Grenze«, schreibt der persische Chronist Djuzdjanis, »an dem nämlichen Ort, wo die Gewalt ausgesät wurde. Nun trug sie Frucht. Trotz des langen und ermüdenden Rittes waren die Kraft und die Unerschrockenheit, die Allah der Armee Dschingis Khans verliehen hat, ungebrochen, so daß sich die Krieger nach einem dreimonatigen, entbehrungsreichen Weg durch die Wüste nur kurz ausruhten und alsbald die Grenztruppen des Sultans angriffen.«

In Otrar standen, wie bereits gesagt, 50 000 Mann unter Inaltchiqs Befehl. Die Stadt war ein wichtiges Bollwerk in der Verteidigungslinie entlang des Syr-darja, und ihr Fall würde dem Feind den Weg ins chorezmische Reich öffnen. Der Sultan beorderte daher rasch weitere 10 000 Krieger zur Verteidigung der bedrängten Stadt.

Unter Djebe und Sübütai griff die mongolische Vorhut als erstes die chorezmische Postenkette entlang des Flusses an, sowie die am Ufer beheimateten Stämme.

Bis zu den Stadtmauern drang das Weinen und Wehklagen jener Unglücklichen, die auf dem freien Land von den Mongolen überrascht wurden. Ohne Rücksicht auf Alter und Geschlecht hieben sie alles mit dem Säbel nieder, was in ihre Reichweite kam.

Ein wenig später traf Dschingis Khan mit dem großen Heerhaufen ein. Er ließ sofort die Verteidigungsanlagen begutachten und erkannte, daß die Belagerung der Stadt ein schwieriges Unterfangen sein und voraussichtlich längere Zeit dauern würde. Der Khan ließ die Katapulte auf ihre Fahrgestelle montieren und zur Bombardierung der massiven Mauern ausrichten.

Inaltchiq hatte gut vorgesorgt. Als Anstifter des Blutbades wußte er genau, was ihn erwartete, wenn er in die Hände der Mongolen fiel. In höchster Eile ließ er zusätzliche Türme für die Bogenschützen hochziehen, rationierte die Lebensmittel und die Munition und ging in seiner Grausamkeit so weit, daß er die zum Kampf unfähige Bevölkerung, die Alten, Kranken, Frauen und Kinder vor die Tore in den sicheren Tod schickte, um alle unnützen Esser loszuwerden.

Angesichts der ungewissen Belagerungsdauer beschloß Dschingis Khan, sein Heer zu teilen. Mehrere Tümen ließ er zur Belagerung Otrars zurück, während er selber ins Herz des chorezmischen Reiches, nach Buchara und Samarkand, vorstoßen wollte. Damit ihm die befestigten Städte auf seinem Zug nicht in den Rücken fallen konnten, mußte er sie entweder einnehmen oder wenigstens durch Belagerungstruppen in Schach halten.

Eine Abteilung unter Gutschi schickte er flußabwärts zur Stadt Dschend, eine kleinere Truppe von 5000 marschierte in die entgegengesetzte Richtung zu den Zentren Benaket und Khodjend. Damit hatte er die wichtigsten Städte im Tal des Syr-darja unter Kontrolle.

Nach Djebe und Sübütai, die ihnen mit der Vorhut den Weg freischlugen, rückten Dschingis Khan und sein Sohn Tului in Eilmärschen ins Landesinnere nach Buchara vor.

Unterdessen hatte Gutschi die Stadt Signachi erreicht, die er zur Übergabe aufforderte. Als Unterhändler schickte er einen Freund seines Vaters, den Moslem Hassan, der seit den Tagen der Baldjuna einen Ehrenposten unter den Beratern des Khans innehatte. Als Hassan an der Spitze einer Deputation die Stadt betrat, wurde er von der Menge gelyncht.

Erzürnt über den Mord am alten Freund seines Vaters nahm Gutschi die Stadt im Sturm. Alle Soldaten und mehr als die Hälfte der Bürger mußten für Hassans Tod mit ihrem Leben bezahlen. Erschrocken über das Schicksal der Stadt Signachi ergaben sich die anderen Städte rasch und ohne Gegenwehr.

Lediglich Dschend, die letzte und wichtigste Stadt am Syrdarja bis zu seiner Mündung in den Aralsee, leistete Widerstand. Die Belagerer vertrieben die Wachtposten durch einen Pfeilhagel und schoben dann tragbare Brücken über die Stadtgräben. Sie bauten Rammböcke und Katapulte vor den Toren und Mauern auf. Nachts schleuderte man mit Hilfe dieser Katapulte große Steinblöcke und Kessel mit brennendem Naphta in die Stadt. Die mongolischen Stoßtrupps stürmten über die Brücken vor und erklommen über angelehnte Leitern die Stadtmauer, wo sie ohne nennenswertes Blutvergießen die Stadt in Besitz nahmen und neun Tage lang zur Plünderung freigaben.

Fortan herrschte Ruhe am Unterlauf des Syr-darja. Gutschi schlug sein Lager in der Ebene vor der Stadt auf und wartete auf weitere Befehle seines Vaters.

Die kleine, aber ausgewählte Schar von 5000 Berittenen, die flußaufwärts nach Benaket unterwegs war, hatte ebenfalls ihr Ziel erreicht. Benaket war in jenen Tagen eine große Handelsstadt inmitten einer Landschaft von Obstgärten, in denen Pfirsiche, Granatäpfel und Quitten wuchsen. Es lag am Zusammenfluß des Angren und des Syr-darja, etwa fünfzig Kilometer südlich des heutigen Taschkent. Die militärisch schlecht abgesicherte Stadt ergab sich nach dreitägiger Belagerung den unaufhörlich anstürmenden Mongolen. Die jungen Leute wurden zusammengetrieben und mußten später, bei der Belagerung von Khodjend, als lebender Schild vor ihren Besiegern einhermarschieren.

Khodjend am Oberlauf des Syr-darja ist der östlichste Ort, den Alexander der Große auf seinem Zug durch Asien erreichte. Hier gründete er eine der vielen Städte mit seinem Namen, *Alexandria eschata*, »die Entfernteste«. Auf neueren Landkarten findet man sie unter dem Namen *Leninabad*.

Wie die meisten orientalischen Städte bestand Khodjend aus einer Zitadelle, einem Stadtkern und den Vororten. Die Zitadelle enthielt das Gefängnis, in der Innenstadt stand die Große Moschee, und im Bereich der Vororte lag der Palast des Gouverneurs, damals ein noch junger, hochbegabter türkischer Offizier namens Timur-melik.

Timur-melik hatte die heranrückenden Mongolen erwartet und darum alle Brücken einreißen, die Straßen verbarrikadieren, die Ernte einsammeln oder verbrennen und das Vieh rechtzeitig forttreiben lassen. Dennoch vermochte er seine Stadt nicht lange gegen den Ansturm der Feinde zu halten, die mit ihren Wurfmaschinen riesige Felsblöcke und, als diese ausgingen, sogar Meilensteine über die Mauern katapultierten. Timur-melik flüchtete mit seinen Leuten auf eine abgelegene Flußinsel, wo er ein altes Fort rasch instandsetzen ließ.

Als ihm die Mongolen anders nicht beikommen konnten, begannen sie, einen Damm zu errichten. Bei der Arbeit wurden viele Krieger und alle Gefangenen eingesetzt. Dennoch ging der Bau nur langsam voran, denn der Fluß war tief und die Strömung reißend.

Außerdem schaute Timur-melik nicht tatenlos zu, sondern ließ etwa ein Dutzend Flußbarken bauen. Das Filzdach der Barken wurde mit einer dicken Lehmschicht bedeckt und mit Weinessig durchtränkt, so daß es gegen Pfeile wie Feuergeschosse gleichermaßen unempfindlich war. Jede Nacht machte er mit dieser kleinen Flottille einen Ausfall, griff die Dammbauer an und zerstörte ihre Arbeit vom Tag.

Mit einer derartigen Hartnäckigkeit konfrontiert, forderte der Anführer der Mongolen Verstärkung an. Zwei Tümen und 50 000 Gefangene kamen ihm zu Hilfe, so daß Timur-melik schließlich in die Enge getrieben wurde und seinen Fuchsbau verlassen mußte. Im Schutz der Dunkelheit ließ er die Barken mit der Strömung flußabwärts treiben.

Als die Mongolen seine Flucht bemerkten, sprengten sie längs des Ufers voran und spannten bei Benaket eine eiserne Kette über den Fluß. Auch diesmal war das Glück auf Seiten der Flüchtlinge, und es gelang ihnen, die Kette rechtzeitig durchzufeilen. Nach einem waghalsigen Landemanöver oberhalb der Stadt Dschend entkam Timur-melik mit seinem Gefolge auf mitgeführten Pferden.

Sie flohen durch das rötliche Sandsteingeröll der Wüste Kizil Kum an das Ufer des Aralsees, das fest in den Händen der chorezmischen Streitkräfte war.

Die lange Belagerung der Stadt Otrar ging zu Ende. Schon lagen die äußeren Bollwerke in Schutt, und die Rammböcke und Mauerbrecher dröhnten gegen die innere Stadtmauer. Hinter ihnen standen die Katapulte, die ihre todbringenden Geschosse in den Stadtkern schleuderten.

Inaltchiq verteidigte sich mit dem Mut der Verzweiflung. Immer wieder versuchte er, durch plötzliche Ausfälle in die Nähe der Belagerungsmaschinen zu gelangen und sie zu zerstören – aber vergeblich. Bald war die erste Bresche in die Mauer geschlagen, und die Mongolen drangen in die Stadt ein.

Inaltchiq hatte sich in der stark befestigten Zitadelle verschanzt. Nachdem die Angreifer die Brustwehr überwunden hatten, erwartete sie ein Labyrinth aus dunklen Gängen und engen Durchschlüpfen, wo sich jeweils nur zwei Gegner gegenüberstanden, so daß eine Handvoll entschlossener Männer sich lange gegen eine Übermacht behaupten konnte. Trotzdem mußten die Verteidiger Schritt für Schritt zurückweichen und den Eindringlingen das Feld überlassen. Noch von der obersten Terrasse aus schoß Inaltchiq mit Pfeilen auf die Mongolen, die strengsten Befehl hatten, ihn nicht im Kampf zu töten; einem Meuchelmörder gebührte kein ehrenvoller Tod. Zuletzt wurde er in die Enge getrieben, überwältigt, in Ketten gelegt und in Begleitung einer Wachttruppe zu Dschingis Khan ins Landesinnere gebracht.

Die Belagerung von Otrar hatte fünf Monate gedauert. Der Syr-darja, die Verteidigungsfront des chorezmischen Reiches, war auf eine Länge von über dreitausend Kilometern in der Hand der Mongolen. Die Abteilungen am Syr-darja brachen ihre Lager ab und folgten in Eilmärschen dem Khan, der nach heftigen Gefechten die Hauptstadt erobert hatte und nun im *Kök Serai*, dem »Blauen Palast« Sultan Muhammads, residierte.

Heerführer Dschingis Khans, vielleicht Djebe; chinesische Malerei (Paris, Musée Guimet).

Der Fall von Buchara und Samarkand

Mittlerweile war der Winter gekommen. Dschingis Khan und sein Sohn Tului überquerten ohne Zwischenfall den Syr-darja, der vermutlich zugefroren war.

Die erste Stadt am Westufer war Zarnuq, die sich ohne Widerstand ergab. Die Festungsanlagen wurden geschleift, die jüngeren Männer eingefangen und als Hilfstruppen für die Belagerung der nächsten Stadt mitgeführt.

Zwischen dem Syr-darja und der Stadt Buchara erstreckt sich die Wüste Kizil Kum, ein rund vierhundert Kilometer breites, wasserloses Gebiet mit rötlichen Sanddünen. Dschingis Khan ließ sich von ortskundigen türkmenischen Karawanenführern einen weniger bekannten Weg führen, der später den Namen »Route des Khans« erhielt.

Nachdem sie etwa drei Viertel des Marsches hinter sich gebracht hatten, traf Sübütai mit der Vorhut auf die Oase Nurata, die wegen eines Heiligtums weithin bekannt war. Sübütai bat nur um Wasser, Lebensmittel für seine Leute und Futter für die Pferde, bevor er den Weg nach Buchara fortsetzte.

Bald darauf erschien Dschingis Khan mit der Hauptmacht. Der Gouverneur der Oase überbrachte ihm eilig die Schlüssel der Stadt Nurata, aber der Khan forderte lediglich eine Geldsumme, die der jährlichen Steuer für den Sultan gleichkam. Sie wurde ihm bereitwillig gewährt und in Münzen und goldenen Ohrringen ausbezahlt. Ohne in der Oase Schaden anzurichten zog das mongolische Heer weiter zu den klaren Wassern und den üppigen Gärten der Stadt Buchara.

Buchara, die grandiose und mächtige alte Stadt an den Ufern des *Serawschan*, des »Goldenen Stromes«. Wie alle Städte im persischen Reich besaß sie eine Zitadelle, deren Mauern wohl eine Gesamtlänge von anderthalb Kilometern maßen. Nach außen hin schlossen sich die Innenstadt und die Vororte an. Die innere Stadt umgab eine feste Mauer mit sieben Toren, darunter das »Eiserne Tor« und das »Tor der Gewürzhändler«. Das »Samarkander Tor« führte nach Osten, das »Tor von Chorasan« nach Westen.

Die außergewöhnlich breiten Straßen Bucharas waren mit Steinen aus den Warkabergen gepflastert. Ständig herrschte großes Gedränge. Wenn man durchs Tor der Gewürzhändler die Stadt betrat, führte die »Straße der Trunkenbolde« nach links zu einer imposanten Moschee, die ehemals ein christliches Gotteshaus gewesen war. Zahllose Paläste säumten die Märkte, auf denen das mondförmige Brot aus Buchara, Reis, Getreide, Blumen und vielerlei andere Lebensmittel und Gebrauchsgüter gehandelt wurden.

Der Serawschan, der Goldstrom, floß mitten durch die Stadt. Sein Lauf wurde durch ein ausgeklügeltes System von Schleusentoren gelenkt, mit deren Hilfe man den Wasserspiegel nach Wunsch heben oder senken konnte. Im vornehmsten Stadtviertel, »Goldbringender Fluß« genannt nach dem Wohlstand, den die Stadt dem wertvollen Wasser verdankte, stand die Akademie der Wissenschaften, für die Buchara berühmt war, sowie die prächtige Große Moschee.

Man schrieb die ersten Tage im Februar des Jahres 1220, als die Bürger Bucharas von den Stadtmauern die Kampftruppen des gefürchteten Eroberers herannahen sahen. Er umzingelte mit seinen Tümen die Stadt und ging sofort zum Angriff über. Drei Tage lang hagelte es Steinkugeln und brennende Naphtageschosse aus allen Richtungen.

Die 30 000 Mann starke Verteidigungsmacht Bucharas hielt dem massiven Ansturm nicht lange stand. Am dritten Tag versuchten die belagerten chorezmischen Truppen einen Ausfall, durchbrachen den Ring der Angreifer und flüchteten Hals über Kopf nach der Stadt Balch in Afghanistan, wo sich Sultan Muhammad zu jener Zeit aufhielt. Sobald sich die Mongolen von ihrer Verblüffung erholt hatten, setzten sie den

Flüchtlingen nach und erschlugen die meisten. Nur wenige entkamen über den Oxus und erreichten Balch.

Die Bürgerschaft der Stadt Buchara war nun auf Gedeih und Verderb den Mongolen ausgeliefert und hatte keine andere Wahl, als sich zu ergeben. Die weltliche und geistliche Obrigkeit der Stadt begab sich geschlossen ins Lager Dschingis Khans und nahm alle Bedingungen an. Sie öffneten die Stadttore und lieferten die Beamten und Anhänger Muhammads aus.

Nur das Militär leistete noch Widerstand. Als die Mongolen am Morgen des 10. Februar 1220 in Buchara einzogen, blieben die Tore der Zitadelle geschlossen. Ein General namens Gur-khan hatte sich mit vierhundert Leuten in der Zitadelle verbarrikadiert, die erst nach weiteren zwölf Tagen erstürmt werden konnte.

Ungeklärt ist die Identität jenes Gur-khan. Der Überlieferung nach soll er ein mongolischer Fürst gewesen sein. Es ist nicht ausgeschlossen, daß sich hinter seiner Person der einstige Djadjirathäuptling Djamuqa verbirgt, um dessen Tod sich ebenfalls mehrere, einander widersprechende Legenden ranken (s. S. 140).

Dschingis Khan ließ alle Befestigungsanlagen Bucharas schleifen. Er forderte eine sehr hohe Geldbuße und darüber hinaus alle Kostbarkeiten an Gold, Silber und Edelsteinen, denn die Stadt war berühmt für ihren Reichtum.

> Als er nach Buchara einritt – er selbst nannte es Bukar –, begab er sich mit Tului in die Große Moschee, ohne abzusteigen, »und hielt vor dem Platz des Geistlichen (beim Gebet); dann stieg sein Sohn Tului ab und bestieg die Kanzel. Dschingis Khan fragte die Anwesenden, ob dies der Palast des Sultans sei; sie antworteten, es handle sich um Gottes Haus. Da stieg er ebenfalls vom Pferde ab, stieg zwei oder drei Kanzelstufen hoch und rief aus: ›Die Wüste ist ohne Futter; füllt unsern Pferden die Bäuche!‹ Da öffneten sie alle Magazine der Stadt und begannen, Getreide herbeizuschaffen. Dann trugen sie (die Mongolen) die Kisten, in denen die Korane aufbewahrt wurden, aus der Moschee auf den Hof, warfen die Koranexemplare wahllos durcheinander und machten

die Kisten zu Krippen für ihre Pferde. Anschließend ließen sie Becher mit Wein kreisen und befahlen die Sängerinnen der Stadt zu sich, die vor ihnen tanzen und singen sollten; die Mongolen begleiteten sie mit ihren eigenen Gesängen. Unterdessen bewachten die Geistlichen und Propheten-Nachkommen, die Gelehrten und Rechtsforscher des Zeitalters ihre Pferde in den Ställen unter der Aufsicht der Stallmeister, deren Befehlen sie zu gehorchen hatten.

Nach ein oder zwei Stunden erhob sich Dschingis Khan und kehrte in sein Lager zurück. Die Menge, die sich dort versammelt hatte, zog ab, und die zerstreuten Blätter der Korane wurden unter ihren unreinen Füßen sowie den Hufen ihrer Pferde zertreten. Da wandte sich ... der Leiter der Propheten-Nachkommen Transoxaniens zu einem der größten Gelehrten dieser Zeit, und sagte: ›Bin ich wach oder träume ich nur, was ich sehe?‹ Da antwortete der andere: ›Schweig still! Es ist der gnadenlose Odem Gottes, der weht; uns steht es nicht an, zu sprechen.‹

... Dschingis Khan hatte angeordnet, die Truppen des Sultans aus dem Innern der Stadt und der Zitadelle zu vertreiben. Da zu diesem Zwecke die Stadtbewohner nicht verwendet werden konnten und da diese Truppen für ihr Leben fürchteten und also kämpften, sich wehrten und möglichst viele nächtliche Überfälle ausführten, ließ er (alle) Stadtteile in Brand setzen. Die Häuser der Stadt, ganz aus Holz gebaut, wurden binnen einigen Tagen weithin ein Raub der Flammen, außer der Hauptmoschee und Teilen des Palastes, die aus Backsteinen gebaut waren ... Die Bewohner Bucharas wurden infolge der trostlosen Zerstörung zerstreut wie die Sterne des Großen Bären und gingen auf die Dörfer; die Stadt selbst wurde eine flache Ebene.

Ein Mann war aus Buchara entkommen ... Als man ihn nach dem Schicksal der Stadt fragte, sagte er: ›Sie kamen, gruben, verbrannten, erschlugen, plünderten und zogen wieder ab.‹ Kluge Menschen, die diese Darstellung hörten, waren sich einig, daß es auf persisch keinen präziseren Ausdruck dafür gebe. In der Tat läßt sich alles, was in diesem Abschnitt dargelegt wurde, in diesen wenigen Worten zusammenfassen.«

Samarkand, das Maracanda Alexanders des Großen. Es übertraf an Größe Buchara, von dem es rund hundertfünfzig Kilometer entfernt lag. Zu Dschingis Khans Zeit zählte es 600 000

Einwohner, fünfzehnmal mehr als das zeitgenössische London und das Dreifache von Paris, der damaligen christlichen Großstadt.

Aufgrund ihrer außergewöhnlichen Fruchtbarkeit konnte die Landschaft um Samarkand von jeher eine große Anzahl Menschen versorgen. Hier führten auch die Handelsstraßen vom Fernen und Mittleren Osten nach Indien vorbei. Samarkand lag ebenfalls am Serawschan, zu dessen Ufer vom *Bab as-Sin*, dem »Chinesischen Tor«, aus eine große Freitreppe hinabführte. Selbstverständlich hatte es eine Zitadelle, auf deren Gelände sich der Palast des Sultans befand, durch hohe Mauern und starke Eisentore von den übrigen Gebäuden getrennt. Außerhalb des dicht besiedelten Stadtkerns erstreckten sich weiträumige Vorstädte mit Sommerhäusern, Zierparks und prachtvoll angelegten Gärten in lockerer Folge.

Die köstlichen Melonen und Weintrauben der Gegend wurden, in Ton- oder Zinngefäße eingelegt, im ganzen Mittleren Orient gehandelt. Ein anderer berühmter Handelsartikel der Stadt waren sehr fein gewebte, mit Gold- und Silberfäden durchwirkte Stoffe. Und die Qualität des hier hergestellten Papiers suchte ihresgleichen, über Jahrhunderte hinweg behielt es seine Festigkeit und weiße Farbe.

Fast jedes der rund hunderttausend Häuser Samarkands verfügte über fließendes Wasser. Die öffentlichen Plätze schmückten Statuen, eine Seltenheit für eine islamische Stadt. An zweitausend Stellen erhielt man umsonst eisgekühltes Wasser aus Springbrunnen oder Zisternen, für deren Kosten reiche Wohltäter aufkamen. Den Hauptanteil der Wasserversorgung leistete ein Wasserspeicher in Saffarun, von dem aus das Wasser über bleigefaßte Kanäle in die Stadt geleitet wurde, eine Art Vorläufer unserer Wasserleitungen.

Der Sultan unterhielt in Samarkand eine Garnison von über hunderttausend Soldaten, von denen mehr als die Hälfte türkischer, die übrigen persischer Herkunft waren. Ihr Kommandant war Tughai-khan, ein Bruder Turkan-khatuns.

Dschingis Khan, der von Buchara aus dem Nordufer des Serawschan gefolgt war, traf Anfang März vor den Blauen

Bergen ein, die die Außenbezirke Samarkands säumen. Tughai-khan verschanzte sich mit seinen Truppen in der Innenstadt, hinter den Stadtmauern, und überließ die Vorstädte dem Feind. Der Khan wählte als Hauptquartier den »Blauen Palast«, der mit seiner azurfarbenen Ziegelfassade inmitten einer herrlichen Gartenlandschaft prangte. Er ließ seine Zelte im Park aufschlagen und wartete dort, bis seine Armee aus Otrar eintraf.

Vor dieser noch fand sich die Wachmannschaft mit Inaltchiq ein. Dschingis Khan verurteilte ihn durch ein militärisches Standgericht zu schmachvollem Tod. Als Zeichen für seine Habgier wurde Inaltchiq geschmolzenes Silber in Augen und Ohren gegossen. Sein Ende erinnert an den Tod von Crassus, Caesars reichem Partner im ersten Triumvirat, den die Parther gefangennahmen und ihm geschmolzenes Gold in die Kehle schütteten.

Am dritten Tag der Belagerung versuchten die eingeschlossenen Verteidiger von Samarkand einen Massenausbruch, bei dem sie von den wehrfähigen Bürgern unterstützt wurden. Der Ausfall mißlang, schätzungsweise fünfzig- bis siebzigtausend Chorezmier kamen ums Leben. Geschwächt durch diesen fürchterlichen Verlust ergab sich der Rest der Armee nach wenigen Tagen.

An der Spitze von 30 000 türkischen Reitern ritt Tughaikhan ins Mongolenlager und bot dem Khan seine Dienste an. Aber der Khan, der jedem mißtraute, der seinen ehemaligen Herrn so einfach preisgab, ließ ihn mitsamt seinen Truppen hinschlachten.

Die Bürger von Samarkand kamen glimpflicher davon. Sie schickten den obersten Richter und den Hohepriester mit einer Gesandtschaft zu Dschingis Khan und erklärten sich zur Aufgabe ihrer Stadt bereit. Der Khan versprach, sie und die Ihren zu verschonen, wenn sie die Tore öffneten.

Am 17. März ritt das mongolische Heer durch das »Tor des gemeinsamen Gebets« in Samarkand ein. Die Einwohner wurden vor die Stadt geschickt und ihr Eigentum geplündert, mit Ausnahme jener Personen, die sich unter den Schutz des

Richters und des Oberpriesters gestellt hatten, wohl 50 000 an der Zahl, denen auf strengen Befehl des Khans hin kein Leid geschah.

Wie schon in Buchara wurde auch hier die Zitadelle bis zuletzt von einer Kriegerschar gehalten. Etwa tausend Leute unter ihrem Anführer Alp-khan gelang es, in einer finsteren Nacht die mongolischen Linien zu durchbrechen, und aller Wahrscheinlichkeit nach konnten sie sich bis zum Sultan nach Balch durchschlagen. Die übrigen wurden in erbitterten Gefechten bis zum letzten Mann getötet. Bei der Belagerung der Zitadelle zerstörten die Mongolen übrigens die berühmte Wasserleitung.

Dreißigtausend Bürger Samarkands, darunter viele qualifizierte Handwerker, wurden als Diener den Söhnen und Verwandten Dschingis Khans zugewiesen. Eine gleich große Gruppe wurde als Belagerungstrupp dem Heer zugeteilt. Die übrigen Bürger durften in die Stadt zurückkehren und ihren Anteil an der gemeinsamen Buße von 200 000 Golddinar beitragen, die der Khan von der Stadt gefordert hatte.

Ein kurioses Nachspiel der Belagerung von Samarkand lieferte eine Herde indischer Elefanten, die vom Sultan teils zur Parade, teils als Arbeitstiere gehalten wurden. Einige von ihnen waren dazu abgerichtet, verurteilte Verbrecher zu Tode zu trampeln.

Als man die Dickhäuter dem Khan vorführte, fragte er, womit man die Ungetüme füttere. Mit Gras, antwortete der Wärter. Der Khan gab Befehl, die Elefanten wie Pferde auf die Weide zu treiben. Die armen Tiere waren schon fast verhungert, ehe man dem Potentaten taktvoll beibrachte, das Gras müsse aber erst geschnitten und gebündelt werden.

Auf einer Insel im Kaspischen Meer

Durch den Fall von Samarkand waren die nördlich des Oxus gelegenen Provinzen in Dschingis Khans Hände geraten. Er unterbrach den Feldzug gegen Chorezm für einige Zeit, um die Streitmacht neu zu organisieren und die Verwaltung der besetzten Gebiete zu regeln.

Der Verlust der Nordprovinzen war ein schwerer, wenn auch keinesfalls vernichtender Schlag für Muhammad, der mit Afghanistan, Chorezm und dem Irak immer noch über ein Gebiet von insgesamt zweieinhalb Millionen Quadratkilometern herrschte.

Für die heiße Jahreszeit verlegte der Khan sein Zeltlager auf das kühle Hochland von Nasaf, dem heutigen Karschi. Er hatte gefälschte Briefe anfertigen lassen, worin die mit Turkan-khatun unter einer Decke steckenden chorezmischen Generäle die Kapitulation anboten. Die Dokumente waren so perfekt gemacht und wurden dem Sultan so geschickt in die Hände gespielt, daß er an ihre Echtheit glauben mußte. Er sah seinen schlimmsten Verdacht gegen seine Mutter und ihre Freunde bestätigt und teilte aus Furcht vor Verrat seine Truppen noch weiter auf, so daß keiner seiner Unterfeldherren mehr selbständige Befehlsgewalt besaß.

Genau zu diesem Zeitpunkt traf in Balch ein Truppenkontingent aus der afghanischen Festung Tulak ein. Anstatt die zusätzliche Hilfe zu nützen, schickte sie der mißtrauische Sultan nach Hause zurück: Sie sollten die Mongolen lieber von ihrer eigenen Festung aus bekämpfen.

Dschingis Khan spann die Intrige weiter, indem er Turkan-khatun in einer Geheimbotschaft mitteilte, er werde ihre Provinzen verschonen, denn er führe nur Krieg gegen ihren

Sohn, der mit den Feindseligkeiten angefangen habe. Seine Botschaft bekräftigte er mit einem gutgezielten Angriff auf die vorgerückte rechte Flanke der chorezmischen Armee.

Von Balch aus, wo er den Oxus als Rückendeckung nutzte, hatte Muhammad den rechten Flügel der Armee bis in die Berge von Badachschan vorgeschickt. Nun aber kam ein Tümen Mongolen von Samarkand her und bezog Stellung vor Thaleqan, einer befestigten Stadt von gleicher Größe wie Balch, etwa dreihundert Kilometer südwestlich gelegen.

Der verwegene Vorstoß unmittelbar nach der Einnahme Samarkands erschreckte den Sultan. Die Verteidigungsfront am Oxus geriet ins Wanken, der rechte Flügel der chorezmischen Armee wich zurück. Natürlich war ein einziger Tümen nicht stark genug, ein ganzes Heer anzugreifen. Doch die bloße Gegenwart des mongolischen Haufens genügte, die Autorität des Sultans zu untergraben. Siebentausend Krieger der Qara-Qitai, die dem chorezmischen Heer angegliedert waren, liefen zu den Mongolen über. Nur mit knapper Not entging der Sultan einem Attentat.

Das Volk begann zu murren. Wollte der Sultan sich denn niemals den Eindringlingen stellen und sie zurückschlagen? Aber der Sultan wich wieder aus, diesmal in die Provinz Chorasan in Ostpersien, die damals von Afghanistan über den Nordosten Persiens bis zu den fruchtbaren Gegenden des heute sowjetischen Turkestans reichte, ein Gebiet von der Größe Frankreichs mit vierzig Millionen Einwohnern. Von seinen vier Großstädten war Balch die östlichste.

Bei Kelif am Oxus, wo das Flußbett eng wird und es trotz der schnellen Strömung möglich ist, die Felsklippen zu überwinden, postierte der Sultan eine Division, die die Mongolen am Überqueren des Flusses hindern sollte. Er selbst eilte mit seinen Söhnen weiter nach Westen über Andkhoi, wo er eine weitere Division zurückließ, nach Nischapur, die zweite der großen Städte Chorasans und der Geburtsort des Dichters Omar Chajjam.

In Nischapur, achthundert Kilometer von Balch entfernt, wähnte der Sultan sich in Sicherheit. Er glaubte, die Wucht der mongolischen Invasion müsse ins Leere stoßen und Dschingis Khan werde über kurz oder lang in seine Heimat zurückkehren.

Unter dem heiteren Aprilhimmel Chorasans erholte sich der Sultan samt seinem Gefolge von den Schrecken und Strapazen der vergangenen Monate. Nischapur war berühmt, nicht zuletzt wegen seines Weines, den Omar Chajjam besang, und wegen des Raki, eines starken Getränks aus Rosinen und Anis, das in der Kehle brennt und, mit Wasser verdünnt, milchig trüb wird. Man nannte es deswegen auch »Löwenmilch«, und wir dürfen vermuten, daß auch Sultan Muhammad seinen Kummer mit Löwenmilch verscheuchte.

»Bring Raki, bring uns vom herzerwärmenden Wein
Und vom Löwentrunk! Laß das Elend vergessen sein!
Schenk ein, und löwengleich zerreiße ich das Fesselband
Der alten Welt und hebe mich mit Flügeln übers Land.«

Schon bald sollte sich der frühe Aufbruch aus Balch als folgenschwerer Fehler erweisen. Der Sultan hatte sich nicht einmal die Zeit genommen, die Mobilisierung der Truppen abzuwarten. Nun trafen ständig neue Kampfverbände in Balch ein. Hätte Muhammad sich an ihre Spitze gestellt, er hätte mit einer großen und schlagkräftigen Armee operieren können.

Um in dieser verfahrenen Situation noch zu retten, was zu retten war, schickte Muhammad seinen Sohn Dschelal ad-Din nach Balch zurück. Als dieser unterwegs die Nachricht erhielt, die Mongolen hätten den Oxus überschritten, machte er kehrt und eilte nach Nischapur zurück.

Sobald Dschingis Khan von der Flucht des Sultans hörte, hetzte er Djebe und Sübütai mit drei Tümen auf seine Spur. Die 30 000 Reiter überquerten den Oxus bei Termes und brachen in die Provinz Chorasan ein, die bisher von den Mongolen verschont geblieben war. Balch schickte eiligst eine mit Geschenken beladene Delegation und kaufte sich von der

Plünderung frei. Erfreut über die reiche, leicht errungene Beute setzten Djebe und Sübütai, die sich ohnehin nicht mit Belagerungen und dergleichen aufhalten sollten, die Jagd nach Westen fort.

Sultan Muhammad verließ nun auch den Zufluchtsort Nischapur. In Bistam, nordöstlich von Teheran, übergab er seinem Schatzmeister Omar den Staatsschatz, zehn versiegelte Truhen voller Kostbarkeiten wie schöngeschnittene Gemmen, Diamanten, Smaragde, Rubine, Saphire und Perlen, die Aladins Wunderhöhle zur Ehre gereicht hätten. Wie Omar sich ausdrückte, wog ihr Wert die Jahressteuer aller Länder der Welt auf. Mit den Truhen ritt Omar in die Bergfestung Ardachan, die wie ein Adlernest auf dem Gipfel eines schwer zugänglichen Berges thronte.

Von Nischapur, das dank der Klugheit seiner Stadtväter keinen Schaden davontrug, schickte Djebe Suchtrupps aus, die den Aufenthaltsort des Sultans auskundschaften sollten.

Der Sultan, der seine Spur zu verwischen versuchte, hielt sich eine Weile in Reiy auf, dem Geburtsort Harun al-Raschids, damals als größte Stadt Westpersiens die Vorgängerin Teherans. Aber schon bald waren ihm die mongolischen Generäle wieder auf den Fersen. Er floh weiter nach Qazwin, wo sein Sohn Ruchn ad-Din mit 30 000 Kriegern wartete. Und wieder vertat er seine Chance, mit einem zahlenmäßig überlegenen Heer den zersplitterten Mongolentruppen die Stirn zu bieten.

Djebe marschierte in die bewaldete Provinz Masanderan ein, während Sübütai mit seinen Kriegern von Chorasan aus den Höhenweg nach Bagdad einschlug, ihn aber bald wieder verließ und nach Damghan umschwenkte. Er plünderte auch diese Stadt und traf unweit von Reiy mit den beiden anderen Tümen zusammen.

Der Sultan, der sich noch in Qazwin aufhielt, lehnte den Vorschlag ab, nach Luristan, einem Bergland zwischen Schiras und Isfahan zu flüchten. Statt dessen begab er sich nach Hamadan am Fuß der schneebedeckten Zagrosberge, wo er sich mit 20 000 Mann zum erstenmal den Mongolen stellte. Sein

Heer wurde umzingelt und ein Großteil der Soldaten im Gefecht getötet. Noch einmal entkam der Sultan in ein Fischerdorf am Ufer des Kaspischen Meeres, wo die Mongolen endlich die Spur der kleinen Schar verloren. Eine Weile verbarg er sich in Fardha, einer Fischersiedlung an den nördlichen Ausläufern des Elbrus.

Eines Tages tauchte zufällig eine mongolische Patrouille in der Gegend auf. Sultan Muhammad ließ sich mit einem Fischerboot auf eine Insel im Kaspischen Meer, gegenüber von Abeskun, bringen, wo man ein Zelt für ihn aufschlug. Auch ein Pferd wurde auf dem Wasserweg hinübergeschafft, für ihn, den Sultan, der noch vor nicht langer Zeit in prächtigen Palästen gewohnt und dreißigtausend Rassepferde sein eigen genannt hatte!

Die Erschöpfung und vermutlich auch das feuchte Klima hatten seine Gesundheit angegriffen, sein Zustand verschlechterte sich zusehends. Auf dem Sterbebett bestimmte er Dschelal ad-Din, den einst übergangenen Sohn, zum Nachfolger. Irgendwann im Dezember starb Sultan Muhammad von Chorezm. Nicht einmal seinem Leichnam gönnten die Mongolen Ruhe. Eine Horde entdeckte das Fürstengrab und zerrte, immer auf der Suche nach Kostbarkeiten, die Gebeine aus ihrer Gruft. Das Lebenswerk Muhammads war wie vom Winde verweht, nicht einmal die Mongolen erinnerten sich lang an den besiegten Feind.

Schöne Haremsdamen und nackte Amazonen

Die Kernprovinz, die dem Reich seinen Namen gegeben hatte, Chorezm zwischen Chorasan und dem Kaspischen Meer, war vom Kriegsgeschehen bislang unberührt geblieben. Hier wurden die Reichtümer gehortet, die Muhammad den unterworfenen Ländern abgenommen hatte. An den Hochschulen gaben die Gelehrten ihr Wissen in akademischer Freiheit weiter, vor allem die Astronomen erwarben sich mit Hilfe der vorzüglich ausgestatteten Sternwarten erstaunliche Kenntnisse. Ein chorezmischer Imam lehrte seine sechstausend Schüler: »Unsere Erde ist lediglich ein Häufchen kosmischer Staub, das inmitten anderer Planeten durch den Weltraum zieht.«

Jedermann wußte, daß der Mond nur das Licht der Sonne reflektiert, um die die Planeten mit ihren Monden kreisförmige Bahnen beschreiben. Der Astronom und Poet von Nischapur, Omar Chajjam, kleidete die Erkenntnis in folgende Worte:

»Im Weltall, in dem wir auf die Reise gehen,
Mag uns von fern ein fremder Weiser sehen
Wie Schattenbilder, die um die Laterne
Des Sonnenlichtes ihre Kreise drehen.«

Die Provinz Chorezm wurde von Turkan-khatun regiert, die in der Hauptstadt Gurgandj, heute Urgendj bei Chiwa, residierte. Hier stand das Volk noch treu zur Herrscherdynastie, und die Armee, lauter Türken, hielt sich zum Freiheitskampf bereit.

Als die Königin erfuhr, daß ihr Sohn Balch verlassen hatte, entschloß sie sich gleichfalls zur Flucht. Wer oder was sie dabei hinderte, wurde kurzerhand aus dem Weg geräumt. Die Prinzengarde, die nach wie vor die Melodie »Alexander der Große« blies, wurde im Fluß ertränkt. Dann wählte sie die schönsten Frauen aus dem Harem ihres Sohnes aus, um sie mit auf die Reise zu nehmen. Ihre Enkeltochter Khan-Sultan half ihr, die wertvollsten Gegenstände aus ihrem Besitz auszuwählen, die sie in Truhen verpacken und verladen ließ. Zum Anführer der Karawane und Kommandant der Begleittruppen bestimmte sie den Prinzen Omar von Jasir, einem winzigen Fürstentum im heutigen Turkmenien, der sich gut in der Wüste auskannte. Zu ihrem Gefolge gehörte auch der Großwesir Nizam al-Mulk, ein habgieriger und wegen seiner Grausamkeit allseits gehaßter Mann.

Am Tag des Aufbruchs bestiegen Turkan-khatun und ihr Gefolge die bereitstehenden Kamele, und die Karawane machte sich auf ihren Weg durch den violetten Sand der Wüste Kara Kum.

Obwohl Omar die ganze Reise über seiner Herrin treu diente, ließ ihn Turkan-khatun an der Grenze seines kleinen Fürstentums ermorden – aus Angst, er könne sich mit seinen Leuten gegen sie erheben und ihre Schätze rauben. Über die Höhenzüge, welche die Provinzen Chorezm und Chorasan voneinander trennen, floh die Königin weiter bis nach Masanderan, wo sie mit ihren Frauen und Dienern in den Festungen von Llal und Larjan Zuflucht fand.

Auf die Nachricht von der Flucht der Königin beauftragte Dschingis Khan Djebe, der sich ebenfalls in Masanderan aufhielt, mit der Belagerung der beiden Festungen. Nach langem Widerstand ergaben sich die Bastionen im Herbst des Jahres 1220. Sultan Muhammad hatte etwa zur gleichen Zeit Quartier auf seiner Insel bezogen. Alle minderjährigen Söhne des Sultans, die sich mit ihren Dienerinnen im Gefolge befanden, wurden mit Ausnahme eines Säuglings getötet. Königin Turkan-khatun, ihr Großwesir Nizam al-Mulk und die Haremsdamen wurden unter strenger Bewachung zu Dschingis Khan geführt, der unterdessen den Oxus überschritten hatte und nun in der Nähe von Thaleqan lagerte. Auch die Kisten mit den Kostbarkeiten und Juwelen wurden mit unversehrten Siegeln vor den Khan gebracht.

In Gurgandj herrschten Ratlosigkeit und Verwirrung nach dem Fortgang der Königin, die sich heimlich entfernt hatte, ohne einen Stellvertreter oder Nachfolger zu bestimmen. Schließlich ergriff ein Abenteurer namens Ali, den man wegen seiner Aufschneidereien mit dem Beinamen »Lügenberg« bedacht hatte, die Macht und ernannte sich selber zum Stadtverwalter.

Der Befehlshaber der in Gurgandj stationierten Truppen war jener Timur-melik aus Khodjend, der von seiner Insel auf Flußbarken den Mongolen entkommen war. Mit seinen 90 000 Kriegern zog er gegen das Heer von Gutschi aus und eroberte Dschend zurück, dessen mongolischen Gouverneur er tötete.

Mittlerweile war der Sultan auf seiner Insel gestorben und Dschelal ad-Din – sein voller Name lautete Dschelal ad-Din Manguberti –, sein Sohn und Nachfolger, kehrte mit seinen erwachsenen Brüdern nach Gurgandj zurück. Ein Teil der chorezmischen Armee weigerte sich jedoch, ihn als rechtmäßigen Sultan anzuerkennen und zettelte eine Verschwörung gegen ihn an. Mit Timur-meliks Hilfe entkam Dschelal ad-Din den Aufständischen und floh nach Chorasan weiter.

Bald darauf verbreitete sich die Nachricht, Dschingis Khan ziehe seine Heere um Gurgandj zusammen. Tatsächlich hatte der Khan seine Streitkräfte neu organisiert. Für die Belagerung der Hauptstadt stellte er 100 000 Mann auf, von denen die Hälfte Mongolen, die andere Hälfte moslemische Gefangene waren.

Zuerst tauchte die Vorhut unter den Stadtmauern auf und machte den Weg frei für die Belagerungstechniker mit ihren Maschinen. Dann folgten die Tümen der Kampftruppen, angeführt von den Söhnen und Generälen Dschingis Khans. Nur Gutschi wurde bei Dschend festgehalten, aber auch ohne seine Truppen war diesmal die mongolische Armee den Belagerten nicht nur an Disziplin, sondern auch an Zahl überlegen.

Angesichts der drohenden Gefahr schlossen sich die chorezmischen Generäle zusammen und riefen einen Vetter der Königin, Khumar-tagin, als neuen Sultan aus. Sie mobilisierten alle verfügbaren Kräfte, sogar Ali, der Abenteurer, erhielt für die Dauer der Belagerung den Titel »Befehlshaber der Armee«.

Der neue Sultan bereitete Gurgandj so gut es ging für die Belagerung vor. Er stellte Katapulte auf Plattformen und Terrassen und setzte 50 000 Mann als Verteidiger der Tore ein. Die Kampfmoral der chorezmischen Krieger stieg zusehends, die Soldaten schöpften neuen Mut.

Mongolische Vorposten begannen gerade, das Vieh aus den Vororten der Stadt zu treiben, als die Verteidiger einen kühnen Ausfall wagten. Die Mongolen wurden eingekreist und verloren tausend Mann. Am folgenden Tag wiederholten die Moslems die Attacke, und wieder hatten die Mongolen das Nachsehen.

Der gute Ackerboden um Gurgandj lieferte den Mongolen keine Steine für ihre Katapulte. Sie lösten das Problem, indem sie Maulbeerbäume umhackten und die Wurzelstrünke so lange wässerten, bis sie schwer und hart wie Steine wurden. Unterdessen war auch Gutschi, der Dschend zurückerobert und den ermordeten Statthalter gerächt hatte, mit seinen Truppen zur Verstärkung eingetroffen und übernahm nun den Oberbefehl.

Er ließ die Stadtgräben durch Gefangenentrupps zuschütten und eröffnete den Sturm auf die Mauern. Unter einem Hagel von Naphtageschossen rückten die Mongolen von allen Seiten her auf die Stadt zu, wurden jedoch nach anfänglichen Erfolgen wieder zurückgeworfen.

Sobald die Rammböcke und Mauerbrecher eine Bresche in die Mauer geschlagen hatten, wurde diese sofort von erbittert kämpfenden Moslems ausgefüllt, die von den Bürgern der Stadt unterstützt wurden. Sogar Frauen beteiligten sich an der Verteidigung.

Verärgert über die sich hinziehende Belagerung und die riesigen Verluste, befahl Gutschi, den Oxus von der Stadt abzuleiten. Zu diesem Zweck besetzten dreitausend Krieger der mongolischen Elitetruppe eine Steinbrücke, die sich oberhalb von Gurgandj über einen Flußarm spannte. Plötzlich sahen sich die überraschten Mongolen jedoch von allen Seiten von einer wütenden Menge umzingelt und so »hautnah« bedrängt, daß sie keinen Gebrauch von ihren Waffen machen konnten. Wer nicht in den Fluß gestoßen wurde und ertrank, wurde von den aufgebrachten Moslems erschlagen. Keiner der dreitausend kam mit dem Leben davon.

Der Sieg schenkte den Chorezmiern neuen Mut. Bisher hatten Belagerer wie Belagerte etwa gleich hohe Verluste zu beklagen, innerhalb der Stadtmauer türmten sich die Leichen der Verteidiger, außerhalb die der Mongolen.

Wegen der großen Verluste kam es zum Streit zwischen Gutschi und Tschaghatai, die sich gegenseitig die Schuld für den Mißerfolg in die Schuhe schoben. Nicht einmal Ügedai vermochte den Bruderzwist zu schlichten. Dschingis Khan war sehr ungehalten, als er davon erfuhr. Er ernannte Ügedai zum obersten Befehlshaber und ordnete an, die Belagerung Gurgandjs so rasch wie möglich und mit allen Mitteln zu beenden.

In einer Großoffensive, bei der sie die Gefangenen von Samarkand wie einen lebenden Schutzschild vor sich hertrieben, nahmen die Mongolen ein Stadtviertel nach dem anderen ein, bis die ganze Stadt in ihren Händen war. Die Bewohner mußten sich auf den Feldern vor der Stadt aufstellen, wo die Handwerker und Künstler von den anderen abgesondert wurden, um sie als Arbeitssklaven in die Innere Mongolei zu deportieren – wo sie später übrigens große moslemische Kolonien gründeten –, die übrigen Männer wurden niedergemetzelt. Auf diese Weise trugen die militärischen Aktionen und Massendeportationen der Mongolen im 13. Jahrhundert dazu bei, daß sich der Islam über ganz Asien bis nach China hin ausbreitete.

Berechnungen haben ergeben, daß auf jeden der 50 000 gefallenen Mongolenkrieger 24 Chorezmier kamen, die entweder bei der Belagerung oder beim Massaker ihr Leben ließen.

Somit wären bei der Eroberung von Gurgandj rund eineinviertel Millionen Menschen umgekommen – eine unglaublich hohe Zahl, die durch andere Schätzungen sogar noch übertroffen wird.

Die Frauen von Gurgandj hatten gefochten wie Amazonen. Nachdem die Mongolen die Hübschesten ausgewählt hatten, mußten sich die anderen in zwei Gruppen einander gegenüber aufstellen und nackt ausziehen. Wenn eine Unglückliche sich weigerte, zeigte ihr ein Peitschenhieb, daß der Befehl ernst gemeint war. Als schließlich alle nackt dastanden, stellte Gutschi Wachtposten um sie herum auf und kommandierte:

»In der Schlacht um Gurgandj habt ihr alle tapfer gekämpft. Nun zeigt uns mal, wie ihr euch gegenseitig mit euren Fäusten traktiert!« Und für den Rest des Tages zwang man die Unglücklichen, gegeneinander zu boxen, sehr zur Erheiterung der mongolischen Zuschauer. Wer bis zum Abend nicht zu Boden geschlagen oder getrampelt war, kam durch das Schwert der Feinde um.

Zuletzt zerstörten die Sieger den Damm des Oxus. Was die Feuerwürfe verschont hatten, fiel nun den Fluten zum Opfer, wie zum Beispiel die öffentlichen Bäder und das Grabmal des Sultans Tagas.

Gurgandj wurde im April des Jahres 1221 nach 120 Tagen Belagerung vernichtet. Auf den Ruinen, von den Mongolen Urgendj genannt, erstand später das kleine Städtchen gleichen Namens.

Überall in Asien, wohin der ozeangewaltige Khan seinen Fuß gesetzt hatte, loderten die Feuer der Vernichtung. Über ein Gebiet von fünfundsiebzig Längengraden, von Shantung bis Hamadan, erstreckte sich der Einflußbereich des Eroberers. Zum Vergleich: Von London bis Hamadan sind es kaum fünfzig, von New York bis Los Angeles weniger als fünfzig Längengrade.

Seine immensen Transport- und Nachschubprobleme löste Dschingis Khan durch ein schnelles und zuverlässiges Nachrichtensystem, das dem Militär unterstand. Über das Postwesen zur Zeit Dschingis Khans haben wir keine Angaben, von seinem Nachfolger Kubilai Khan wissen wir dagegen, daß sein straff organisiertes Nachrichtenwesen über 300 000 Pferde und 10 000 Poststationen verfügte.

Marco Polo berichtet, daß ein Postreiter, wenn erforderlich, »eine Strecke von bis zu 400 Kilometern am Tage und die gleiche während der Nacht« zurücklegen konnte, was allerdings ziemlich unwahrscheinlich klingt. Marco Polo meinte vermutlich jene Stafettenkuriere, die mit jeweils frischen Pferden kürzere Wegstrecken in höchster Geschwindigkeit bis zur nächsten Pferdestation zurücklegten und dort die Botschaft an den bereits wartenden Kollegen weitergaben. Auf diese Weise gelangte die Nachricht überaus rasch an ihr Ziel. Der Franziskaner Oderich von Pordenone, der China kurze Zeit nach Marco Polo besuchte, berichtet, der Mongolenkaiser habe im »Laufe eines Sonnentages« Nachrichten erhalten, deren Übermittlung auf dem gewöhnlichen Weg dreißig Tage erfordert hätte. Nun, wie hoch auch die Tagesleistung der Kuriere in Wirklichkeit gewesen sein mag, sie betrug jedenfalls ein Vielfaches von jener der üblichen Boten.

Dschingis Khans Eilboten hatten absolute »Vorfahrt« und durften alles zur Erledigung ihrer Mission Notwendige fordern. Auf den Straßen von Samarkand bis Peking hatte ihnen jedermann auszuweichen. Wenn ein Eilbote während des Dienstes starb, trug der Staat Sorge für seine Familie. Hinderten ihn Alter oder Krankheit an der weiteren Ausübung seines Dienstes, so erhielt er eine Art Rente oder doch zumindest eine weniger anstrengende Arbeit. In Sibirien wurde die mongolische Post mit Hundeschlitten befördert, in den heißen Wüstengegenden durch Reitkamele, und wo ein Flußlauf – wie etwa der Syr-darja – das Weiterkommen erleichterte, reisten die Boten per Schiff.

Mit Hilfe der Kurierstaffeln hielt Muqali im fernen China den Khan auf dem laufenden über die dortigen Ereignisse. Unter dem Druck eines immerwährenden Kriegszustandes entwickelten die chinesischen Techniker neue, in ihrer Wirkung furchtbare Vernichtungswaffen, wie zum Beispiel ein *chen-tien-lei* genanntes Schießgerät, einen eisernen Zylinder, der mit Pulver gefüllt und angezündet wurde. Gleich darauf gab es einen hellen Blitz und einen Donnerschlag, der fast fünfzig Kilometer weit zu hören war.

Außerdem entwickelten die chinesischen Waffenschmiede die fürchterlichen *huo chiang*. Sie bestanden aus einem langen Rohr aus Eisen oder Bronze, in dessen einem Ende man auf eine Lage Schießpulver eine Kugel packte. Das angezündete Pulver trieb das Projektil mit großer Kraft zum anderen Ende hinaus, wo es Feuer und Flammen spuckte und, wie Muqali sich beim Khan beklagte, aus großer Entfernung viel Schaden in den Reihen seiner Krieger anrichtete. Kein Wunder, handelte es sich doch um die ersten Kanonen.

Außer in China waren die neuen Kampfgeräte auch in Indien bekannt. Der Sultan Iltutmich von Delhi besaß ebenfalls »Maschinen, die mittels der Kraft des Schießpulvers Kugeln fortschleuderten«, zu einem Zeitpunkt, als man in Europa von Kanonen noch nicht das geringste ahnte. Bis zur Schlacht von Crecy, in der erstmals im Abendland Feuerwaffen eingesetzt wurden, war es noch hundert Jahre hin. Späteren Überlieferungen zufolge wird die Erfindung des Schießpulvers in Deutschland Berthold Schwarz und in England Roger Bacon zugeschrieben – zu Unrecht, da beide ihr Wissen auf Umwegen von den Mongolen her erlangt haben.

Anfang Herbst begab sich Dschingis Khan nach Termes, der südlichsten Stadt Transoxaniens, die er nach elftägiger Belagerung einnahm. Mit der Bevölkerung verfuhr man auf die bekannte Weise.

In den ersten Februartagen 1221 überquerte Dschingis Khan den Oxus, die jahrhundertealte Sprachgrenze zwischen Persern und Türken. Er benutzte dazu eine Pontonbrücke, die an einer Insel verankert war. Am jenseitigen Ufer ritt er noch etwa fünfzig Kilometer südlich durch den Sand der Baktrischen Ebene, bis am Horizont die Kuppeldome und schlanken Minarette der Stadt Balch auftauchten.

Die Siedlung ist so alt, daß ihr Ursprung sich im Nebel der Geschichte verliert. Balch sah bereits auf ein ehrwürdiges Alter zurück, als die Araber die Stadt in Besitz nahmen und sie *Umm al-bilad*, »Mutter der Städte«, nannten. In Balch erklangen erstmalig die Veden-Hymnen der eingewanderten Arier, hier predigte Zarathustra von seinem Lichtgott. Aus Balch stammten die Reiter, die im persischen Heer bei Marathon und den Thermopylen fochten, in Balch geboren waren auch Alexanders blonde Braut Roxane und die Barmechiden, die Trinkgesellen des Bagdader Kalifen, von deren Bettlerfest in *Tausendundeiner Nacht* erzählt wird.

Inmitten einer fruchtbaren Ebene zwischen Oxus und Hindukusch erstrecken sich die weiträumigen Außenbezirke Balchs innerhalb der sechzig Kilometer langen äußeren Stadtmauer, die von sieben Toren durchbrochen war; das »Indische Tor« führte nach Süden, das »Hebräische Tor« nach Westen.

Die reiche Handelsstadt Balch, Chorasans östliche Metropole, mußte enorme Summen in die Schatzkammer der früheren Sultans zahlen. In der östlichen Vorstadt ruhten in einem prächtigen Schrein die Gebeine des vierten Kalifen Ali, der Fatima, die Tochter des Propheten Mohammed geheiratet hatte. Ein interessanter Hinweis auf die Größe Balchs ist überliefert: Es besaß 1200 türkische Bäder.

Der Gouverneur von Balch, ein schon älterer Mann, der die Stadt vor dem Untergang bewahren wollte, öffnete die Tore, und die Mongolen ritten ein, ohne auf Widerstand zu stoßen.

Die Landschaft um Balch war im Umkreis von mehr als hundert Kilometer ein einziger Obst- und Gemüsegarten, in dem das Volk sich vergnügte. Man sah leichte, von schlanken Rössern gezogene Wagen und kleinwüchsige Esel, auf denen ihre dunkelbärtigen Besitzer, geschmückt mit großen Turbanen, dahinritten. Überall grasten Karakulschafe. Der Überlieferung nach sollen die Krieger Dschingis Khans hier ihre Fuchspelzkappen gegen solche aus Karakulfell ausgetauscht haben.*

Vom friedfertigen Balch aus wandte Dschingis Khan sich

* Im Westen nennt man das Fell des Karakulschafes »Persianer« oder »Astrachanfell« nach der Gegend, in der die europäischen Händler erstmals solche Felle erstanden.

gegen Thaleqan, eine der stärksten Festungen im Osten der Provinz Chorasan. Der rund dreihundert Kilometer lange Weg dorthin führte zunächst an den Melonenfeldern von Schibargan vorbei in trockenere Gegenden, bis allmählich auch die mit Tamarisken spärlich bewachsenen Sanddünen zurückblieben und im trockenen Wüstenboden sich nur noch der anspruchslose Kameldorn zu behaupten vermochte.

Dschingis Khan hielt sich zunächst zurück und ließ die Winterlager aufschlagen. In der Steppe und auf den Hügeln zwischen Thaleqan und Numan leuchteten überall wie weiße Tupfen die Filzzelte der Mongolen. Das kaiserliche Zelt des Eroberers wurde in einer lieblichen Wiesenlandschaft aufgestellt, nachdem die Schamanen den genauen Ort und Zeitpunkt dafür ermittelt hatten. Das Zelt war aus golddurchwirkter Seide und mit herrlichem Mobiliar sowie Geräten aus Gold und Silber ausgestattet, an denen kostbare Edelsteine funkelten.

Hier wurden auch die in Gefangenschaft geratene Königin Turkan-khatun und ihr Großwesir vor den Khan gebracht. Dschingis Khan ließ die versiegelten Truhen mit ihrer Habe öffnen und betrachtete den Inhalt: »Blutfarbene Rubinsteine, Smaragde von dem Grün junger Myrthensprossen und Diamanten, groß wie Granatäpfel.« Die Königin erhielt ein kleines Zelt, aber keine Dienerin. Die Haremsdamen wurden an moslemische Überläufer verteilt und unterhielten den Khan und seine Gäste als Sing- und Tanzmädchen. Khan-Sultan wurde Gutschi zugesprochen, ihre Schwester schmückte fortan den Harem Tschaghatais.

Der Großwesir Nizam al-Mulk, der sich als Untergebener Turkan-khatuns gegen Sultan Muhammad gestellt hatte, wurde von den Mongolen recht freundlich behandelt und durfte frei im Lager umhergehen. Durch Übermut verscherzte er sich jedoch bald darauf seine Vorrechte.

Die Haremsdamen im Gefolge Turkan-khatuns stammten aus Georgien, Arabien und Turkmenien und trugen Gewänder aus »gewobenem Wind«, die ihre Reize mehr unterstrichen als verhüllten. Marco Polo nannte das äußerst feine und durchsichtige Gewebe »ein Gewirk aus Spinnenfäden«.

Eines der hübschesten Mädchen war die arabische Sängerin Bint Sankiza, die von einem Augenarzt aus Samarkand begehrt wurde. Dschingis Khan, der den Arzt sehr schätzte, seit dieser ihn von einem Augenleiden geheilt hatte, erfüllte ihm den Wunsch und überließ ihm die schöne Bint Sankiza. Leider war der Medikus ein grundhäßlicher Mensch, und das Mädchen floh zu Nizam al-Mulk, der sie mehrere Tage lang in seinem Zelt versteckte. Schließlich wurde sie dort entdeckt, und der Arzt beklagte sich wutschnaubend beim Khan über die ihm widerfahrene Kränkung. Das Mädchen wurde ihm als Sklavin übergeben, der Wesir um einen Kopf kürzer gemacht.

Die Königin mußte große Demütigungen über sich ergehen lassen. Man gab ihr nichts zu essen, zwang sie aber, bei den Mahlzeiten zuzuschauen, bis sie es nicht mehr aushielt und um einen Bissen bettelte. Dann riß der Khan ein Stück Brot oder Fleisch mit den Zähnen ab und spuckte es vor sie hin wie vor einen dahergelaufenen Hund.

Im nächsten Frühling traf eine Gesandtschaft aus Südchina im Lager vor Thaleqan ein. Ihr Anführer war Chiu Mong-yu, der dem Khan eine Botschaft vom Sung-Kaiser, dem Regenten der chinesischen Südprovinzen, überbrachte.

Dschingis Khan empfing ihn mit hohen Ehren, kredenzte ihm den rituellen Weinbecher und versicherte den Gesandten seiner Hochachtung. Erfreut trat die Delegation den langen Rückweg nach Hangtschou an, der südlich von Shanghai am Meer gelegenen Hauptstadt der Sung.

Weitaus weniger höflich begegnete der Khan dem Gesandten des Goldenen Kaisers mit Namen Wu-chu-sun. Der Kaiser herrschte über einen Rumpfstaat, der nicht viel mehr als die Provinz Honan umfaßte – verglichen mit der Größe europäischer Länder jedoch noch immer ein beachtliches Territorium.

Dschingis Khan forderte, der Goldene Kaiser solle ihm die Stadt Tungkwan überlassen, wenn er als König und Vasall der Mongolen weiterhin die Gebiete südlich des Gelben Flusses regieren wolle.

Wu-chu-sun gab mit aller Ehrerbietung zu bedenken, er sei nicht befugt, eine so wichtige Angelegenheit für seinen Herrn zu entscheiden. Tungkwan lag nämlich am Hwangho an einer Stelle, wo die Reiter Muqalis den Fluß ohne Schwierigkeiten überqueren konnten. Es hatte dieselbe Bedeutung für Honan wie Thaleqan für die Provinz Chorasan. Dem Khan die Stadt Tungkwan zu übergeben bedeutete etwa, einem Räuber die Hausschlüssel in die Hand zu drücken.

Die Rache der Witwe

Toqutschar, ein Schwiegersohn Dschingis Khans, hatte das Kommando in Chorasan übernommen mit dem Auftrag, die riesige Provinz für den Herrscher zu erobern.

Zuerst bekam Nessa am nördlichen Ausläufer der Kopet-Dagh-Berge seine harte Faust zu spüren. Vor den Mongolen flohen die Einwohner der Stadt in die Zitadelle, die von Schihab ad-Din, einem gelehrten Freund des Sultans, befehligt wurde.

Nach zweiwöchiger Belagerung gab die Stadt auf. Toqutschar raubte ihre Schätze, ließ die 70 000 Einwohner hinmorden und ihrem Befehlshaber Schihab ad-Din den Kopf abschlagen. Seine Bücher und Manuskripte wurden den Winden preisgegeben.

Zur systematischen Plünderung des Landes teilte Toqutschar seine Tümen in Hundertschaften und noch kleinere Gruppen auf, die einzeln übers Land zogen. Wenn sie auf eine größere Ortschaft mit einer Moschee stießen, nahmen sie deren Vorsteher und die männliche Einwohnerschaft gefangen, statteten sie mit Hacken und Brecheisen aus und trieben sie dann, nachdem sie den Ort seiner Wertgegenstände beraubt hatten, vor sich her in Richtung Nachbardorf, wo sie das Verfahren wiederholten. Auf diese Weise genügte eine kleine Rotte, um einen Landstrich total auszuplündern.

Toqutschar erschien auch vor Korendiz. Fürst Nessawi, der Befehlshaber der Stadt, schildert das Ereignis:

»Zu jener Zeit hielt ich mich in meiner Festung Korendiz auf, eine der größten Chorasans und im Besitz meiner Ahnen, seit sich der Islam in diesem Land ausbreitete. Da sie inmitten der fruchtbarsten und dichtest bevölkerten Gebiete Chorasans lag, wurde sie bald ein Zufluchtsort für alle Bedrängten und Vertriebenen. Fast jeden Tag baten Flüchtlinge vor den Toren meiner Stadt um Einlaß. Ich nahm alle auf, gewährte ihnen Unterkunft und kleidete und speiste sie nach meinem besten Vermögen.

Unter den Flüchtlingen gewahrte ich eines Tages den edlen Herrn Samani, einen Günstling des Sultans, der aus einer mächtigen Adelsfamilie Chorasans stammte. Er war über die Maßen gnädig und freigebig, man könnte wohl sagen, er war im Besitze aller Tugenden. Er blieb zwei Monate bei mir in Korendiz – zur selben Zeit, als jener gottverfluchte Toqutschar Nessa erstürmte. Nachdem man uns die Nachricht vom Fall der Stadt und vom schrecklichen Tode Schihab ad-Dins überbracht hatte, wurde mein edler Gast von tiefstem Entsetzen ergriffen. Zusammen mit Schihab ad-Din hatte er einst dem Sultan gedient, wenn sein Name fiel, brach mein Freund in bittere Tränen aus.

Drei Tage nach der Zerstörung Nessas erschien Toqutschar mit seinen Horden vor Korendiz und schlug auf der Ebene vor der Stadt sein Lager auf. Angesichts der drohenden Gefahr bat mein Freund, ich möchte ihn auf geheimen Pfaden in die Berge fliehen lassen mitsamt seiner Karawane. Selbst in diesen gefahrvollen Zeiten führte er seine Konkubinen und Schätze mit sich, da er nicht einmal während der Flucht auf Wohlstand und Bequemlichkeit verzichten konnte. In der Dunkelheit der Nacht nahmen wir Abschied, wobei ich kaum meine Verwunderung verhehlen konnte über die panische Angst, die das Denkvermögen meines Freundes lähmte. Möge Allah uns vor einer derartigen Verzweiflung bewahren!

Um den östlich vor der Festung lagernden Mongolen zu entgehen, stieg mein Freund über die Berge im Westen. Wie ich später erfuhr, gelang es ihm, die Stadt Gurgandj zu erreichen, wo sich gerade die Söhne des verstorbenen Sultans aufhielten.

Als Toqutschar erkannte, daß meine Festung wie ein Adlerhorst auf dem Berg saß und er weder durch eine lange Belagerung noch mit einem Sturmangriff etwas ausrichten konnte, schickte er einen Boten mit der Forderung, wir sollten ihm zehntausend Ellen Tuch und noch viele andere Dinge senden, die, wie er vorgab, von seinen Leuten benötigt würden. Das entsprach nicht der Wahrheit, denn alle Mongolen, die wir sahen, waren schwer mit Raubgut beladen. Dennoch war ich froh, meine Sicherheit um diesen Preis zu erkaufen und schickte ihm das Geforderte, damit er seine verfluchten Schritte zu einem anderen Ort lenkte.

Als der Tribut gebündelt auf dem Hof lag, fand sich niemand der Unseren bereit, ihn zu den Mongolen rauszuschaffen. Endlich meldeten sich einige alte Männer unter der Bedingung, daß für ihre Familien gesorgt würde, wenn ihnen etwas zustieße. Nach einem tränenreichen Abschied von ihren Kindern und Enkeln zogen sie mit den bepackten Eseln zum Tor hinaus. Wie recht sie mit ihrer bösen Ahnung hatten, zeigte sich bald: Toqutschar ließ sie unter dem Vorwand enthaupten, sie hätten nicht das Gewünschte gebracht.

Korendiz war der einzige größere Ort in unserer Gegend, der von der Vernichtung verschont blieb. Aber wehe! Als die Mongolen fort waren, brach eine Pestseuche aus, die nahezu alle der Unseren hinwegraffte. Wo uns die mongolischen Teufel nichts antun konnten, forderte nun der Todesengel seinen Tribut, und wer nicht durch das Schwert fiel, kam durch Krankheit ums Leben, denn der Möglichkeiten sind viele, aber das Übel des Todes ist immer gleich.«

Von Korendiz aus wandte Toqutschar seine Schritte nach Nischapur, das sich bereits einmal von Djebe und Sübütai freigekauft hatte. Bevor er die Belagerung der Stadt begann, zerstörte er etwa zwanzig kleinere Ortschaften in der Umgebung.

Nischapur hatte sich gewappnet. Die Türme und Mauern strotzten förmlich vor Artillerie. Außer einer Reihe von Katapulten und Ballisten hatten die Verteidiger dreitausend »Maschinen zum Fortschleudern eiserner Geschosse, die mit leichtentflammbaren Stoffen gefüllt sind« – wahrscheinlich eine Art von Mörsern oder Raketenwerfern. Ferner verfügte Nischapur über dreihundert Projektile mit »eisernem Helm«. Vermutlich handelte es sich um Sprengköpfe oder stumpfe Granaten, die von einer Kanone abgefeuert wurden.

Die Kanoniere und Schützen trugen Asbestkleidung als Feuerschutz. Sonderbarerweise war das in ganz Asien verbreitete Asbest in Europa damals unbekannt. Marco Polo berichtet über die Asbestgewinnung, und Kubilai Khan sandte dem Papst ein Asbesttuch, der daraus eine »Schutzhülle für das Heilige Schweißtuch Jesu Christi« anfertigen ließ.

Das für die Bomben und Feuerwerfer benötigte Naphta destillierte man aus Rohöl, das im Mittleren Osten überall vorkommt.

Einer derart massiven Verteidigung gegenüber war selbst ein rüder Mongolengeneral machtlos. Toqutschar setzte zwar im November zum Sturm auf Nischapur an, wurde jedoch von einem Geschoß in die Brust getroffen und getötet. Seine Offiziere brachen daraufhin die Belagerung Nischapurs ab.

Im folgenden Februar befahl Dschingis Khan seinem jüngsten Sohn Tului, die Eroberung Chorasans zu vollenden und Nischapur in die Knie zu zwingen. Als echter Sohn seines Vaters war Tului, der Große Noyan, helläugig, blond und nach Ansicht seiner Zeitgenossen ein »gutaussehender junger Mann«.

Von Thaleqan aus folgte Tului dem Lauf des schnellfließenden Murghab, der in den Hochländern Afghanistans entspringt und sich im Rotsandstein ein Bett gegraben hat, das an Großartigkeit dem Grand Canyon in Arizona nicht nachsteht. In der Steppe verbreitert sich der Fluß zu einem Strom, der die Stadt Merw reichlich mit Wasser versorgt, bevor er sich in mehrere Arme spaltet, die in der Wüste Kara Kum verdunsten und versickern.

Die alte Hauptstadt Merw, von ihren Bewohnern »Königin der Welt« genannt, bildete eine blühende Gartenoase in der turkmenischen Wüste. Nach dem Tode Sultan Muhammads hatte der tatkräftige Scharaf ad-Din dort die Macht übernommen. Er dachte nicht daran, sich kampflos dem Großen Noyan zu ergeben, der nun mit 70 000 Reitern vor der Stadt Stellung bezog. Während die Mongolen ihr Lager aufschlugen – darunter das seidene Prunkzelt Tuluis –, griff Scharaf ad-Din mehrmals an. Ein Ausfall erfolgte so überraschend und heftig, daß gleich am ersten Tag in einem einstündigen Gefecht über tausend Mongolen den Tod fanden.

Der Kampf dauerte einundzwanzig Tage. In den letzten Tagen des Februars 1221 ergab sich die Stadt und sandte eine Delegation, die Tului um Gnade bat. Die Abgeordneten erklärten dem Großen Noyan, der sie auf einem vergoldeten

Thronsessel sitzend empfing, sie wären bereit, einen mongolischen Statthalter anzuerkennen und jährlich Tribut an Dschingis Khan zu zahlen. Als weiteren Preis für ihr Leben und ihre Heimatstadt boten sie 200 000 Golddinare, 30 000 Eselslasten Getreide, 100 000 Pferde und 100 Sklaven. Als Beweis ihrer Unterwürfigkeit überreichten sie Tului juwelenbesetzte Pokale und prächtige Brokatstoffe.

Am nächsten Tag begab sich Scharaf ad-Din mit zehn der höchsten Offiziere zu Tului und brachte ihm weitere wertvolle Geschenke. Aber sobald sie die Schwelle des fürstlichen Zeltes überschritten hatten, wurden sie von der Wache ergriffen und gezwungen, einen Schuldschein über 300 Eselslasten Gold für Tului auszustellen.

Dann gab Tului den Befehl zur Zerstörung der Stadt Merw. Nachdem man die Mädchen für die Truppen aussortiert sowie die Handwerker und Gelehrten als Sklaven ins Landesinnere deportiert hatte, wurden die übrigen Einwohner hingerichtet. Die Zahl der Toten war so hoch, daß eine Gruppe von Schreibern dreizehn Tage und Nächte brauchte, um alle Namen festzuhalten.

Die Mauern der Stadt wurden geschleift, in die Ruinen leitete man die Fluten des Murghab. Eines der wenigen Baudenkmäler, dessen Mauern dem Feuer wie dem Wasser standgehalten haben, ist das Mausoleum des Sultans Sandschar, das heute noch zu sehen ist.

Einige der höher gelegenen äußeren Stadtbezirke entgingen der völligen Vernichtung. In Kellern und Winkeln verbarg sich die Schar der verängstigten Bewohner, die dem Tod mit knapper Not entronnen waren. Die Zahl der Geretteten schätzt man auf 100 000, während die der Umgekommenen, einschließlich der aus Gefangenen rekrutierten Belagerungstruppen, zwischen 700 000 und 1 300 000 liegen dürfte.

Der Historiker Jakut ar-Rumi, ein aus Kleinasien stammender Grieche, der viel in Chorasan gereist war, hatte Merw rechtzeitig verlassen, »in nichts als ein Hemd gekleidet, wie eine Seele am Jüngsten Tag«. Aus Persien schrieb er einem syrischen Freund:

»Ich fand in Merw viele Werke der Wissenschaft und der Literatur, die von weisen und verständigen Männern verfaßt waren. Zu meinem Glück stieß ich hier auf eine Menge Manuskripte, nach denen ich lange gesucht hatte und deren Lektüre ich mich mit dem Eifer eines Bücherwurms widmete.

Ich schwöre dir bei meinem Leben, jenes Land war schön in allen seinen Teilen, ein friedlicher Garten mit reiner, unbewegter Luft. Nie werde ich die Haine herrlicher Bäume vergessen, deren Äste sich unter der Last des Blätterwerks neigten. Liebliche Südwinde fächelten die Rebstöcke, in den Bäumen sangen bunte Vögel ihre Lieder und an den Blüten glänzten des Morgens Tautropfen wie die Perlenzähne hinter den Lippen eines hübschen Mädchens.

Das Land Chorasan war reich an allen Dingen, die das Auge erfreuen. Ich übertreibe nicht, wenn ich sage, es war ein Paradies. Es lebten dort viele fromme Männer, die an Tugend alle überragten. Sie haben die Menschheit mit den Früchten ihrer Weisheit beschenkt, ihr Name ist in das Goldene Buch der Geschichte eingetragen. Die Gelehrten dieses Landes haben den Fortschritt der Welt vorangetrieben, ihre Werke wurden in allen Ländern gerühmt. Viele Wissenschaftler von Rang erhoben sich gleich der Sonne im Land des Ostens, andere Männer von hohem Verstand wählten Chorasan als Wohnsitz oder wünschten zumindest, dort zu leben und der Freuden seiner Bewohner teilhaftig zu werden.

Doch der Sultan, der über die gesegneten Provinzen herrschte, lieferte sie der Willkür der Mongolen aus. Ein Volk von Ungläubigen wütet in den herzerquickenden Gärten und Hainen, eine widerwärtige Horde von Gottlosen fegt die Moscheen und Paläste fort wie welke Streu, so daß die Bauten der Andacht und der Freude zum Tummelplatz von Eulen und Raben werden, denn ihre Bewohner sind tot, als Sklaven verschleppt oder geschändet.

Selbst ein Teufel wäre in Klagen ausgebrochen über eine Verwüstung solchen Ausmaßes. Man kann nur die Hände ringen vor Trauer und Gram in einem Land, wo die Locken der Kinder ergrauen, die Herzen versteinern und manch einer den Verstand verliert.

Nur mit großer Mühe gelangte ich nach Persien. Ich entkam trotz gezückter Schwerter, durch kopflos fliehende Truppen und über Stätten, wo das Blut zum Himmel dampfte. Hätte mir das gütige Geschick nicht bestimmt weiterzuleben, ich hätte das Los jener

Abertausenden geteilt, die unter dem Würgegriff der Ungläubigen ihr Leben aushauchten.«

Von Merw aus marschierte Tului nach Nischapur, um als Rache für den Tod Toqutschars die Stadt dem Erdboden gleichzumachen. Zur Belagerung der stark befestigten Mauern hatte er eigens einen Plan ersonnen, für den er 3000 mechanische Armbrüste, 300 große Katapulte, 2500 Wagen und 4000 Sturmleitern mitführte. Außerdem verfügte er über eine Armee von 100 000 Mann.

Einem derart massiven Angriff, vor allem der Artillerie, konnten die zunächst sehr wirksamen Verteidigungskräfte der Stadt auf die Dauer nicht standhalten. Allmählich verstummten die Geschütze.

In den frühen Morgenstunden eines Freitags begann der entscheidende Sturm auf die Stadt. Nachmittags erklommen die ersten Krieger die Stadtmauern, Nischapurs letzte Stunde hatte geschlagen. Nachts gelang den Mongolen ein zweiter Durchbruch, und anderntags zählte man bereits siebzig Breschen in den Schutzwällen, durch die die Mongolen wie eine Sturzflut über die Stadt hereinbrachen. Abends war alles vorüber, Grabesstille lag über Nischapur.

Am Sonntag, dem 10. April 1221, wurden die letzten Überlebenden aus ihren Schlupflöchern gezerrt und erbarmungslos massakriert. Toqutschars Witwe, eine Tochter Dschingis Khans, überwachte selbst das totale Zerstörungswerk. Die Stadt wurde in Brand gesteckt, die noch aufrecht stehenden Mauern niedergerissen.

Fünfzehn Tage lang dauerte das Gemetzel, zwölf weitere Tage brauchte man, die Toten zu zählen. Auch hier schwanken die Angaben zwischen einer halben Million und anderthalb Millionen Opfer.

Die Gefangenentrupps mußten die Ruinen mit Erde aufschütten. Schließlich pflügte man alles mit Ochsen um und säte Klee und Gerste als Pferdefutter aus.

Toqutschars Witwe hatte Rache genommen.

Als nächstes Ziel faßte Tului die vierte Großstadt Chorasans, Herat am Ufer des Heri Rud, ins Auge. Von Alexander dem Großen als Alexandria Aryana gegründet, hatte sich der Name im Lauf der Jahrhunderte zu Arya – Hari – Herat abgeschliffen.

Zu Dschingis Khans Zeit konnte sich Herat, was Schönheit und Geschichte betraf, sehr wohl mit anderen Weltstädten vergleichen. Hier wurde Kaisran geboren, die Mutter Harun al-Raschids. Der Fluß, in dessen fruchtbarem Tal die Stadt lag, heißt Heri Rud und kommt aus den Hochgebirgen Afghanistans. Wie alle Städte Chorasans besaß auch Herat eine Zitadelle, eine Innenstadt und viele Vorstädte mit lieblichen Gärten. Es war und ist heute noch die Stadt der Kiefernbäume, durch die rauschend der Nordwind fährt.

Tului, der diese wunderbare Stadt nicht zerstören wollte, forderte den Gouverneur zur Übergabe auf. Aber erst nach einer achttägigen Belagerung, während der der Gouverneur den Tod fand, kapitulierten die Einwohner und öffneten die Tore. Der Große Noyan empfing die Abgesandten Herats auch diesmal wieder auf seinem goldenen Sessel sitzend, den er überallhin mitführte. Nur die Beamten und Soldaten wurden getötet, die Zivilbevölkerung verschonte er unter der Bedingung, daß sie das Anderthalbfache ihrer jährlichen Steuern an den Schatzmeister Dschingis Khans zahlten.

Während der Belagerung Herats geriet ein berühmter Mann, der Richter und Rechtsgelehrte Wahid ad-Din, auf kuriose Weise in die Gefangenschaft der Mongolen. Er selbst berichtet darüber:

»Als Herat von den Mongolen belagert wurde, hielt ich mich zufällig gerade in dieser Stadt auf. Nach dem Vorbild der Ghasis, der heiligen Krieger unseres Glaubens, legte ich jeden Tag Waffen und Rüstung an und begab mich auf die Mauerbrüstung, um die Stärke der moslemischen und mongolischen Streitkräfte gegeneinander abzuwägen. Eines Tages nun stand ich wieder in voller Rüstung, mit Helm und Brustpanzer angetan, oberhalb der Kämpfenden, als mein Fuß den Halt verlor und ich gleich einem Stein oder einer Kugel von der Mauer in den Festungsgraben hinabrollte. Es waren wohl an die 50 000 Mongolen und moslemische Überläufer, von denen die Nächststehenden ihre Bogen auf mich anlegten und mit Steinen nach mir zielten, doch blieb ich unverletzt. Schließlich nahm mich eine Rotte gefangen, die bis zu den Wällen vordrängte und zu mir in den Graben hinunterstieg.

Mein Mißgeschick ereignete sich unweit der Stelle, wo Tului, der Sohn des mächtigen Dschingis Khan, sein Zelt aufgeschlagen hatte, von dem aus er seine Truppen persönlich kommandierte. Da mir weder beim Sturz von der Mauer noch im Graben ein Leid geschah – Allah der Allmächtige hielt seine Hand schützend über mich, daß keines meiner Gliedmaßen brach und kein Pfeil mich traf –, gab Tului seinen Leuten den Befehl:

›Bringt jenen Mann da lebendig zu mir her, ohne ihm ein Haar zu krümmen!‹

Gemäß den Worten ihres Feldherrn holten mich die Krieger aus dem Graben und brachten mich vor Tului, der mich forschend ansah und auf Verletzungen hin untersuchen ließ. Als sich keine fand, sagte er zu mir: ›Was für eine Art Wesen bist du? Gehörst du zu den Kindern Adams, bist du ein Engel oder Dämon, oder kannst du zaubern, indem du Tängri, den Allmächtigen Gott, zu Hilfe rufst? Sag an, wie steht es mit dir!‹

Ich neigte mein Gesicht tief zur Erde, als ich erwiderte: ›Ich bin nichts weiter als ein unseliger Gelehrter, der nur zu beten und zu segnen vermag. Allerdings leuchtet mir ein Glücksstern.‹

›Wie heißt dein Glücksstern?‹ fragte der Feldherr.

Ich berührte abermals den Boden mit meiner Stirn.

›Mein Herr, es war dein Antlitz, das über meinem Sturz leuchtete und mich durch seine glückbringende Gegenwart vor üblen Folgen bewahrte.‹

Tului nahm meine Antwort gnädig auf und meinte freundlich:

›Dies ist ein scharfsinniger und weiser Mann, der sich für den Dienst bei Dschingis Khan eignet. Tragt Sorge, daß ihm nichts geschieht, damit er unversehrt vor das Angesicht meines Vaters tritt.‹ Dann befahl er, mich wie einen angesehenen Mongolen zu behandeln.«

Der Richter blieb in Tuluis Gefolge, bis dieser ihn bei Thaleqan seinem Vater übergab.

Ein Mongole lügt nicht

Ein Porträt des fünfundsechzigjährigen Dschingis Khan hat uns der moslemische Chronist Djuzdjanis überliefert. Er schreibt:

»Wie mir glaubwürdige Personen berichteten, hatte Dschingis Khan zur Zeit der Eroberung Chorasans sein fünfundsechzigstes Lebensjahr vollendet. Er war von hoher Statur und kräftigem Körperbau, besaß leicht ergrautes Haar und die Augen einer Katze. Der überaus tatkräftige und hochbegabte Herrscher verfügte über einen scharfen Verstand. Er war entschlossen und unerschrocken, seinen Leuten gegenüber ehrfurchtgebietend und gerecht, aber ein blutrünstiger und grausamer Schlächter seiner besiegten Feinde.

Es ist bekannt, daß er auf den verschiedensten Gebieten eine erstaunliche Begabung an den Tag legte, wie es genialen Persönlichkeiten oft eigen ist. Er war ein Meister der Magie und der Freund vieler Teufel. Hin und wieder fiel er in Trance. Im Zustand zeitweiliger Bewußtlosigkeit pflegte er über die verschiedensten Dinge auszusagen. In einem solchen Zustand hatte er vor dem Krieg gegen China eine Wallfahrt angetreten auf einen Berg namens Burqan-qaldun, wo ihm die Teufel, über die er Macht besaß, seinen Sieg prophezeiten. Den Mantel und die Unterkleider, die der Khan während der Meditation getragen hatte, bewahrte er in einer Truhe auf, die er stets mit sich führte.

Wenn der Geist über ihn kam, stammelte seine Zunge von siegreichen Taten, er zählte die Feinde und ihre Niederlagen auf und beschrieb die Verwüstung ihrer Länder, kurzum, er sprach aus, wonach sein Geist sich sehnte.

Alle Worte, die Dschingis Khan in entrücktem Zustand hervorstieß, wurden sofort von einem Schreiber festgehalten, der die Niederschrift in einem versiegelten Beutel aufbewahrte. Wenn

der Khan dann die Herrschaft über seine Sinne wiedererlangt hatte, wurde das Siegel erbrochen und ihm seine Worte vorgelesen. Und da er so weit wie möglich seine Handlungen der Weissagung anpaßte, bestätigte sich diese mehr oder weniger und wurde zur Wirklichkeit.
Außerdem war er im Deuten der Schulterblätter von Schafen erfahren; ständig pflegte er Schulterblätter ins Feuer zu legen und zu verbrennen. Aus den Malen, die das Feuer an ihnen hinterließ, versuchte er Hinweise auf die Zukunft herauszulesen, im Gegensatz zu den moslemischen Wahrsagern, die allein aus Form und Beschaffenheit der Schulterblätter ihre Schlüsse ziehen.
Dschingis Khan übte in seinem Lager eine strenge Gerichtsbarkeit aus. Niemand wagte eine zu Boden gefallene Reitpeitsche aufzuheben außer dem Eigentümer, nie hörte man von einer Lüge oder gar von Diebstahl. Kein mongolischer Krieger warf sein Auge auf die Ehefrau eines anderen; gefiel ihm die Frau sehr, so erschlug er lieber den Ehemann, nur um keinen Ehebruch zu begehen. Man kann den Mongolen vielerlei nachsagen, nicht aber Falschheit oder Hinterhältigkeit.«

In Dschingis Khans Lager vor Thaleqan versammelten sich die schönsten Mädchen der Moslems. Sie trugen persische Namen wie Korsched (Sonne), Lulu (Perle), Laila (Flieder) oder türkische wie Ay (Mond) und Yildiz (Stern). Sie besaßen die zarte Haut der Nordchinesinnen und, da sie aus einem ähnlich kühlen Klima stammten, auch dieselben rosigen Wangen. Gewöhnlich hatten sie schwarzes Haar und ebensolche Augen, man sah aber auch goldbraune Flechten und nußbraune oder dunkelblaue Augen. Die persischen Dichter verglichen die Mädchen mit den Huris, den schönen paradiesischen Jungfrauen: »Der Bogen ihrer Brauen beschämt den neuen Mond, und ihre Lippen gleichen den Rosenblättern in einer Weinschale.«

Wenn man Djuzdjanis Glauben schenken darf, so hatte Dschingis Khan einen vollen Tümen solcher Schönheiten in seinem Harem. »Man versicherte mir, es seien so viele Moslems in die Hände der Ungläubigen gefallen, daß allein für Dschingis Khan 12 000 ausgesucht schöne Jungfrauen bereit waren, die dem Heer ständig folgten.«

Mittlerweile war Tului mit dem Richter Wahid-ad-Din in Thaleqan eingetroffen; der Gefangene berichtet über seine Zeit im Lager:

»Nachdem Tului Städte und Gebiete der Provinz Chorasan unterworfen hatte, geleitete er mich zu seinem Vater und erzählte ihm die Geschichte von meinem wundersamen Sturz von den Mauern Herats. In Dschingis Khans Diensten erfuhr ich große Gunst. Stets stand ich wartend auf seiner Schwelle bereit. Er pflegte mich nach den Worten der Propheten zu fragen und erkundigte sich nach den Herrschern des Westens und längst verstorbenen Königen.
So fragte er mich einmal: ›Hat Mohammed (dessen Name gepriesen sei!) meinen Aufstieg und meine Herrschaft vorausgeschaut?‹
Ich legte ihm dar, man könne die Worte des Propheten über die Aufstände der Ungläubigen durchaus auf die Mongolen beziehen. Er gab zur Antwort:
›Mein Herz schlägt Zeugnis dafür, daß du die Wahrheit sprichst.‹
Ein andermal sagte er zu mir:
›Ein großer Name wird in der Welt von mir künden, wenn ich mich an Muhammad, diesem Räuber, gerächt habe ... Denn Sultan Muhammad war kein Monarch, sondern ein Räuber. Wäre er ein rechtmäßiger Herrscher gewesen, so hätte er zu Otrar meine Gesandten und Händler nicht erschlagen lassen, denn ein König bringt keinen Abgesandten um.‹ Als er mich nach einer Weile nochmals eindringlich fragte: ›Sag, wird nicht ein großer Name von mir künden?‹, neigte ich mein Gesicht zur Erde und antwortete: ›Wenn der Khan mir die Sicherheit meines Lebens verspricht, möchte ich etwas bemerken.‹
›Ich habe dir Sicherheit versprochen‹, erwiderte der Khan.
›Jeder Name überdauert nur so lange, wie es Leute gibt, die ihn aussprechen. Wie soll dein Name weiterleben, wenn deine Leute alle Völker quälen und umbringen, und niemand übrigbleibt, um deine Taten zu rühmen?‹
Als ich geendet hatte, stieß Dschingis Khan mit Bogen und Pfeil, die er gerade in Händen hielt, zornig auf den Boden und wandte mir den Rücken zu. Als ich das Zeichen des Unmuts auf seine Stirn treten sah, rang ich die Hände und ließ alle Lebenshoffnung fahren. Nun war meine Stunde gekommen, und ich würde auf

Geheiß des Mächtigen die Welt durch einen Schwertstreich verlassen.
Aber nachdem eine Minute vergangen war, kehrte er mir sein Antlitz wieder zu und sprach:
›Ich dachte bisher, du wärest scharfsinnig und weise, aber nun scheint mir, daß dein Verstand Grenzen hat und es mit deiner Klugheit nicht weit her ist. Wohin Muhammad, der Räuber, seinen Fuß gesetzt hat, dorthin will ich ihm Tod und Verderben nachtragen. Es wird genug Überlebende geben, Könige wie Völker, die der Nachwelt meine Taten berichten.‹
Von da an entzog Dschingis Khan mir seine Gunst und duldete mich nicht mehr in seiner Nähe. Meine Flücht glückte, und ich entkam aus dem mongolischen Heerlager, wofür ich Allah dem Allmächtigen Lob und Dank sage.«

Von Thaleqan aus, wo sich alle mongolischen Truppen versammelt hatten, schickte der Khan erneut Stoßtrupps in verschiedene Richtungen aus, die überall Angst und Verwirrung stifteten. Eine Gruppe drang nach Osten bis nahe an Balch vor, eine zweite gelangte in den Süden bis Kabul, eine dritte gar bis an die indische Grenze. Die vierte und größte Abteilung überschritt den Heri Rud und rückte in das Reich der Ghoriden auf den Hochländern Afghanistans ein.

Das Wort *Ghor* bedeutet im örtlichen Dialekt »Gebirge«, und eine Gegend mit endlos blauen Bergketten unter einem heiteren Himmel war es, in welcher die Mongolen nun ritten. Auf den Berggipfeln thronten unzählige Festungen wie Schlachtschiffe auf einem erstarrten Wellenmeer. Hier hatte sich einst das Fürstengeschlecht der Ghoriden erhoben und den Ghaznaviden-Sultan Mahmud von seinem Thron verdrängt. Immer weiter hatten sie ihr Reich ausgedehnt, bis es von Herat bis über Delhi reichte. Einst mächtige Konkurrenten des Sultans Muhammad von Chorezm, hatten sich die Ghoriden schließlich seiner Übermacht beugen müssen und ihm die westlichen Gebiete ihres Reiches abgetreten.

In dieser Landschaft, deren politische Grenzen sich ständig änderten und wo ein Eroberer den anderen verjagte, hausten die Mongolen mehrere Monate lang und trieben die Rinderherden von den Gebirgsweiden. Schließlich nahmen sie Astiah, wo ein Perser namens Zarrad das Kommando führte. Trotz ausreichender Vorräte leistete er keinen Widerstand, da er kein Freund der Chorezmier war, ja, im Untergang von Chorezm sogar eine »Fügung des Schicksals« zu erkennen glaubte.

Ugulen-tscherbi, ein Vetter Bo'ortchus, wurde sein Freund und brachte ihn mit nach Thaleqan ins Mongolenlager.

Dschingis Khan, der die Gegensätze zwischen den alteingesessenen Ghoriden und den Chorezmiern nach Kräften schürte, empfing Zarrad mit großen Ehren und verlieh ihm den alten persischen Titel »Großfürst von Ghor« – was ihn übrigens nichts weiter kostete. Beeindruckt verließ Zarrad das Heerlager bei Thaleqan und begab sich von dort in die Festung Sangah auf den nördlichen Ausläufern des Kaisar-Gebirges, wo sich bereits ein anderer Gast, der Chronist Djuzdjanis, aufhielt. Die persönlichen Eindrücke des persischen Kommandanten gibt Djuzdjanis folgendermaßen wieder:

»Einmal verließen wir Dschingis Khan und setzten uns in ein anderes Zelt. Ugulen-tscherbi, der Kammerherr, sowie andere Noyan saßen dort beisammen, aber Ugulen war der vornehmste unter ihnen.

Plötzlich führte man zwei Mongolen herein, die man in der Nacht zuvor auf ihrem Posten schlafend angetroffen hatte. Ugulen fragte: ›Wer hat euch hergebracht!‹ – ›Ich war es‹, sagte ein Mongole und beugte das Knie.

›Welches Verbrechen haben sie begangen?‹ fragte Ugulen weiter.

Und der Mann berichtete: ›Als ich meine Runde um das Lager antrat, fand ich diese beiden Wachtposten. Sie saßen schlafend hoch auf ihren Pferden. Um sie zu wecken und wissen zu lassen, daß ihre Pflichtvergessenheit bemerkt wurde, schlug ich den Pferden mit der Peitsche auf den Kopf. Hier bringe ich dir die Männer zur gerechten Bestrafung.‹

Ugulen wandte sich an die Missetäter.

›Habt ihr auf Wache geschlafen?‹ herrschte er sie an.

Beide gaben es zu.

Da erteilte Ugulen den Befehl, man solle einen von ihnen enthaupten und seinen Kopf an den Haaren des anderen festbinden.

So solle man diesen im ganzen Lager herumführen und ihn dann ebenfalls töten. Kläger und Angeklagte nahmen das Urteil widerspruchslos hin, das sofort vollstreckt wurde. Starr vor Staunen fragte ich Ugulen:
›Der Ankläger konnte nichts beweisen, er war allein und die anderen zu zweit. Warum haben sie nicht geleugnet, wenn sie wußten, daß der Tod auf sie wartet? Hätten sie ihr Vergehen abgestritten, so hättest du sie nicht verurteilen können.‹
›Wunderst du dich darüber?‹ fragte Ugulen. ›Euer Volk mag leugnen und Lügen vorbringen. Ein Mongole dagegen würde kein unwahres Wort sagen, und wenn ihm tausend Tode drohten. Falschheit und Verlogenheit sind die Laster eures Volkes, deretwegen Gott der Allmächtige uns als Strafe in euer Land geschickt hat.‹«

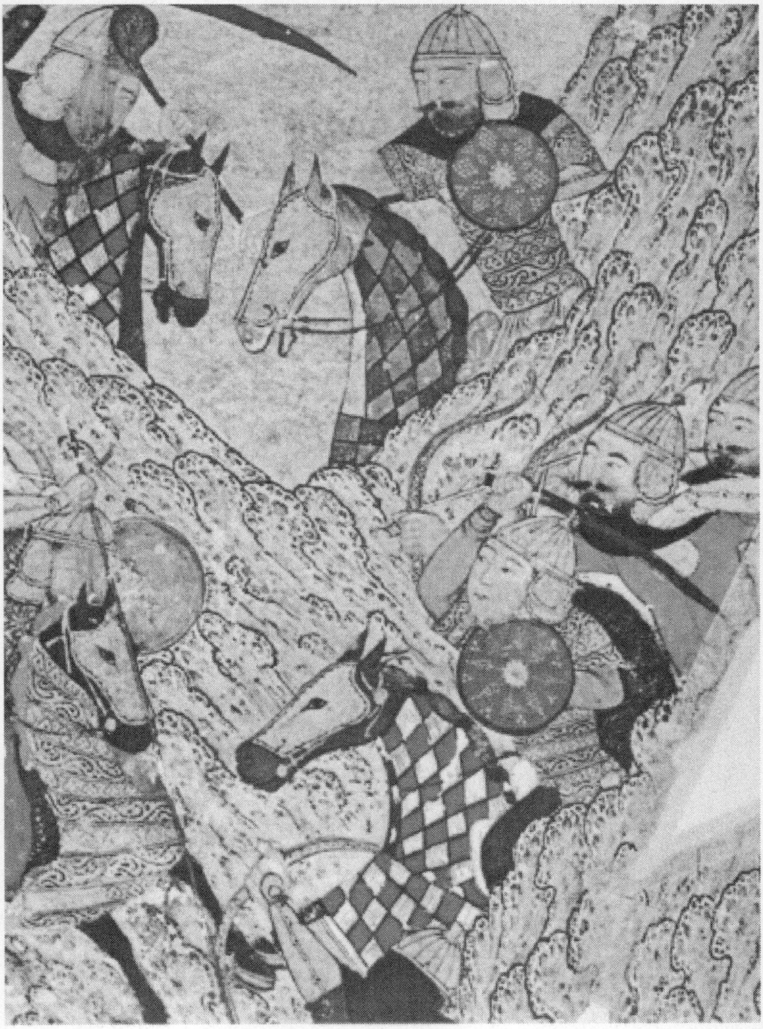

Mongolen in der Schlacht; timuridische Miniatur von 1398 (London, British Museum).

Vierter Teil

. . . bis zu den Steppen Europas
1221-1227

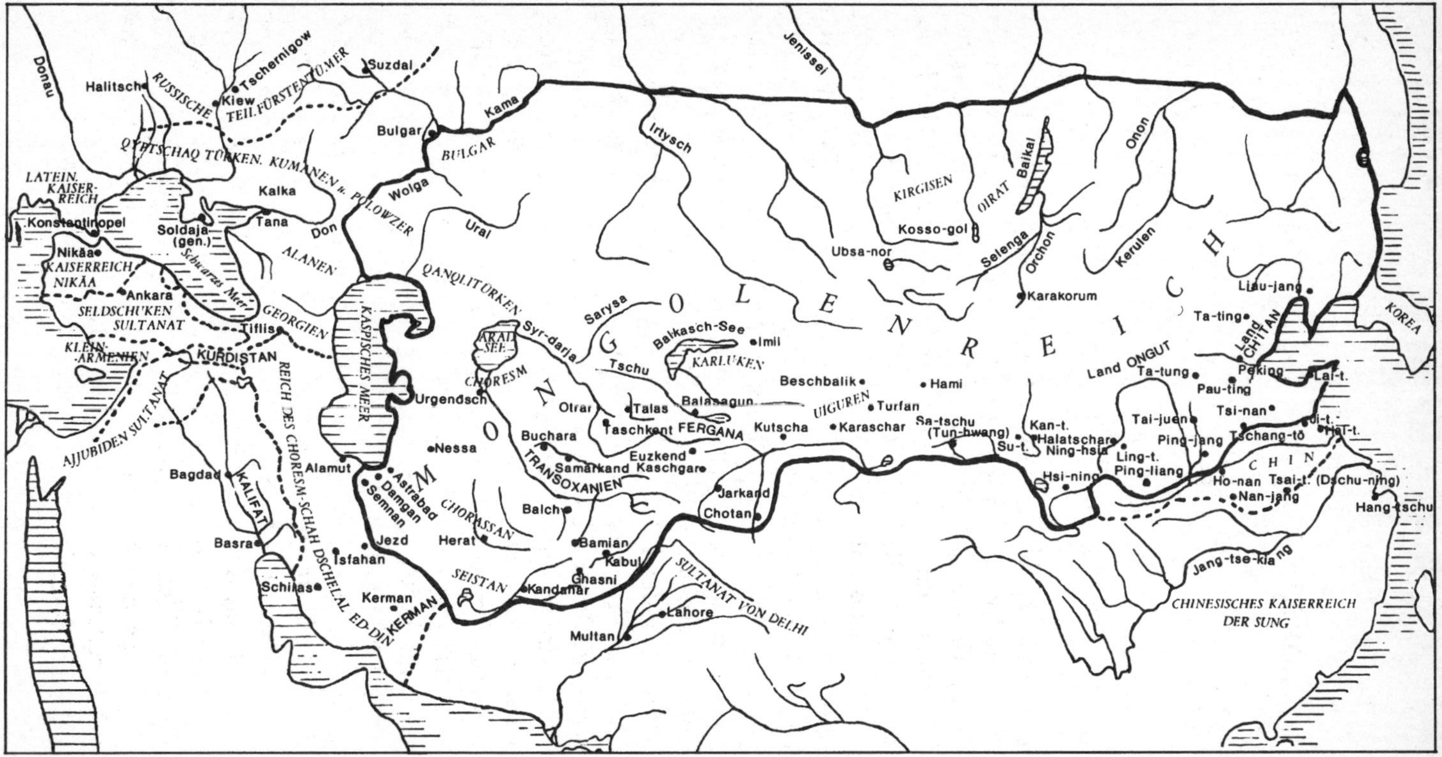

Das Mongolenreich um 1230

Gefangene werden nicht gemacht

Die späte Frühlingssonne brannte nieder auf Steppen und Hügel und versengte das Grün um die Festung Thaleqan, die sich noch immer den mongolischen Belagerern widersetzte. Trotzdem faßte Dschingis Khan den Entschluß, die heißen Monate in den Bergen zu verbringen.

Sein erstes Ziel auf der Strecke dorthin war Bamiyan an der Straße nach Indien. Über einen schwierigen Paß, der nicht ohne Grund *Kotal-i-Shutur-Khon,* »Paß des Kamelblutes«, genannt wird, zog er vorbei an Firuzkuh, der Hauptstadt des Ghoridenreiches, zu jenem Hochland Afghanistans, das hinter Dscharmao emporsteigt.

Das Hochland Afghanistans ähnelt dem Tibets mit seinen in bunte Trachten gekleideten Menschen und den Steinhäusern, auf deren Dächern Kuhdung zum Trocknen ausliegt. In Lal-i-Kirman, einem Hochplateau, das von ziegelroten Bergwänden umgeben ist, weideten riesige Herden von Gebirgsrindern, aber verhältnismäßig wenige Schafe. An Obst gab es höchstens ein paar verkümmerte Aprikosenbäume, dafür gedieh der harte, nahrhafte Gebirgsweizen um so besser. Das daraus gebackene Brot schmeckt wie Ingwerbrot.

Der Aufstieg zum über dreitausend Meter hohen Akserat-Paß führte die Mongolen ins gewaltige Bergmassiv des Koh-e-Baba, dessen zahlreiche Gebirgsketten sich bis in die Gegend von Kabul erstrecken. Durch das *Tang-i-Nargis,* das »Tal der Narzissen«, ging es wieder bergab bis nach Panjao, wo fünf Flüsse zusammentreffen. Weit in der Ferne leuchtete der eisbedeckte *Kuh-e-Arus,* der über fünftausend Meter hohe »Hochzeitsberg«. An seinen Fuß geschmiegt lag das vorläufige Ziel der Mongolen: Bamiyan am gleichnamigen Fluß.

Die Stadt Bamiyan, eine der schönsten islamischen Siedlungen, liegt über zweitausendfünfhundert Meter hoch in einem fruchtbaren Gebirgstal, wo sich Hindukusch und Kohl-e-Baba gleichsam die Hand reichen. Vor gar nicht langer Zeit war Bamiyan die Hauptstadt jener Ghoriden gewesen, die ihr ursprünglich kleines Reich bis nach Kaschmir und Kaschgar ausgedehnt hatten. In noch früheren Jahrhunderten war Bamiyan als buddhistisches Glaubenszentrum in ganz Asien, von China bis Ceylon und an den Persischen Golf, berühmt.

Der Stolz Bamiyans waren damals – und sind es noch heute – kolossale Buddhastatuen, die im Norden der Stadt in die rötliche Felswand gehauen sind. Mit ihren dreiundfünfzig Metern ist die größte noch höher als die Freiheitsstatue. Im Gegensatz zu anderen Buddhas, die meist meditierend im Lotossitz dargestellt sind, steht der große Buddha von Bamiyan aufrecht da, gekleidet und gestiefelt nach Art der nordischen Völker, in einer Nische, deren Kuppel mit farbenfrohen Malereien geschmückt ist. Von den Kriegern und tanzenden Mädchen, die sie darstellen, sind einige blond und blauäugig, wie es der historische Buddha gewesen sein soll.

Die Buddhastatuen von Bamiyan entstanden in den ersten Jahrhunderten nach Christus während der Herrschaft der Kuschan-Könige, deren Reich in seiner Blütezeit ganz Afghanistan, Nordindien und Baktrien (das Hochland in der heutigen UdSSR) umfaßte. In der Epoche der Kuschan-Könige verbreitete sich der Buddhismus von Indien aus über Zentralasien bis nach China und Japan. Ursprünglich waren die Buddhastatuen von Bamiyan bunt bemalt und wohl auch mit Gold und Edelsteinen verziert gewesen, die man aber zur Zeit Dschingis Khans längst abgebrochen und gestohlen hatte.

Das Tal von Bamiyan und seine Schätze wurden im Westen durch die Festung Walch bewacht, die sich mit ihren ausladenden Bollwerken aus Stein- und Ziegelmauern vor den Eingang des rund hundert Kilometer langen Hochtales schob. Man sieht sie schon von fern durch eine sattelförmige Öffnung des Gebirges, wo ihre Überreste über dem blaugrünen Wasser des Flusses Band-i-Amir in der klaren Gebirgsluft wie ein Märchenschloß schimmern. Zu Dschingis Khans Zeiten war sie freilich viel zu stark, um im Sturm erobert zu werden, deshalb ließ der Eroberer nur so viele Leute zur Belagerung zurück, daß er vor einem Angriff von hinten geschützt war, und zog weiter nach Osten, zur Seenplatte von Band-i-Amir.

Die Hoffnung des Mongolenkhans, Bamiyan ohne Kampf einnehmen zu können, erfüllte sich nicht. Der Vorsteher der Stadt hatte rechtzeitig genügend Vorräte sammeln und die Mauern noch zusätzlich sichern lassen, so daß die Mongolen nichts außer der nackten Flur vorfanden. Nicht einmal genug Steine für die Katapulte gab es hier. Dschingis Khan blieb daher keine andere Wahl, als Bamiyan zu umzingeln.

Während die Belagerung in vollem Gange war, ritt der Khan mit einer Truppe flußabwärts an das Ostende der Hochebene, wo am Zusammenfluß von Bamiyan und Kalu die Geländefestung von Walian, heute *Shahr-i-Sohak,* die »Rote Stadt«, genannt, den Weg nach Indien bewachte. Als Schlüsselfestung war Walian von größerer Bedeutung als die Stadt selbst, die sie beschützte. Gleich hinter dem Fort führte der alte Handelsweg zu den Pässen hinauf, die Hochasien mit dem indischen Subkontinent verbinden. Hier ist auch die Wasserscheide: Nördlich der Pässe strebt alles Wasser nach Rußland und in den Aralsee, während die Bäche und Wasserläufe an den Südhängen ihren Weg ins Arabische Meer und in den Indischen Ozean suchen.

Nur die Einnahme von Walian konnte den Weg nach Süden öffnen, wo bereits mehrere mongolische Stoßtrupps operierten. Aber leicht war diese Festung wirklich nicht zu erobern. Sie lag auf dem nordöstlichsten Vorsprung einer rautenförmigen Hochfläche, die steil aus den Tälern zwischen Kalu und Bamiyan emporstieg und mit einer Spitze auf die Vereinigung der Flußläufe zeigte. Die natürliche Beschaffenheit des Geländes war so geschickt durch Festungsanlagen genutzt worden, daß das Fort im direkten Angriff kaum zu überwältigen war. Vom Fluß her gesehen schien Walian mit seinen Wehrtürmen unerreichbar im Himmelsblau zu thronen.

Bei der Belagerung Bamiyans kam der junge Mütügen, der Sohn Tschaghatais und Dschingis Khans Lieblingsenkel, in einem Gefecht ums Leben. Voller Schmerz und Zorn kehrte Dschingis Khan nach Bamiyan zurück und befahl einen rücksichtlosen Sturmangriff. Barhäuptig führte er selbst die Truppen an, bis die Stadt fiel. Nach der Plünderung stand tagelang der blutrote Widerschein der brennenden Häuser am Himmel.

Es gab kein Pardon. Alle Lebewesen in der Stadt, Männer, Frauen und Kinder, ja, sogar Hunde und Katzen wurden niedergemetzelt, Gärten und Äcker verwüstet und über die Trümmer der Zitadelle Salz gestreut, damit nie wieder Leben aus dem Boden erwachse. Die Wüstenei, welche die Mongolen hinterließen, nannten sie *Mobaligh,* »die verfluchte Stadt«. Nur ein einziges Mal noch zerstörten die Mongolen einen Ort mit der gleichen grausamen Unerbittlichkeit: die Stadt Kolomna in der Nähe von Moskau, als dort ein anderer Enkelsohn Dschingis Khans in einer Schlacht getötet wurde. Auch Kolomna wurde dem Erdboden gleichgemacht und erhielt wie Bamiyan den Namen Mobaligh.

Noch heute, nach mehr als siebenhundert Jahren, zeigt die ehemalige Stadtfestung von Bamiyan zu Füßen des Buddhafelsens die Spuren der erbarmungslosen Verwüstung: Ruinenhügel mit riesigen Trümmerhaufen und Kratern erinnern an eine Mondlandschaft. Die Bauern der umliegenden Täler nennen die Stätte *Shahr-i-Golghola,* die »Stadt des Wehklagens«, da sie glauben, das Jammern der Geister der Erschlagenen in den Überresten zu hören. Die heutige Provinzhauptstadt Bamiyan wurde ein Stück entfernt davon erbaut.

Kurz nach der Zerstörung Bamiyans erhielt Dschingis Khan die Nachricht, in Ghazna, dem heutigen Ghazni südlich von Kabul, sammele sich eine große moslemische Armee und habe eine kleine mongolische Schar, die zur Belagerung der Stadt Kandahar ausgerückt war, bereits in die Flucht geschlagen. Das bewog den Khan, seine in viele Abteilungen aufgespaltene Armee zu vereinen, um mit einem schlagkräftigen Heer den Streitkräften des Moslems zu begegnen. Aber zuvor mußten andernorts klare Verhältnisse geschaffen werden. Er kehrte deshalb nach Thaleqan zurück, um mit der Festung kurzen Prozeß zu machen.

Er ließ eine Belagerungstruppe vor Walian zurück und schlug den direkten Weg über den schwierigen Paß *Dandan Shikan,* den »Zähnebrecher«, nach Westen ein.

Ghazna, ein Adlerhorst zweitausend Meter über dem Meer und rund hundertvierzig Kilometer südöstlich von Kabul gelegen, war von jeher ein wichtiger Handelsplatz zwischen Hochasien und Indien. Die uralte, an indoiranischen Bauwerken reiche Stadt war um das Jahr 1000 der Regierungssitz Mahmud des Großen, der als bedeutendster Herrscher der Ghaznaviden-Sultane und als Förderer der Künste und Wissenschaften in die Geschichte Afghanistans eingegangen ist. Omar Chajjam grüßte ihn mit den Worten: »Friede sei Mahmud auf seinem goldenen Thron!«

»Der große Mahmud, Allahs Schwert auf Erden,
Vertreibt der Ungläubigen dunkle Schar,
Damit die Seelenqualen, Angst und Gram
Durch seine feste Hand zerschmettert werden.«

Sultan Mahmud ließ in Ghazna eine prächtige Moschee aus Marmor errichten, die von siebzig Meter hohen Minaretten flankiert wurde und den Namen *Arus-e-Asman,* »Braut des Himmels«, erhielt. In jenen Tagen überstrahlte das türkische Ghazna mit seinem Glanz selbst das persische Buchara, bis im 12. Jahrhundert das aufsteigende Fürstengeschlecht der Ghoriden die Ghaznaviden aus ihrer Herrscherrolle verdrängte. Bis 1215 regierten die Ghoriden in Ghazna, dann brachte Sultan Muhammad von Chorezm – derselbe, der später auf der Insel im Kaspischen Meer starb – ganz Afghanistan unter seine Gewalt. Seitdem gab es ständig Reibereien zwischen den chorezmischen Türken und den einheimischen Ghoriden.

Sultan Muhammad weilte bereits auf seiner Insel, als sich der chorezmische Statthalter von Ghazna zu Malik-khan, dem

Gouverneur von Herat begab, der sich gerade in der Sistan-Senke mit den lästigen Mongolenhorden herumschlug. Die Abwesenheit des Statthalters nutzte der Gouverneur von Peschawar zu seinem Vorteil, indem er Ghazna besetzte. Dann stellte er eine Armee von 100 000 Berittenen auf, um der bedrängten Festung Thaleqan zu Hilfe zu eilen.

Malik-khan und sein Gast boten sich trotz ihrer Verärgerung als Verbündete gegen die Mongolen an, erhielten aber eine Abfuhr: »Wir sind Ghoriden, ihr seid Türken. Wir haben nichts miteinander gemein.«

Bald darauf wurde der Gouverneur von Peschawar ermordet, und in Ghazna herrschten Unruhe und Verwirrung, bis Dschelal ad-Din Manguberti, der Sohn des inzwischen verstorbenen Sultans Muhammad, begleitet von Malik-khan, in der Stadt eintraf. Der aus Chorasan geflohene Dschelal ad-Din hatte auf dem Weg nach Kandahar eine mongolische Einheit geschlagen, ehe er in Ghazna einzog. Er schuf wieder Ordnung in der Stadt, deren Einwohner »über seine Ankunft erfreut waren wie Moslems am Ende des Monats Ramadhan, wenn der Neumond dem Fasten ein Ende setzt«.

Mit den in Ghazna stationierten Einheiten verfügte Dschelal ad-Din nun über eine Armee von 90 000 Kriegern, die zur einen Hälfte aus Türken, zur anderen aus Ghoriden und Afghanen bestand. Übrigens verstand man unter Afghanistan damals ein Gebiet von weitaus geringerer Größe als heute. Die afghanischen Stämme siedelten zu jener Zeit nur an den Wasserstellen rund um den Khyber-Paß östlich von Kabul und im oberen Indusbecken.

Dschelal ad-Dins afghanische Krieger waren ungewöhnlich hochgewachsene, kräftige Männer mit heller Haut und oft auch hellem Haar, sie hatten die scharfen Augen der Gebirgsbewohner und Nasen wie Falkenschnäbel. Sie trugen weiße Pluderhosen und riesige Turbane, die sie um kegelförmige Strohkappen wickelten. Die Haare fielen ihnen in zwei Zöpfen auf die Schultern. Ein Zeitgenosse bezeichnet sie als kühne, ausdauernde Kämpfer, die leicht einer Übermacht von Hindus gewachsen waren.

Auf seinem Weg gen Norden zog Dschelal ad-Din von Ghazna auf der Karawanenstraße nach Kabul, er überquerte die wasserreiche Ebene von Kohdaman und schlug bei Perwan sein Lager auf.

Perwan am Fuße des Hindukusch war eines der fünf Alexandrien, die Alexander der Große auf seinem Zug durch Afghanistan gegründet hatte. Vermutlich handelte es sich dabei um *Alexandria ad Caucasum*, denn der große Feldherr hielt den Hindukusch irrtümlicherweise für einen Ausläufer des Kaukasus.

Das alte Perwan – heute heißt der Ort Dschebel-ul-Seradsch – lag für eine große Armee sehr günstig. Die fruchtbare Ebene von Kohdaman lieferte genügend Nahrung, und außerdem war Perwan der Ausgangspunkt für alle Routen über den Hindukusch. Im Fall einer Niederlage stand der Fluchtweg nach Indien durchs Tal des Kabul offen.

Von Perwan aus stieg Dschelal ad-Din über den Shibar-Paß und griff die verhältnismäßig kleine Belagerungstruppe der Mongolen vor Walian an: Mehr als tausend Mongolen wurden getötet, die restlichen entkamen über den Fluß nach Westen, wobei sie die Brücke hinter sich zerstörten. Dschelal ad-Din hatte jedoch gar nicht die Absicht, sie zu verfolgen. Er versorgte sich aus den Vorräten des befreiten Walian und kehrte dann über das Gebirge nach Perwan zurück.

Dschingis Khan sandte, sobald er von der Niederlage erfuhr, Chigi-qutuqu mit einer Armee aus, um sich an Walian zu rächen. Er selbst berannte mit den Truppen nach wie vor die Festung Thaleqan, die erst nach fünfzehn Tagen erbitterten Kampfes aufgab und diesmal völlig zerstört wurde.

Nun endlich konnte der Khan an die Eroberung Ghaznas denken. Für den Marsch auf das rund fünfhundert Kilometer entfernte Ziel wählte er die strapaziöse Bergroute, die für Wagen unpassierbar war. Er ließ daher das schwere Gepäck und seinen Harem unter entsprechender Bewachung im Lager von Thaleqan zurück. Eine kleine Heeresabteilung schickte er auf dem längeren, aber sehr viel bequemeren Weg über die Steppen des Nordens an Balch vorbei nach Perwan, von wo aus sie Dschelal ad-Din zu einem späteren Zeitpunkt in die Flanke fallen sollte.

Von Thaleqan aus stieg Dschingis Khan mit seinem Heer in das Bergland von Gharjistan, ein schwer zugänglicher und kaum erforschter Landstrich.

Die Berge sind nicht übermäßig hoch, aber sehr stark zerklüftet durch enge, tief in den Fels geschnittene Flußtäler unzähliger Wasserläufe, die in den Murghab oder einen seiner Nebenflüsse einmünden. Manche Talsohle liegt bis zu fünfhundert Meter tief zwischen steil abfallenden Granit- oder Kalksteinwänden, an denen nur selten ein schmaler Stufenpfad zu den Hochebenen emporführt.

Unten am Boden sind die Gebirgstäler sehr warm und fruchtbar; an günstigen Stellen gedeihen sogar Aprikosen-, Maulbeer- und Quittenbäume, obwohl nur die senkrechten Strahlen der Mittagssonne für kurze Zeit in die Tiefe fallen. Außerhalb der Mittagsstunden herrscht in diesen Canyons ein seltsames Zwielicht, und die bizarr geformten Felsformationen tragen ihr Teil dazu bei, daß man sich wie auf einen anderen Planeten versetzt fühlt.

Zunächst ritt das Mongolenheer noch über sonnige, von Nadelwald hier und da gesäumte Hochflächen bis an den Canyon von Khorandj, der sich in Jahrzehntausenden wie ein Bergwerksstollen in den Kalkstein gegraben hat. Sie stiegen den abschüssigen, in Kehren gewundenen Pfad zum Fluß hinab und folgten eine Weile seinem Lauf, bis der Canyon in die andere Richtung abbog. Ein zweiter Pfad führte an der gegenüberliegenden Seite wieder hinauf. Die an weite Steppenflächen gewöhnten Pferde rutschten und stolperten im Gestein, von den fluchenden Reitern gezogen und geschoben, die sicher nicht viel übrig hatten für den atemberaubend schönen Anblick, der sie oben erwartete. Die schroffen Felswände sind hier vom Regen so abenteuerlich gestaltet worden, daß man sich an die phantastischen Landschaften chinesischer Seidengemälde erinnert fühlt. An einer Stelle führte der Weg durch ein großes Loch im Gestein – vergleichbar einem Tor, durch das sich Reiter und Reittiere zwängen mußten.

Noch ein hoher Paß, dann leitete ein Pfad ins Tal des Murghab hinunter, dessen Lauf sie bis kurz vor seinem Quellgebiet folgten.

Nach den schneidenden Bergwinden der Hochebene erscheint die ruhige Luft des Murghabtales angenehm mild. Es schneit nur selten hier, und die Früchte, die hier wachsen, sind wegen ihres köstlichen Aromas berühmt. Vor allem Melonen gedeihen in vielen Sorten, einige schmecken nach Mandeln, andere duften wie frische Erdbeeren.

Auf dem hochgelegenen Nordufer des Murghab machten die Mongolen eine längere Ruhepause; dann ging der Ritt weiter in Richtung Südosten, nach Ghazna.

Todessprung in den Indus

Zur gleichen Zeit, da Chigi-qutuqu mit seiner Abteilung vor Walian anlangte, hatten sich die moslemischen Truppen bei Perwan gesammelt. Der mongolische General beschloß daher, vor dem Marsch auf Perwan einen Abstecher nach Ghazna zu machen, wo sich kaum noch Truppen aufhielten. Außerdem konnte man von Ghazna aus Dschelal ad-Din in den Rücken fallen. Einen Tümen, ein Drittel seiner Armee, schickte er auf der direkten Route über die Berge nach Ghazna.

Die Mongolen überfielen die fast wehrlose Stadt, steckten die herrliche Kathedrale, die »Himmelsbraut«, in Brand, plünderten die Häuser und brachten alle Einwohner um, die sich ihnen in den Weg stellten. Dann kehrten sie auf demselben Weg zurück bis zum Kabul, folgten aber dann seinem Unterlauf bis zur gleichnamigen Stadt, der heutigen Landeshauptstadt.

Unterdessen rückte Chigi-qutuqu mit den anderen Tümen gegen Perwan vor. Bei Walian ließ er lediglich so viele Reservetruppen zurück, wie nötig waren, um die in der Geländefestung eingeschlossenen Verteidiger am Ausbruch zu hindern. Mit dem übrigen Heer überstieg er den fast dreitausend Meter hohen Shibar-Paß, folgte talwärts den Windungen des Ghorband und erreichte nach mehreren beschwerlichen Tagesmärschen den Rand der Ebene von Kohdaman.

Dort gegenüber breitete sich das riesige Heerlager der Moslems aus, mit den weißen Filzzelten der Türken und den schwarzen Araberzelten der Ghoriden und Afghanen. Perwan – das bedeutete für die Moslems Sieg oder Tod. Mullahs mit roten Turbanen feuerten die Truppen an: »Das Paradies ist euch sicher, wenn ihr den rechten Glauben verteidigt!«

Viele Ghazis, heilige Glaubensstreiter, steigerten sich ekstatisch in Kampfeswut. Sie waren überzeugt, daß die Huris, die himmlischen Jungfrauen im Paradies, bereits auf sie warteten.

Dschelal ad-Din rüstete zum Angriff. Er verfügte über doppelt so viele Soldaten wie die Mongolen, außerdem war sein Standort der günstigere. Leider waren aber auch seine Krieger nicht frei von der tiefverwurzelten Angst, die alle Chorezmier den Mongolenhorden gegenüber empfanden.

Er selbst übernahm das Kommando des Zentrums, der rechte Flügel bestand aus türkischen, der linke aus afghanischen und ghoridischen Kontingenten.

Als die Vorhut Chigi-qutuqus am Rand der Ebene auftauchte, stieg Dschelal ad-Din ab und band die Zügel seines Pferdes am Gürtel fest, zum Zeichen, daß er nicht an Rückzug dachte. Die Leute hinter ihm folgten dem Beispiel ihres Feldherrn.

Den ganzen Tag über wogte das Kampfgetümmel hin und her. Als die hereinbrechende Dunkelheit dem Treiben ein Ende setzte, stand die Schlacht unentschieden. Während der Nacht befahl Chigi-qutuqu, jeder Soldat solle aus Filzdecken und Stroh eine mannsgroße Puppe formen und sie auf sein Packpferd setzen.

Am folgenden Morgen zählten die erstaunten Moslems fast doppelt soviele Krieger wie tags zuvor, was sie sich nicht anders zu erklären wußten, als daß in der Nacht Verstärkung eingetroffen war.

Der zweite Tag verlief zunächst ähnlich wie der erste. Da die »Filzsoldaten« natürlich nicht aktiv kämpften, erlahmte der Widerstand der zahlenmäßig weit unterlegenen Mongolen bald. Dschelal ad-Din, der mittlerweile herausbekommen hatte, was es mit den »Verstärkungstruppen« auf sich hatte, ließ daraufhin die Trommeln zum Großangriff rühren.

Das moslemische Heer hielt unerbittliche Ernte unter den Mongolen und jagte die Überlebenden in die Berge.

Bei Perwan erlitt das Mongolenheer die erste schwere Niederlage auf der Jagd nach dem chorezmischen Prinzen. Chigi-qutuqu sammelte seine Krieger und brach die Belagerung von Walch ab. Auf die Nachricht von der Niederlage hin erhoben sich die Einwohner der besetzten Städte und töteten die mongolischen Statthalter.

Die Moslems prahlten, sie hätten Tului auf dem Schlachtfeld von Perwan erschlagen, dabei hatte er gar nicht am Gefecht teilgenommen. Dschelal ad-Din benutzte seinen Sieg dazu, sich an den mongolischen Gefangenen zu rächen: Er ließ ihnen große Eisennägel in die Ohren treiben und schaute der Marter ungerührt zu.

Die Moslems gerieten jedoch schon bald in Streit über die Beute, die sie im verlassenen Lager der geflüchteten Mongolen gefunden hatten. Malik-khan, der Befehlshaber der türkischen Truppen, und Agrak, der Anführer der Ghoriden und Afghanen, zankten sich um ein arabisches Vollblut, wobei Malik-khan seinem Konkurrenten mit der Reitpeitsche ins Gesicht schlug. Wie ein Lauffeuer verbreitete sich die Kunde von der Beleidigung unter den Truppen und ließ die nationalen Gegensätze erneut aufflammen.

Vergeblich versuchte Dschelal ad-Din zu vermitteln. Agrak verließ mit seinen Leuten das gemeinsame Lager, Dschelal ad-Din und Malik-khan blieben mit insgesamt 50 000 Kriegern zurück. Immer noch hatte Dschelal genügend Truppen, um die Gebirgspässe zu besetzen. Aus unerfindlichen Gründen tat er es nicht, sondern zog an Ghazna vorbei nach Indien, wo er als legitimer Nachfolger der Ghoridenfürsten die Nordprovinzen für sich beanspruchte. Am Indus setzte er mit den Truppen und dem »verschleierten Gesinde«, d. h. dem Harem, über den Fluß.

Zu dieser Zeit traf der Bote mit der Nachricht von Chigi-qutuqus Niederlage bei Perwan in Dschingis Khans Lager ein.

Auf den Mißerfolg seines Feldherrn reagierte dieser gelassen: »Chigi-qutuqu war bisher zu sehr ans Siegen gewohnt. Da ihm nun ein solches Mißgeschick widerfahren ist, wird er in Zukunft vorsichtiger sein.«

Dann aber hastete er in Eilmärschen über das Gebirge nach Ghazna. Er gab der Stadt, die ihn kampflos einließ, einen mongolischen Statthalter und forcierte dann den Marsch noch, als er hörte, Dschelal ad-Din sei erst vor fünfzehn Tagen hier durchgezogen. Bei Gardez, rund fünfundsechzig Kilometer östlich von Ghazna, stieß die mongolische Vorhut auf Nachzügler des moslemischen Heeres und hieb sie zusammen.

Am Mittwoch, dem 24. November 1221, erreichte Dschingis Khans Reiterarmee den Indus in der Nähe von Ali Khel. Als die mongolischen Kundschafter auf die ersten Vorposten Dschelal ad-Dins trafen, bildete Dschingis Khan mit seinem Heer einen großen Halbkreis oder, wie der Chronist berichtet, »eine bogengleich gekrümmte Kampflinie, in welcher der Fluß die Sehne darstellte«.

Dschelal ad-Din hatte unterhalb der Stadt Peschawar eine Stelle ausgewählt, wo der Indus in mächtigen Stromschnellen zwischen felsigen Steilufern nach Süden stürzt. Er wollte den Mongolen nicht auf freier Ebene entgegentreten, da wäre ihre Kampftaktik der seinen überlegen gewesen. Hier im zerklüfteten Gelände konnten sie ihre berüchtigten Reiterattacken aber nicht starten.

Trotzdem sollte sich schon bald zeigen, auf welcher Seite der bessere Feldherr und die geschickteren Soldaten standen.

Unter den Moslems brach Panik aus. Viele flohen zu Fuß in die Felsen, wohin ihnen die berittenen Mongolen nicht folgen konnten, andere warfen sich in den Fluß und ließen sich von der reißenden Strömung forttragen. Nur die Mutigsten scharten sich um ihren Fürsten und setzten den verzweifelten Verteidigungskampf fort.

Dschingis Khan wollte seinen Gegenspieler lebend ergreifen und gab strengsten Befehl, ihn nicht zu töten. Überängstlich hüteten sich die Mongolen daraufhin, ihm und seiner Wache zu nahe zu kommen, was dem chorezmischen Fürsten einen Vorteil verschaffte. Außerdem verhinderte der Fluß in seinem Rücken, daß die Mongolen ihn umzingelten und von hinten überrumpelten.

Dennoch wurde er mehr und mehr in die Enge getrieben.

Mittags standen ihm von den ursprünglich 60 000 Kriegern höchstens noch 7000 zur Seite.

Der Versuch, wenigstens seine Familie in Sicherheit zu bringen, scheiterte an der reißenden Strömung, die die Boote gegen die Felsblöcke am Ufer schmetterte und zertrümmerte. Aber nur der Indus stand als Fluchtweg offen.

Auf Drängen seiner Offiziere, an die eigene Sicherheit zu denken, nahm Dschelal ad-Din »brennenden Herzens und mit tränenden Augen« Abschied von seiner Mutter, seinen Frauen und Kindern. Er befahl, alle zu ertränken, damit sie von den wilden Mongolenhorden nicht geschändet würden. Aber dazu war es bereits zu spät, unaufhaltsam wie eine Lawine rollten die Massen der Mongolenkrieger vor.

Dschelal ad-Din rief nach einem frischen Pferd, warf seine Rüstung ab, band sich den Schild auf den Rücken und trieb dann das Pferd mit Peitschenhieben auf eine zehn Meter hohe Felsnase, die weit über den Fluß hing. An dieser Stelle ist der schnell dahinschießende Indus über sechzig Meter tief und an die dreihundert Meter breit; die Strömungsgeschwindigkeit in der Mitte liegt bei fünf Meter pro Sekunde. Was von den Fluten gegen die Felsufer geschleudert wird, zerschmettert in tausend Stücke.

Dschelal ad-Din drängte sein zitterndes Roß auf die äußerste Spitze des Felsens und sprang in den reißenden Fluß.

Dschingis Khan, der ihn von fern beobachtete, verbot seinen Leuten, auf die mit den Strudeln kämpfende Gestalt anzulegen.

»Ein solcher Sohn ist wert, den Vater zu überleben«, erklärte er schlicht, als Dschelal ad-Din, weit abgetrieben von der Flut, an einer ruhigeren Stelle des gegenüberliegenden Ufers aus dem Wasser stieg.

Die Überreste der moslemischen Armee behandelte der Khan weniger großmütig. Mit Schwerthieben wurden die Unglücklichen zum Fluß gedrängt. Wer nicht sofort unterging und ertrank, wurde von den Bogenschützen aufs Korn genommen. »Einen Bogenschuß weit vom Ufer war alles Wasser rot von Blut.«

Die Frauen und Kinder Dschelal ad-Dins wurden gefesselt und vor den Mongolenherrscher geführt. Die Kinder männlichen Geschlechts wurden »an den Brüsten des Todes gestillt«, weniger poetisch ausgedrückt: Sie wurden erwürgt. Vor seiner Flucht hatte der chorezmische Prinz seinen gesamten Besitz an Goldplatten und Münzen im Fluß versenkt. Dschingis Khan ließ später die Stelle durch Taucher absuchen und erhielt tatsächlich einen Teil des Schatzes zurück.

Der Fels, von dem aus Dschelal ad-Din in den Indus sprang, trägt heute noch den Namen *Ghora Trap* – »Roßsprung«, und das Felsgeröll in der Nähe heißt *Chul-i-Dschelali* oder »Dschelals Wüste«. Das Pferd, das den chorezmischen Prinzen über den Indus gerettet hatte, behielt dieser zeitlebens bei sich, ohne jedoch je wieder auf ihm zu reiten.

Auf den Spuren Alexanders des Großen

Agrak und seine Generäle, die Dschelal ad-Din vorzeitig verlassen hatten, blieben mit ihren 50 000 Kriegern in den Bergen zwischen Kabul und Peschawar. Das ständige Lagerleben untergrub die Moral der Truppen. Der Weinbecher war den Soldaten lieber als Lanze oder Krummschwert, die Streitigkeiten zwischen den Betrunkenen nahmen immer heftigere Formen an. Agrak und zwei seiner Generäle wurden im Rausch getötet. Vor der Nachricht, Dschingis Khan nähere sich vom Indus her, floh die führerlose Feldschar in die Berge von Ghibar, östlich des Flusses Kunar.

Nicht weit davon begann das Land der blonden Kafiren, das heutige Nuristan mit seinen wild zerklüfteten Bergketten, zu dem man die Landschaften von Malakand, Dir und das westliche Swat rechnet. Im Norden ragt das Hauptmassiv des Hindukusch mit seinem 7708 Meter hohen Gipfel Tirich Mir in den Himmel. Hier in dieser Landschaft hatte Alexander der Große eine entscheidende Schlacht geschlagen.

Zur Verfolgung der Flüchtlinge hatte Dschingis Khan eine gemischte Truppe aus mongolischen Reitern und moslemischen Infanteristen ausgeschickt. Am Ostufer des Kunar überrannten die Krieger des Khans das führerlose Rumpfheer der einst stolzen Armeen von Ghor und Afghanistan, umzingelten die einzelnen Divisionen und hieben eine nach der anderen zusammen. Dschelal ad-Dins ehemaliges Heer hatte aufgehört zu existieren.

Als Standort für sein Winterlager wählte Dschingis Khan das warme Indusbecken, wo er sich vermutlich in der Umgebung von Mirwan, in der heutigen Provinz Swat nördlich der Stadt Peschawar niederließ, die er bei dieser Gelegenheit gleich eroberte. An der Warenfülle der bunten Bazars mit ihren indischen Seidenstoffen, den Schals aus Kaschmir, Schneeleopardenfellen und vielen anderen Produkten der reichen Landschaft sind die Mongolen sicherlich nicht nur vorbeigegangen. Die Rajas und Fürsten im Umkreis bemühten sich denn auch, eiligst ihre Ergebenheit gegenüber Dschingis Khan zu demonstrieren.

Mittlerweile hatte Dschelal ad-Din sich einigermaßen erholt. Seit der Schlacht am Indus waren ihm Teile der geflohenen Truppen nachgefolgt, andere hatte er neu angeworben, so daß er wieder über ein Heer von 10 000 Soldaten, meist türkische Söldner, gebot. Nach und nach gewann er wieder Verbündete, sein Einfluß wuchs. Tatsächlich stand er erst am Beginn seiner später glänzenden Karriere.

Dschingis Khan, dem diese Wendung der Dinge begreiflicherweise mißfiel, hetzte seinen Sohn Tschaghatai an der Spitze eines großen Heeres auf Dschelal ad-Din mit der Order, alle Gebiete, die er bei der Verfolgungsjagd berührte, möglichst gründlich zu zerstören.

Tschaghatai fiel in das Land Sind ein, damals weitaus größer als die heutige Provinz gleichen Namens. Es umfaßte das ganze Indusbecken von Peschawar bis zum Arabischen Meer mitsamt den angrenzenden Gebirgen im Westen, so daß es an Ausdehnung etwa dem heutigen Pakistan gleichkam. In der Region zwischen dem Indus und dem Suleiman-Gebirge stieß man noch auf die alten Ruinenstädte jener Induskultur, die lange vor Babylon und sogar noch vor dem Bau der ägyptischen Pyramiden hier ihre Blütezeit erlebt hatte.

Aus dem Industal wandte sich das Mongolenheer westwärts nach Mekran, einem öden Landstrich zwischen Belutschistan und dem Golf von Oman, wo es die Hafenstadt Tiz eroberte – aber Dschelal ad-Din erwischten die Mongolen nicht, der hatte sich auf Umwegen längst wieder in den Panjab zurückgezogen. Tschaghatai schlug sein Winterquartier im Indusdelta auf. Zu den Höfen der benachbarten Rajas schickte er Boten mit der Aufforderung, durch Tributgeschenke ihre Unterwerfung zu demonstrieren.

In der auch winters schwülen und ungesunden Sumpflandschaft am Wendekreis des Krebses bestaunten die Mongolen die tropische Vegetation, noch mehr aber wohl die Edelsteine und goldenen Geschmeide, die es hier überreichlich gab. Sie begegneten Yogis und Brahmanen, prüften mit kundigem Blick die Tempelmädchen und gafften mit offenem Mund, wenn ein Maharadscha des Wegs kam unter einem Sonnenschirm aus Pfauenfedern, bedient von nackten Sklavinnen, die ihre Körper mit Gelbwurz eingerieben hatten, so daß sie in der Sonne wie Bronzestatuen glänzten.

Auch die Inder besaßen damals schon Feuerwaffen. Einmal wurden die Räuberhorden Tschaghatais mit Kanonen zurückgetrieben; in einer engen Schlucht empfing sie ein Geschoßhagel, der Männer und Pferde zu Boden warf.*

Im Winterlager Tschaghatais stapelte sich das geraubte Gut. Im dichtbevölkerten Indusdelta machten sie so viele Gefangene, daß jeder der 50 000 Mongolenkrieger zehn bis zwanzig junge Sklaven besaß, von den Singmädchen und Bauchtänzerinnen ganz zu schweigen.

Unter den Steppenbewohnern, die das heiße Klima der Tiefebenen Indiens nicht gewohnt waren, grassierten aber auch Fieber und Durchfall. Sobald sie wieder einigermaßen hergestellt waren, brach Tschaghatai daher mit seinen Leuten nach Norden auf, wie es Dschingis Khan durch seine Boten ausdrücklich befahl.

Dschelal ad-Din, dessen Armee trotz des Zulaufs noch lange nicht stark genug war, um sich mit den Mongolen zu messen, war inzwischen nach Delhi ausgewichen. Dschingis Khan sandte daraufhin einen Botschafter zum Sultan von Delhi. Was er ausrichtete, ist nicht bekannt, doch verwies der Sultan bald danach Dschelal ad-Din des Landes. Der Thronfolger von Chorezm wartete ab, bis Tschaghatai das Land der Hitze wegen verlassen hatte, und kehrte dann auf einem län-

* Johann von Carpin (Giovanni del Piano di Carpine), der päpstliche Gesandte von Innozenz IV. in der Mongolei, erzählt in seiner *Ystoria Mongalorum,* einem lateinisch verfaßten Bericht aus dem Jahre 1247, daß bereits die Hindus Feuerwaffen gegen die Mongolen einsetzten.

geren Umweg über das Indusdelta, Belutschistan und Mekran in den Süden Persiens zurück.

Dschingis Khan beschloß derweil, seine Truppen aus Indien zurückzurufen, denn aus dem fernen Osten erhielt er die Nachricht, die Tanguten hätten sich in offener Rebellion gegen Muqali, seinen bevollmächtigten Stellvertreter in Nordchina, erhoben. Für den Khan, der seinem alten Kampfgenossen zu Hilfe eilen wollte, lag der Gedanke nahe, nicht erst den langen Weg durch Afghanistan zu nehmen, sondern quer über den Karakorum und das Hochland von Tibet nach Osten vorzudringen.

Diesmal wurde kein Gefangener ohne Not getötet, zu viele Lasten galt es aus Indien über das Gebirge heimzuschaffen. Den Oberbefehl über die langsamer nachrückende Lastkarawane erhielt Chigi-qutuqu.

Es dürfte den Mongolen nicht leicht gefallen sein, in Eilmärschen aus der drückenden Schwüle der Tiefebene in die dünne Gebirgsluft aufzusteigen, wo trotz der nahen Eisgipfel die Sonne tagsüber erbarmungslos auf die Täler niederbrannte. Nachts wurde es dafür um so kälter. Aber die Nomadenkrieger meuterten nicht wie ihre Kollegen beim Zug Alexanders anderthalb Jahrtausende zuvor. Die Täler wurden höher, die Felswände rückten scheinbar aufeinander zu und verwehrten den Truppen den Durchgang. Sofern es überhaupt Pässe gab, lagen sie tief unter Eis und Schnee verborgen.

Dschingis Khan befragte das Orakel, das heißt, er warf wie üblich Schulterblätter von Schafen ins Feuer. Offensichtlich las er keine günstigen Vorzeichen daraus, denn gelassen gab er – Befehl zur Umkehr.

Die Nachricht vom Sieg der moslemischen Truppen bei Perwan hatte ganz Chorasan in Aufruhr versetzt. In Balch, Herat und Merw kam es zu Aufständen.

Die in Thaleqan zurückgebliebenen mongolischen Wachtruppen wurden vom Gouverneur der Stadt Aschijar überfallen und davongejagt. Er ließ die Gefangenen frei, trieb alle Pferde zusammen, die er finden konnte, und machte sich mit einer Karawane voller Kostbarkeiten aus dem Staub.

Als Dschingis Khan vom Aufstand der chorezmischen Städte erfuhr, teilte er das Heer in mehrere Abteilungen auf und schickte diese zurück nach Chorasan mit der strengen Order:

»Ohne meine ausdrückliche Bewilligung dürft ihr keinen Feind am Leben lassen. Nie wird ein geschlagener Feind gezähmt, immer wird er den neuen Herrn hassen.«

Und anstatt den Weg in die Heimat zu nehmen, fielen die mongolischen Streitkräfte von neuem, diesmal von Süden her, in die chorezmischen Provinzen ein. Ügedai schwenkte ab nach Ghazna, Aldschidiqai, ein Neffe Dschingis Khans, machte sich auf den Weg nach Herat, und Chigi-qutuqu erhielt den Auftrag, den Aufstand in Merw niederzuschlagen.

Ügedai, der das größte Truppenkontingent erhalten hatte, zerstörte auf dem Marsch nach Ghazna alles, was in seiner Reichweite lag. Vor Ghazna hielt er an und forderte die bedingungslose Übergabe der Stadt. Die in Ghazna stationierten Verteidigungstruppen wußten sehr wohl, daß sie so oder so auf keine Gnade hoffen konnten. Sie erwiderten das Ultimatum durch einen Ausfall, bei dem sie etwa hundert Mongolen töteten. Die Mongolen sprengten daraufhin in der folgenden Nacht die Stadtmauer in die Luft. Durch die Bresche stürmten sie in die alte Hauptstadt Sultan Mahmuds ein, brandschatzten sie und plünderten sie völlig aus. Nie mehr hat sich die Stadt von diesem Schlag erholt. Der Dichter Dschami von Herat schreibt:

»Mahmuds Glanz und Größe sind vergangen,
Von seinem Ruhme blieb nur leerer Schall.«

Nachdem er Ghazna total zerstört hatte, zog Ügedei weiter nach Kabul und kam über den Unai-Paß in das Gebiet von Ghor und nach Gharjistan vor die alte Stadt Aschijar. Am Murghabufer bezogen die Truppen Stellung unterhalb der rötlichen Stadtmauer und begannen mit der Belagerung. Der persische Chronist Djuzdjanis, der sich zu jener Zeit in einem benachbarten Fort aufhielt, berichtet, daß die Lebensmittel während der fünfzehnmonatigen Belagerung so knapp wurden, daß man sogar das Fleisch der Gefallenen verzehrte bzw. auf Vorrat an der Sonne dörrte. Als nur noch dreißig Männer in der Stadtfestung übrig waren, töteten diese den Emir und warfen seinen Kopf über die Mauer in der Hoffnung, die Mongolen dadurch milde zu stimmen. Aber sie täuschten sich; als die Feinde die Stadt endlich erstürmten, massakrierten sie die Halbverhungerten bis zum letzten Mann.

Ügedai eroberte und zerstörte auch Firuzkuh, die Hauptstadt von Ghor, sowie die Städte Farah (das ehemalige *Alexandria Prophtasia)* und Uk in der Seistan-Senke.

Herat gelang es, sich sechs Monate und siebzehn Tage gegen den Ansturm der Mongolen unter Aldschidiqai zu verteidigen, wobei viele Angreifer ihr Leben lassen mußten. Zuletzt waren die Mauern und Bollwerke von den ständigen Rammstößen der Mauerbrecher so morsch, daß das Ziegelwerk auf einer Breite von sechzig Metern einstürzte und vierhundert Mongolen und ungezählte Gefangene der Belagerungstrupps unter sich begrub.

Am 14. Juni 1222 drang Aldschidiqai mit einer kurzen, aber äußerst heftig geführten Attacke durch die Mauerbresche ein und ließ die Bewohner niedermetzeln. Die Mauern wurden geschleift, die Gräben zugeschüttet und die Gebäude angezündet. Djuzdjani schreibt:

»Vertrauenswürdige Personen haben uns berichtet, daß in einem Stadtviertel allein 600 000 Menschen ums Leben kamen. Dementsprechend müßten in allen vier Vierteln von Herat um die 2 400 000 Moslems hingeschlachtet worden sein.«

Einer anderen, vorsichtigeren Schätzung zufolge dürfte die Zahl der Toten bei 1 600 000 gelegen haben.

Aldschidiqai raubte noch mehrere Städte und Festungen im Tal des Heri Rud aus und schloß sich dann den Truppen Ügedais an.

Chiqi-qutuqu, dem die Aufgabe zugefallen war, den Aufruhr in Merw niederzuschlagen, hatte von den drei Abteilungen den längsten Anmarschweg.

An die 100 000 Flüchtlinge, einstige Einwohner von Merw,

aber auch Leute aus benachbarten Ortschaften, waren in die ausgebrannten Häuser zurückgekehrt und hatten gerade begonnen, sie notdürftig zu reparieren, als Chigi-qutuqu unerwartet auftauchte und über sie herfiel. Wie bei einer Jagd wurden die Unglücklichen systematisch zusammengetrieben und hingerichtet. Als der Heerhaufen Chigi-qutuqus abzog, blieb die Nachhut unter der Führung eines moslemischen Überläufers zurück. Wie alle Renegaten übertraf er seine Lehrmeister noch an Grausamkeit und stöberte in den Ruinen und auf den Feldern nach Überlebenden, die sich rechtzeitig versteckt hatten. Als der letzte Mongole Merw verließ, blieb eine menschenleere Stätte der Verwüstung wie Bamiyan zurück.

Als Dschingis Khan nach dem erfolglosen Versuch, über den Karakorum nach Ostasien zu gelangen, wieder in Peschawar eingetroffen war, erhielt er aus China die Nachricht, Muqali habe den Aufstand der Tanguten niedergeschlagen und sei wieder Herr der Lage in den östlichen Ländern. Der Khan konnte sich also Zeit lassen, um das Eroberungswerk im Westen zu vollenden.

Anfang März 1222 verließ er die grünen Ebenen um Peschawar und kehrte über den Khyber-Paß nach Kabul zurück. Der nur mäßig hohe Paß an der Hauptroute zwischen Afghanistan und Indien war nicht zum erstenmal Zeuge historischer Ereignisse. Die Soldaten Alexanders waren auf ihrem Weg nach Indien hier vorbeigezogen, die Reiterhorden der Weißen oder Hephtalitischen Hunnen und noch viele andere räuberische Nomadenscharen waren von hier aus in das Indusbecken eingefallen.

Auf der anderen Seite des Khyber-Passes schlug den Mongolen der kühle Eiswind des asiatischen Hochlandes entgegen, eine köstliche Erfrischung für die schwer beladenen und unter der Frühlingssonne Indiens schwitzenden Tümen. Endlich lag die schwüle Tiefebene hinter ihnen. Doch endete mit dem Auszug der Armee keineswegs der mongolische Einfluß auf Indien. In den folgenden Jahrhunderten mischten Mongolen,

Türken und Afghanen abwechselnd in der Geschichte des Subkontinentes mit.

In einem der Seitentäler zwischen den Flüssen Kunar und Alingar, vermutlich in der Gegend von Laghman, wo Alexander eine seiner vielen Schlachten geschlagen hatte, ließ der Khan die Zelte aufschlagen. Er hatte ja Zeit. Und im Norden, wo die blonden Indoeuropäer vom Stamm der Kafiren ihre Ziegen weideten, gab es herrliche Jagdreviere. Im Landstrich, der heute Nuristan genannt wird, erlegten die Mongolen prächtige Schneeleoparden, Braunbären und eine Vielzahl der blaugrauen Bergwölfe.

Mitte März ließ der Khan die Zelte wieder abbrechen und setzte seinen Zug nach Norden fort. Er erklomm die Haarnadelkurven des über zweitausend Meter hohen Lataband-Passes und zog an Kabul vorbei über die Ebene von Kohdaman. Am Fuße des Hindukusch bei Perwan ließ er halten, ritt das Schlachtfeld ab, wo Prinz Dschelal ad-Din Manguberti den mongolischen Feldherrn Chigi-qutuqu besiegt hatte, und tadelte innerlich den sonst so klugen General, der sich auf so ungünstigem Terrain zum Gefecht hatte verleiten lassen.

Über den Shibar-Paß gelangte er wieder ins Hochtal von Bamiyan vor die roten Mauern der Geländefestung Walian, die nach langer Belagerung endlich aufgab.

Heute noch erzählt man sich die Geschichte von der Ghoriden-Prinzessin, die durch ihren Verrat die Festung an die Mongolen auslieferte. Die in der Burg eingeschlossene Prinzessin war in Liebe zu dem heldenhaften Mongolenkhan entbrannt und ließ in einer Geheimbotschaft die Belagerer wissen, wie sie durch einen versteckten unterirdischen Trinkwasserkanal in die Burg eindringen konnten.

Dschingis Khan, so erzählt die Legende weiter, verliebte sich ebenfalls in die Prinzessin und nahm sie in seine mongolische Heimat mit. Schon möglich, daß ein wahrer Kern in dem hübschen Märchen steckt, das noch heute in den Tälern des Hindukusch in den verschiedensten Variationen von Generation zu Generation weitergegeben wird.

In den Flußtälern des Bamiyan und des Kunduz begab sich das gesamte Heer aus dem Hochgebirge in die Ebene vor Baghlan, wo sich dem Auge ein völlig anderes Landschaftsbild darbot. Waren sie vor kurzem noch an den Schründen der von Regen, Wind und Eis zernagten Felswände entlanggeritten, so breitete sich nun die Steppe mit grünem Gras und den Blüten des Spätfrühlings vor den Kriegern aus. Wohin das Auge sah, grasten Pferde und Kamele.

Anfang April wurde das seidene Prunkzelt Dschingis Khans auf den Weiden vor Baghlan aufgeschlagen. Seine persönliche Habe war bereits vor ihm eingetroffen, die Sklavinnen warteten auf ihren Gebieter, seine Pferde weideten in der Nähe, und hinter seinem Zelt standen dicht beisammen die Wagen mit dem Raubgut aus Thaleqan und Herat. Hierher hatte man auch die von Sultan Muhammad und seinem Sohn Dschelal ad-Din geraubten Harems gebracht.

Die Ebene von Baghlan war der richtige Platz, um sich von der Mühsal des indischen Feldzuges und von dem anschließenden beschwerlichen Marsch durch das afghanische Gebirgsland auszuruhen. Bei Sonnenuntergang trank der Khan im Kreise seiner Vertrauten den würzigen Landwein aus goldenen Bechern. Sie lauschten dem Gesang der Odalisken und schauten den Tanzmädchen zu, wenn ihre weißen Füße über die karmesinroten und cremefarbenen Teppiche aus Buchara dahinglitten. Die Noyan und Bagadur feierten rauschende Feste, bei denen unzählige der bauchigen Weinkrüge geleert wurden.

Doch der Khan ließ auch das »Geistige« nicht zu kurz kommen: Im Mai 1222 erhielt er den Besuch des berühmten taoistischen Mönchs Ch'iu Ch'ou Ch'ang-ch'un, den er aus China herbeigerufen hatte, und ließ sich von ihm in die taoistischen Weisheitslehren einweihen. Der Khan zeigte sich sehr beeindruckt von allem, was der Mönch ihm sagte, obwohl dieser mit dem einen, weshalb Dschingis Khan ihn eigentlich hatte kommen lassen, nicht dienen konnte: mit der Unsterblichkeit. Das Kraut gegen den Tod besaß auch der weiße Taoist nicht. Der Mongolenherrscher erwies dem gelehrten Gast große Achtung und sagte zu den anderen: »Die Worte des heiligen

Mannes sind tief in mein Herz gedrungen. Sie sollen darin verschlossen bleiben. Geht und verschließt sie ebenso fest in dem euren.«

Da kam die Nachricht, einige Bergstämme hätten sich gegen die mongolische Besatzung erhoben. Dschingis Khan unterbrach daraufhin seine Gespräche mit dem Philosophen, um selbst mit den Aufständischen abzurechnen, und entließ Ch'ang-ch'un auf dessen Wunsch nach Samarkand. Unterdessen rüstete der Feldherr zur Vergeltungsaktion gegen die Bergbewohner, doch gibt es über dieses »Zwischenspiel« keine historisch gesicherten Berichte. Eine Weile hielt Dschingis Khan sich auf einer Hochebene in Badachschan auf, von wo er erst im September in das Lager am Kunduz zurückkehrte, um dann ebenfalls nach Samarkand zu ziehen und dort die Gespräche mit Ch'ang-ch'un wiederaufzunehmen.

Dort empfing er die Würdenträger und Kaufleute der Stadt, die ihm reiche Geschenke brachten. Er befahl den Imamen und Kadis, das öffentliche Gebet für den jeweiligen Herrscher, das *Chutba,* fortan für seinen Namen zu verrichten, da er der Nachfolger der Sultane sei. Er ließ neue Münzen prägen, auf denen er als legitimer Herrscher über die Länder des Islam abgebildet ist.*

In den letzten Monaten des Jahres 1222 rüstete der Khan zum endgültigen Aufbruch aus dem Land Chorezm, und Mitte Mai 1223 kehrte auch Ch'ang-ch'un in seine Heimat zurück.

Unterdessen hatte das Kriegsgeschäft seinen Fortgang genommen. Von nah und fern eilten Kuriere mit den neuesten Nachrichten herbei über das, was sich in Gharjistan, China oder Persien zutrug. Und zur gleichen Zeit, da Dschingis Khan sich und seinen Kriegern bei Baghlan und in Samarkand eine Ruhepause gönnte, überschritten Djebe und Sübütai mit ihrem Heer den Kaukasus und drangen in Südeuropa ein . . .

* Ich habe zwei solcher Münzen in Nordafghanistan erstanden. Auf dem gediegenen Silberplättchen ist die arabische Inschrift noch deutlich zu erkennen.

Die Geißel Gottes

Djebe und Sübütai hatten nach dem Tod Sultan Muhammads den nördlichen Iran unterworfen und marschierten weiter in Richtung Kaukasus. Sie zerstörten Qazwin und töteten dort 40 000 Moslems, fielen in Aserbeidschan ein und erschienen vor Täbris, das sich durch ein hohes Lösegeld von der Belagerung freikaufte. Den Winter verbrachten sie zum Teil im tiefgelegenen Steppental des Moghan, der heute die Grenze zwischen dem Iran und der Sowjetunion bildet.

Das christliche Königreich Georgien, das unter seinem König Georgi III. (er trug den Ehrennamen »der Glänzende«) gerade eine politische und kulturelle Blüte erlebte, entschloß sich zur Gegenwehr und schickte den Mongolen eine gut ausgerüstete und geschulte Kavallerie von 10 000 Soldaten entgegen. Djebe und Sübütai vernichteten sie in einer einzigen Schlacht! Nach ihrem Sieg stießen sie entlang dem Fluß Kura zur Hauptstadt Tiflis vor. Um seine Stadt zu retten, bezog der König mit der restlichen Armee vor den Toren Stellung.

Die Mongolen zogen erst einmal eine Weile plündernd und mordend durch die herrliche Landschaft Südgeorgiens, bevor es südlich von Tiflis, auf der Ebene von Khunan, zur entscheidenden Schlacht kam. Sübütais Vorhut griff das georgische Heer an und hielt es solange in Schach, bis Djebe mit der Hauptmacht anrückte und der vom Gefecht bereits erschöpften georgischen Armee endgültig den Garaus machte. König Georgi floh mit seinem Gefolge nach Tiflis, das zu stark befestigt war, als daß die Mongolen es mit Erfolg hätten stürmen können.

Die Schlacht am Kura fand im Januar 1221 statt, im Februar standen die Mongolen erneut vor Täbris, nachdem sie den Süden Georgiens gründlich verwüstet hatten. Von Täbris erpreßten sie zum zweiten Mal einen hohen Tribut und zogen dann weiter nach Maragha, einer schönen Stadt in der Nähe des Urmiasees, die sich nach tagelangen, heftigen Gefechten Ende März ergab. Der zeitgenössische Historiker Ibn al-Athir berichtet, daß auch Frauen im mongolischen Heer kämpften und den Männern an Grausamkeit kaum nachstanden.

Von Maragha aus ging es abermals nach Hamadhan, um auch hier Lösegeld zu fordern. Diesmal weigerte sich die Stadt zu zahlen und schickte Truppen vor die Tore. Doch die Mongolen waren in der Übermacht, und nur wenigen Moslems gelang es, sich mit heiler Haut in die Stadt zurückzuflüchten. Aber auch dort währte die Sicherheit nicht mehr lange, die Mongolen überwältigten die Torwachen und richteten in den Straßen von Hamadhan das obligate Blutbad an.

Ein mongolischer Stoßtrupp ritt über Qum nach Isfahan, das seine prächtigen Paläste durch einen rasch gezahlten Tribut vor dem Würgegriff der Barbaren bewahrte.

Dschingis Khan, der zu jener Zeit gerade vor Thaleqan lag, schickte seinen beiden Generälen den Befehl, eine Gesandtschaft zum Kalifen von Bagdad zu schicken. Auf halbem Weg trafen die Mongolen auf eine Abordnung des Kalifen en-Nagir, der aus Furcht vor der Angriffstaktik der Feinde seine Truppen oberhalb von Bagdad gesammelt hatte. Wie die Verhandlungen im einzelnen verliefen, ist nicht bekannt. Ihr Ausgang war jedenfalls friedlich, denn die mongolische Gesandtschaft nahm vor ihrer Rückkehr noch an einer Truppenparade in Bagdad teil.

Djebe und Sübütai, die inzwischen von Dschingis Khan die Erlaubnis erhalten hatten, über den Kaukasus nach Europa vorzustoßen, kehrten in die Ebene von Moghan zurück, wo sie auf die vom Khan versprochene Verstärkung warteten.

König Georgi sah unterdessen voller Sorge den erneut anrückenden Truppen entgegen. Aber die Mongolen ließen sich Zeit. Sie ritten am Urmiasee entlang, eroberten die Städte Khoi und Nachitschewan, östlich vom aus der Bibel bekannten

Berg Ararat gelegen, wo auch der Geburtsort Zarathustras gewesen sein soll. Ihr Vorhaben wurde erleichtert durch ein Gerücht, das ihnen vorausging: daß sie Christen seien. Freilich gab es unter den alten Naiman- und Kereitenkriegern, die in der Armee Dschingis Khans dienten, manchen getauften Nestorianer, doch hatten diese Mordbrenner wenig »Christliches« an sich.

Nachdem sie noch einige Städte erobert und ausgeplündert hatten, wandten sich die Mongolen zur Grenze Georgiens, wo die georgische Armee mit über 30 000 Kriegern (nach manchen Quellen sogar 60 000) schon auf sie wartete.

Vor Beginn der Schlacht hatte Djebe sich mit 5000 ausgesuchten Reitern in einen Hinterhalt gelegt. Sübütai preschte mit der Vorhut heran, stockte aber, als das georgische Hauptheer in Sicht kam, und täuschte dann Flucht vor. Die hochgestimmten Georgier folgten ihnen eifrig und merkten erst, als der Ring sich um sie geschlossen hatte, daß sie in der Falle saßen. Die Armee wurde völlig aufgerieben. In der Schlacht sollen 30 000 Menschen umgekommen sein, wovon jedoch die wenigsten Mongolen waren.

Auch diesmal verzichteten Djebe und Sübütai auf die Belagerung der großen Hauptstadt Tiflis und zogen statt dessen nach Schirwan, dem heutigen Aserbeidschan, wo sich die Gipfel des Kaukasus im Kaspischen Meer spiegeln. Die georgischen Würdenträger beklagten sich bitter bei Papst Honorius, »die Mongolen hätten das Land Georgien mit vorangetragenem Kreuzeszeichen betreten, so daß jedermann glaubte, sie seien Christen«.

In Schirwan belagerten die beiden Mongolenfeldherren die Stadt Chamakha in der Nähe der Naphtaquellen von Baku. Da sie die hohen Stadtmauern nicht zu erklimmen vermochten, füllten sie die Gräben mit Tierkadavern und bauten aus der stinkenden Masse eine Art Damm, über den sie nach mehrtägigem Gefecht in Chamakha eindrangen und die Stadt plünderten.

Über Derbend, das ebenfalls erobert wurde, wandten sich die Mongolen nach Norden. Sie ließen sich von einheimischen

Führern über die Pässe und Ausläufer des nördlichen Kaukasus führen, bis sie europäischen Boden erreicht hatten – noch keiner Streitmacht vor ihnen war das gelungen. Dann zogen sie durch die Gebiete der Alanen, Letzkier und Tscherkessen.

Das heißt: Sie wollten durchziehen. Die Stämme der Alanen, Tscherkessen und Qyptschaq hatten sich jedoch verbündet, um die Eindringlinge zurückzudrängen. Mit gewohnter Umsicht – und mit Erfolg – machten sich die Generäle Dschingis Khans an die Aufgabe, das lästige Hindernis zu beseitigen . . .

Als Djebe und Sübütai mit ihren Reiterscharen über den Kaukasus verschwunden waren, mischte sich in das Wehklagen der Menschen hinter ihnen ein Seufzen der Erleichterung. Der alles verheerende Ansturm der zwar keineswegs zahlreichen, aber unvorstellbar grausamen Nomadenhorden hatte ganze Völkerschaften in Elend und Chaos gestürzt.

Al-Bagdadi, der die Ereignisse von der Türkei aus beobachtete und kommentierte, beginnt seinen Bericht über die Mongoleninvasion mit den Worten:

»Diese Schrift stellt alle anderen Berichte in den Schatten, denn sie handelt von Begebenheiten, wie die Welt sie bisher noch nicht gesehen hat, sie kündet von einer Geschichte, die alle anderen Geschichten vergessen läßt, und berichtet von Ereignissen, an denen gemessen alles bisherige Geschehen unwichtig erscheint, und von einem Unglück, das die ganze Erde betroffen hat.«

Der für gewöhnlich kühle und leidenschaftslose Berichterstatter Ibn al-Athir, der sich während des Mongolenfeldzugs im Irak aufhielt, schreibt:

»Im Namen des gnädigen und langmütigen Gottes! Seit Jahren zaudere ich, von diesen Ereignissen zu berichten, denn sie sind so grauenvoll, daß mir vor ihrer Enthüllung schaudert und ich den Fuß wieder zurückziehe, ehe ich einen ersten Schritt zu tun wage. Wem fiele es wohl leicht, vom Todesstoß zu künden, welcher den Islam und seine Anhänger zu Boden geworfen hat? Ich sage euch, hier muß die größte Katastrophe und das gräßlichste Elend beschrieben werden, wie es zuvor weder Tag noch Nacht jemals gesehen haben, und das nun über die Menschheit und besonders über die Moslems hereingebrochen ist. Es gibt kein Ereignis in der Geschichte, das diesem vergleichbar wäre. Es ist kaum denkbar, daß die Menschheit bis zum Weltuntergang jemals ähnliche Qualen wird erdulden müssen. Denn selbst der Antichrist wird jenen Milde erweisen, die ihm huldigen, aber diese Mongolen verschonen niemand. Wahrlich, wir sind in Gottes Hand, und zu ihm kehren wir zurück, es gibt keine Kraft oder Macht außer Gott, dem Allmächtigen, gegenüber diesem Weltenbrand, dessen Funken alles entzünden und der überall Leid hinterläßt; das Unheil fegt hinweg über die Länder wie eine Wolke vor dem Wind.«

Der berühmte Dichter Saadi aus Schiras, dessen herzerfrischende Verse in fast alle abendländischen Sprachen übersetzt wurden, schreibt nach seiner Rückkehr in den Iran:

»In Isfahan hatte ich einen Freund, einen kühnen und ungestümen Krieger, dessen Schwert oft von Blut gerötet war. Er war stark wie ein Stier und kannte keine Furcht. Wenn er sich näherte, zitterten seine Feinde. Als ich nach mehreren Jahren Abwesenheit nach Isfahan zurückkehrte, traf ich dort meinen Freund wieder. Ich fand einen an Jahren jungen Mann, der vorzeitig gealtert war. Er ging gebeugt, seine Gesichtsfarbe war fahl und auf seinem Haupt lag der Schnee des Alters. Schweiß rann ihm über das gefurchte Antlitz, als ich ihn fragte: ›Welch gnadenloses Schicksal hat dich getroffen?‹

Traurig lächelnd antwortete mein Freund: »Wehe! Die Mongolen haben meinen Mut gebrochen. Ich habe gegen sie gekämpft, aber das Glück war gegen mich. Ein Wunder, daß ich überhaupt mit dem Leben davonkam! Wir waren alle von der Sohle bis zur Helmzier mit Blut besudelt.‹«

König Georgi behauptete, die Mongolen »pflegten nicht jene zu zählen, die von ihrer Hand fielen, sondern jene, die am Leben blieben«. Und eine georgische Gesandtschaft erklärte in Bagdad: »Wenn dir jemand von Mongolen erzählt, die die Flucht ergriffen oder gefangen wurden, so glaube ihm kein Wort; nur wer von unglaublichen Massakern berichtet, die sie angerichtet haben, dem darfst du glauben.«

Der Geschichtsschreiber Djuweyni zieht einige Jahre später Bilanz: »In den von Dschingis Khan verwüsteten Ländern lebt jetzt kaum ein Tausendstel der früheren Bevölkerung. Wo früher Hunderttausende Moslems wohnten, findet man heute nur wenig mehr als ein paar hundert Leute. Selbst wenn der natürliche Bevölkerungszuwachs in keiner Weise behindert wird, werden einst in Chorasan und im Irak nur höchstens ein Zehntel der Menschen wohnen, die vor dem katastrophalen Einbruch der Mongolen jene Provinzen bevölkerten.«

Nördlich des Kaukasus rückten die Mongolen in die unbekannten Gegenden Südosteuropas vor, wo sich damals endlose Steppe von Ural und Wolga bis zum Donaudelta hin erstreckte. Hier war das Territorium der Qyptschaq, einer der größten und mächtigsten Stämme aller nomadischen Turkvölker. *Ruskaja Semlja,* das »Land der Russen«, reichte in jenen Tagen nur bis in die Höhe von Kiew, wo die Steppen und Weiden des Südens allmählich von Waldland abgelöst wurden.

Das Volk der Qyptschaq war zu Beginn des 12. Jahrhunderts aus Ostasien nach Südeuropa eingewandert. Zuvor hatte es lange Zeit in unmittelbarer Nachbarschaft verschiedener Mongolenstämme gelebt. Die Qyptschaq ließen sich dann in den fruchtbaren Ufergebieten am Schwarzen Meer nieder, in der heutigen Ukraine. Ein Teil von ihnen wanderte weiter, ein Teil aber blieb und vermischte sich mit den dort ansässigen Turkvölkern. Die Russen nannten die Neuankömmlinge *Polovcy* oder Polowzer, was soviel wie »Bleichgesichter« bedeutet, von den Deutschen wurden sie *Valwen* oder Falben, die »Fahlen«, genannt. Vermutlich waren diese »Blaßgesichter« mit den blonden und blauäugigen Völkern verwandt, die zu Beginn des christlichen Zeitalters in Mittel- und Ostasien lebten.

Einige Qyptschaq hatten sich zum Christentum bekehren lassen, die meisten waren jedoch dem alten Schamanenglauben treu geblieben. Ihre nomadische Lebensweise unterschied sich kaum von der der Mongolen. Fast jeden Frühling ritten die wilden Qyptschaqkrieger über die russische Grenze, schlugen die Bauern nieder und zogen mit ihren Frauen und Kindern und dem Vieh davon, nachdem sie die Katen in Brand gesetzt hatten. Ihre Gefangenen verkauften sie als Sklaven an die Moslems.

Der ständige Kampf mit den immer wieder einfallenden Steppennomaden hatte zur Folge, daß die russischen Anrainer der Grenzgebiete sich im Lauf der Jahre zu wehrhaften Rotten zusammenschlossen und mit demütigen Leibeigenen nicht mehr viel gemein hatten. Die zügellosen Burschen, die sich *brodniki,* »freie Lanzenträger«, nannten, widersetzten sich jeglicher Herrschergewalt. Sie waren die Vorläufer der Kosaken; ihre Anführer trugen Namen wie »Wütender Bulle« oder »Wolfsschwanz«.

Die Wildheit der Qyptschaq hingegen hatte mit den Jahren nachgelassen. Immer mehr von ihnen waren zum orthodoxen Christentum bekehrt worden, und mancher Qyptschaqkrieger hatte in eine russische Familie eingeheiratet und war seßhaft geworden. Dies galt allerdings nur für jene Stämme, die ständig Kontakt mit ihren russischen Nachbarn hatten, nicht für die Stämme an der Wolga und am Don.

Nachdem Sübütai und Djebe von den Pässen des Kaukasus in die Niederungen herabgestiegen waren, trafen sie in der sogenannten »rollenden Steppe« zwischen Terek und Kuma auf die vereinten Streitmächte der christlichen Alanen und der Qyptschaq aus dem Terekbecken.

Einen ganzen Tag lang wogte das Gefecht hin und her, ohne daß sich eine Entscheidung abzeichnete. Als der Abend sich über das Schlachtfeld senkte und die Kämpfenden Freund und Feind nicht mehr unterscheiden konnten, nahmen die bedrängten Mongolen Zuflucht zu einer Kriegslist und schickten auf Anraten Sübütais einen Mann ins Lager der Qyptschaq mit der Botschaft:

»Ihr und wir sind von gemeinsamer Rasse und gehören zum selben Volk, während die Alanen uns blutsfremd sind. Weshalb verbündet ihr euch mit Christen gegen eure Brüder?

Ihr Glaube ist nicht der eure. Wir versprechen feierlich, euch nicht anzugreifen, und was wir an Mädchen, Gold und anderen wünschenswerten Dingen erbeuten, ehrlich mit euch zu teilen, wenn ihr jene verlaßt und zu uns stoßt.«

Die wankelmütigen Qyptschaq ließen sich durch die verlockenden Versprechungen ihrer »Blutsbrüder« umstimmen und sagten sich von ihren Verbündeten los. Sofort fielen die Mongolen anderntags über die nun empfindlich geschwächten Truppen der Alanen, Tscherkessen und Letzkier her. Sie besiegten einen Volksstamm nach dem anderen. Die Alanen unterwarfen sich bedingungslos den Generälen Dschingis Khans, die die besten Krieger aussuchten und den eigenen Reihen eingliederten. Unter Kubilai Khan zeichneten sich diese Alanen vor allem im fernen China aus.

Unterdessen hatte sich die Armee der Qyptschaq in ihre Stämme und Klans aufgelöst, die nun mit der überlassenen Beute den heimatlichen Zelten zustrebten. Die Mongolen setzten ihnen nach, schlugen die vereinzelten Trupps, wobei sie viele Qyptschaq töteten, und versäumten auch nicht, ihnen die Beute mitsamt ihrem eigenen Besitz abzunehmen.

Im Frühling des Jahres 1222, als Dschingis Khan an den Hängen des Hindukusch auf die Ankunft des chinesischen Mönchs wartete, überrannten Djebe und Sübütai mit ihrem Heer die weiten Ebenen der Ukraine. Die großräumige Landschaft erinnerte sie an ihre mongolische Heimat, und frei wie der Wind jagten sie über die offene Steppe. Sie atmeten die würzige Frühlingsluft, errichteten ihre Lager auf den Lichtungen kleiner Birkenwäldchen und erfreuten sich abends am Tanz der gefangenen Qyptschaqmädchen, die ihre weißen Filzhüte ebenso stolz trugen wie die Frauen der Mongolen daheim ihre hohen Boktas.

In panischer Angst vor den näherrückenden Mongolen brachen die weiter entfernt lagernden Qyptschaqstämme ihre Zelte ab und machten sich auf die Wanderschaft. Einige flohen in die sogenannte »Weiße Steppe«, in die Salzsümpfe am Ufer des Kaspischen Meers, andere zogen weiter nach Westen bis zu den Nebenflüssen des Dnjepr, wo sie sich im sumpfigen

Gelände und in den unzugänglichen Wäldern verbargen. Etwa 50 000 Qyptschaq mit 10 000 Zelten überquerten das Donaudelta und suchten Schutz im Norden des byzantinischen Reiches. Die Hauptmasse der Qyptschaq aber wandte sich unter Kutan-khan hilfesuchend an die Russen, ihre ehemaligen Erzfeinde.

Djebe und Sübütai kümmerten sich zunächst nicht um die Geflüchteten, sondern ritten weiter nach Westen. Sie kamen an den alten Grabsteinen der Qyptschaqkönige vorbei, auf denen geheimnisvolle Gestalten, das Antlitz stets nach Osten gewandt, einen Trinkbecher in Gürtelhöhe in der Hand haltend. Sie ähnelten den Monolithen, die am Orchon zu Ehren der Uighurenkhane errichtet worden waren.

Das Mongolenheer bestand nun aus drei Tümen mongolischer Reiter und einer gemischten Truppe aus Gefangenen und Überläufern. Bei Tana, in der Nähe des heutigen Rostow, überquerten sie den Don und zogen entlang dem Ufer des Asowschen Meeres weiter, das durch die Straße von Kertsch mit dem Schwarzen Meer verbunden ist. Die Generäle Dschingis Khans glaubten allerdings, sie wären an der Küste des großen Atlantischen Ozeans und damit am westlichen Ende der bewohnbaren Welt angelangt. Sie zogen über die Krim-Halbinsel, wo sie auf viele kleinere Stämme trafen, die alle ihre eigene Sprache redeten, darunter auch Goten, die sich bislang gegen die Qyptschaq gewehrt hatten und sich nun schleunigst den Mongolen unterwarfen.

In Sudak, einem großen Handelshafen oberhalb von Jalta, hielt die mongolische Armee an. Sudak war zu jener Zeit berühmt wegen seines reichen Angebots an seltenen und von fern her stammenden Gütern, die auf Schiffen übers Mittelmeer und das Schwarze Meer herangeschafft wurden. Noch berühmter war der Sklavenmarkt von Sudak, der meist von genuesischen Händlern betrieben wurde. Söhne und Töchter der Qyptschaq und Slawen, gestohlen oder ihren Eltern abgekauft, wurden in genuesische Galeeren verladen und nach Syrien oder Ägypten gebracht, wo sie sich nicht selten zu einem hohen Posten im Harem oder im Haushalt eines Gouverneurs oder Obersten der Mamelukengarde hochdienten.

Der Sklavenhandel war damals ein Gewerbe wie jedes andere und wurde keineswegs als anrüchig betrachtet. Sogar die Franziskanermönche bedienten sich der Sklaven. Wilhelm von Rubruk erzählt, daß er auf seiner Missionsreise in Byzanz einen griechischen Knaben kaufte »von dem Geld, das König Ludwig von Frankreich, später König Ludwig der Heilige genannt, mir geschenkt hatte«.

Vor den heranrückenden Mongolen packten viele Händler ihre wertvollste Habe und die stattlichsten Sklaven in ihre Schiffe und ruderten oder segelten davon in einen sicheren türkischen Hafen.

Nachdem sie Sudak erobert, ausgeraubt und in Brand gesteckt hatten, wie schon so viele andere Städte zuvor, kehrten die Reiterhorden um und wandten sich nach Scharukan, dem heutigen Charkow, damals eine Hauptniederlassung der Qyptschaq. Die Stadt, soweit man überhaupt von einer solchen sprechen kann, bestand in der Hauptsache aus Zelten, nur einige Vorratshäuser waren aus Stein erbaut.

Djebe und Sübütai überwinterten in den Niederungen des Donez und fanden sich im Frühling wieder in der Gegend von Rostow ein, wo der Fluß Kalka ins Asowsche Meer mündet. Dort erhielten sie die Nachricht, daß sich im Norden ein großes russisches Heer sammelte mit dem erklärten Ziel, die Eindringlinge aus dem Land zu vertreiben.

Rußland zerfiel damals in eine Menge kleiner Staaten und Fürstentümer, unter denen das Fürstentum von Kiew, die Wiege der russischen Nation, den obersten Rang innehatte.

Vor dem Eintreffen der flüchtigen Qyptschaq hatte Kiew am Dnjepr mit seinem großen Vorbild Byzanz im Wettstreit gelegen. Fürst Jaroslav hatte den Grundstein zu einem neuen Kreml gelegt, er hatte das Goldene Tor und die Sophienkathedrale erbauen lassen. Kiew war eine Weltstadt und, zumindest hier in den südrussischen Niederungen, führten »alle Wege nach Kiew«. Über den Dnjepr und das Schwarze Meer ging der Wasserweg, die »Große Straße«, von Kiew nach Byzanz und Griechenland, und reger Handelsverkehr sorgte für den gegenseitigen Austausch von Landesprodukten und Schätzen.

Nordöstlich von Kiew lag das Land Rostow-Susdal, wo seit etwa fünfundsiebzig Jahren eine unwichtige Kleinstadt namens Moskau existierte, deren große Zeit noch in ferner Zukunft lag. Westlich von Kiew und Moskau lag das Fürstentum Galizien mit der Hauptstadt Halitsch, das im Westen an die Königreiche Ungarn und Polen grenzte. Regiert wurde das damals starke Galizien von Fürst Mstislav, der eine Tochter des Qyptschaqkhans geheiratet hatte.

Hoch im Norden lag die Republik Nowgorod mit der Hauptstadt gleichen Namens am tiefen Wolchow – ein Unikum von Staatsgebilde inmitten der autokratischen Herrschaftsformen Rußlands. Die freiheitsliebenden Bürger dieses Staates hatten sich für eine republikanische Regierung entschieden und lehnten jegliche Herrschaftsansprüche Kiews entschieden ab.

Weitere russische Fürstentümer wie Tschernigow, Twer, Sewerien und Rjasan konnten sich in ihrer Ausdehnung mit Frankreich oder dem Heiligen Römischen Reich messen. Einen Zar gab es damals noch nicht. An der Spitze der russischen Staaten standen jeweils ein Fürst, ein General und ein Erzbischof der Griechisch-Orthodoxen Kirche, denn die Russen hatten Rom den Rücken gekehrt und sich der byzantinischen Glaubensgemeinschaft angeschlossen.

Ende 1222 hatten die ersten Qyptschaq auf der Flucht vor den Mongolen die russische Grenze überschritten, unter ihnen Kutan-khan, dessen Tochter den Fürsten Mstislav geheiratet hatte.

Die Kunde von dem unbekannten Volk, das von Süden her gekommen war und den Qyptschaq so arg zugesetzt hatte, war natürlich längst bis zu den Russen durchgesickert und erfüllte sie mit nicht geringer Genugtuung. Sollten die wilden Horden, die ständig Unruhe in den Grenzländern stifteten, diese Dornen im Fleische Rußlands, endlich ihren Meister gefunden haben?

Aber die hämische Schadenfreude verwandelte sich alsbald in Schrecken und Bestürzung, als der stolze Qyptschaqkhan über die Greueltaten der Mongolen berichtete. Er schloß mit den Worten: »Gestern haben sie unser Land genommen, morgen werden sie das eure rauben.«

Die Russen erkannten, daß er die Wahrheit sprach. Nun war die Reihe an ihnen, sich entweder zur Wehr zu setzen oder vor der fürchterlichen Horde zu fliehen, die wie ein verheerender Wirbelsturm über die Steppe dahergebraust kam. Hatten doch viele Alanen, ihre christlichen Freunde, ihr Leben unter den mongolischen Schwertern ausgehaucht.

Voller Angst und Staunen fragten sich die Leute, woher diese wilden Fremdlinge so plötzlich aufgetaucht waren. Die Priester, die als einzige im Volk lesen und schreiben konnten, erklärten, die Mongolen seien aus dem Osten gekommen und hätten viele ungläubige Nationen unterworfen, weil sie »der Zorn Gottes und seiner Unbefleckten Mutter dem Untergang geweiht hätte«.

Angesichts der drohenden Gefahr fanden sich die russischen Fürsten zu einem Bündnis zusammen. Jedes Land stellte ein Heer auf, und als »alle Russen zum Kampf gegen die Mongolen bereit waren«, wurde in Kiew ein großer Rat einberufen. Fürst Mstislav führte den Vorsitz. In ernsten Worten schilderte er die Notwendigkeit einer Offensive, da zu befürchten sei, daß die wankelmütigen Qyptschaq sich, falls sie enttäuscht würden, den Mongolen unterwerfen und damit deren Streitmacht verstärken. Auch die Handelsherren stimmten für den Angriff. Seit die Mongolen die Südküste der Krim verwüstet hatten, traute sich kein fremdes Kauffahrteischiff mehr in die Häfen des Schwarzen und Asowschen Meeres.

Nach langen Beratungen wurde die Entscheidung gefällt, mit den vereinigten russischen Armeen gegen die Feinde vorzurücken – wenn nötig bis an den Don. Der Metropolit von Kiew setzte seine goldene Mitra auf und segnete den Bund, den die anwesenden Fürsten mit einem heiligen Eid zu gegenseitiger Treue und Hilfe schlossen.

Als Sammelplatz der russischen Kontingente diente das Dnjeprknie in der Gegend von Chortitsa nah dem späteren Alexandrowsk. Aus den Fürstentümern von Kiew, Smolensk, Tschernigow und anderen Gegenden marschierten Truppen mit ihren reichgeschmückten Bannern herbei, auf denen ihre Schutzheiligen abgebildet waren. Krieger und Pferde trugen schwere Rüstungen – für einen Kampf in der Ebene nicht gerade die günstigste Ausstattung. Die Helme hatten Visier und Nackenschutz, die der Anführer waren außerdem mit Edelsteinen und Einlegearbeiten verziert. Die Bojaren, die Angehörigen des russischen Hochadels, waren schon von weitem an ihren Schultermänteln aus rotgoldenem Brokatstoff und an den schwarzen Stiefeln aus weichem Leder zu erkennen. Von Galizien her kamen die Truppen in Booten den Dnjepr herabgerudert.

Im Frühjahr 1223 – Dschingis Khan weilte in der Nähe Taschkents im Tal des Tchirtchik – stand ein Heer von 80 000 russischen Kriegern bereit, verstärkt durch einige zehntausend Qyptschaq. Man wartete nur noch auf die Ankunft einiger Truppenkontingente aus Susdal und dem unteren Wolgagebiet.

Als Sübütai und Djebe von der Truppenzusammenziehung am Dnjepr erfuhren, schickten sie eine Abordnung zu den Befehlshabern. Sie hatten von Dschingsi Khan lediglich den Auftrag erhalten, sich unter den Nomadenvölkern Südrußlands »umzusehen«, nicht aber, einen regelrechten Krieg mit den russischen Fürsten zu führen. Ein Eroberungsfeldzug dieser Art war erst für einen späteren Zeitpunkt geplant.

Zehn Abgesandte, darunter einige christlichen Glaubens, traten den Weg ins Hauptlager der Russen am Dnjeprknie an mit einer Botschaft, die der Chronist von Kiew überliefert:

»Wir haben erfahren, daß ihr den Verleumdungen der Polowzer Glauben schenkt und ein Kriegsherr gegen uns aufgestellt habt. Aber nicht euer Land ist es, das wir angegriffen haben, wir haben keine Städte oder Dörfer von euch zerstört. Denn nicht gegen euch ziehen wir zu Felde. Gott hat uns gegen unsere rechtmäßigen Sklaven, die heidnischen Polowzer

Mongolen auf der Jagd; persische Miniatur (Teheran, Kaiserliche Bibliothek).

ausgesandt. Deshalb schließt Frieden mit uns und liefert uns die Flüchtlinge aus. Ihren Besitz könnt ihr behalten, denn wir haben gehört, daß sie euch viel Ungemach zugefügt haben.«

Die Russen betrachteten die Friedensbereitschaft der Mongolen als ein Zeichen ihrer Angst und ließen die zehn Gesandten, auch die christlichen, einfach töten.

Darauf schickten die Mongolenführer ihre Kriegserklärung:

»Wieder habt ihr auf die Polowzer gehört und unsere Leute ermordet, obwohl wir euch nichts Böses getan haben. Kommt also, wenn ihr wollt. Möge Gott unser Richter sein.«

Diesmal ließen die Russen den Boten unbehelligt ziehen.

Am Ostufer des Dnjepr bezogen sie Stellung und warteten auf die Ankunft der Mongolen.

Wie immer ritt Djebe mit seinen Leuten ein Stück voraus. Russische Spähtrupps, die die Lagerfeuer in der Ferne entdeckten, schlichen sich nachts nah heran und erblickten dort eine Rotte kleinwüchsiger, schäbig gekleideter Männer mit struppigen Pferden. Nach ihrer Rückkehr rieten die Kundschafter verächtlich zu sofortigem Überfall.

Inzwischen hatte Mstislav, der mit seinen Kriegern am Dnjepr stand, eine mongolische Patrouille aufgegriffen. Die Mongolen verteidigten sich und ihren verwundeten Anführer, konnten jedoch gegen die Übermacht nichts ausrichten. Als sie in der Gewalt der Russen waren, erhielten die Qyptschaq im Gefolge Mstislavs die Erlaubnis, die Feinde zu töten. Einer von ihnen band den Kopf des Anführers an den Schwanz seines Pferdes, bei Nomadenvölkern ein Zeichen der Geringschätzung über den Tod hinaus. Auch Djamuqa war mit dem Kommandanten von Dschings Khans 13. Korps einst so verfahren.

Sübütai und Djebe hatten einen Schlachtplan ausgeheckt. Sie wollten die russischen Heere hinter sich herlocken, bis man einen geeigneten Ort für die Schlacht gefunden hatte. Außerdem hofften sie, den Feind durch ihre Zermürbungstaktik zu unvorsichtigem Verhalten verleiten zu können.

Die mit Weizen und anderen Lebensmitteln beladenen Wagen der Russen rumpelten über die weglose Steppe, wo sich kein Feind blicken ließ. Den rund 82 000 Kriegern der vereinten russischen Heere vermochten die Mongolen nur drei Tümen, also 30 000 Berittene, und einige gemischte Hilfstruppen entgegenzustellen. Aber vor der Masse der unbeholfenen Russen fürchteten sie sich wenig – Schnelligkeit und Wendigkeit waren die Eigenschaften, auf die es hier ankam.

Und nun begann eine regelrechte Schnitzeljagd. Die Mongolen hinterließen deutliche Spuren, denen selbst die wenig erfahrenen Russen mühelos folgen konnten, verschwanden aber stets im genau abgepaßten Augenblick. Manchmal ließen sie auch ein paar Stück Vieh am brennenden Feuer zurück, als seien sie Hals über Kopf geflüchtet. Die Russen hielten jedesmal an, schlachteten die Tiere und stopften sich mit Braten voll. Ihre Überheblichkeit wuchs im selben Maße, wie ihre Wachsamkeit abnahm. Schließlich hatten sie jeglichen Respekt vor dem Feind verloren.

Am Abend des neunten Tages langte die Vorhut der Russen, die überwiegend aus ortskundigen Qyptschaq bestand, am Steilufer des Kalka an. Der lange Rückzug war zu Ende. Auf der Ebene über dem Fluß wartete das Hauptheer der Mongolen in langer Schlachtreihe auf den Feind, der dem Köder gefolgt und in die gestellte Falle gegangen war.

Der Morgen des 31. Mai 1223 brach an, nach dem russischen Kalender der Tag des Propheten Jeremias. Fürst Mstislav, der mit der ersten russischen Armee sorglos den anderen vorausgeritten war, sah mit Entsetzen, wie die mongolischen Krieger in schweigsamer Entschlossenheit vorrückten.

Weder die Russen noch die Qyptschaq vermochten dem Druck der Feinde lange Widerstand zu leisten. Sie machten kehrt und flohen – mitten unter die Reihen der Hauptmacht, wo sie mit ihrer panischen Angst ungeheure Verwirrung stifteten. Ehe er recht begriff, wie ihm geschah, war das Heer des Fürsten Mstislav überrannt von der schweigenden, perfekten Kriegsmaschine, die Dschingis Khan aus seinem Nomadenvolk geschaffen hatte.

Mstislav, der zum erstenmal im Leben eine solche Niederlage hinnehmen mußte, suchte sein Heil in der Flucht. Seine Bojaren taten es ihm nach, und so jagten sie zurück, auf die zweite russische Armee von Tschernigow zu, die nichts von der Katastrophe ahnte. Mstislav hatte sie nämlich absichtlich nicht über die Feindberührung informiert, da er die Mongolen allein besiegen und den Ruhm nicht mit den anderen teilen wollte. Nun überrumpelten die hinter den Flüchtigen herpreschenden Mongolen auch die zweite Armee, die vor Schreck zu keinem wirksamen Gegenschlag fähig war.

Mstislav floh weiter nach Westen mit seinen Leuten. Die hinderliche Eisenrüstung hatte er abgeworfen und bot nun mit seinem im Winde hinter ihm her flatternden roten Mantel einen farbenprächtigen Anblick.

Mittlerweile hatte die Kiewer Armee, die dritte in der Marschordnung des russischen Heerhaufens, auf einem Hügel oberhalb des Kalka Stellung bezogen. Ihr Fürst und Anführer, der gleichfalls Mstislav hieß, entschloß sich angesichts der unglücklichen Flucht seines Namensbruders, den Mongolen die Stirn zu bieten. In aller Eile ließ er eine Palisade aus Baumstämmen um den Hügel errichten und verteidigte ihn drei Tage lang wie eine Festung.

Und wiederum bedienten sich die Mongolen einer List. Sie schickten einen Überläufer in die hölzerne Festung und ließen ihn sagen, sie wollten die umzingelte Armee verschonen und frei abziehen lassen, wenn die Kiewer ein angemessenes Lösegeld zahlten. Der arg bedrängte Fürst stimmte nach einigem Zögern zu. Bei der Übergabe des Geldes wurde er jedoch gefangengenommen, und die Mongolen drangen in das Palisadenlager ein.

Die Ermordung der zehn Abgesandten war nicht vergessen. Beim Sturm auf das Palisadenfort hieben die Mongolen alle Russen nieder, die sich in die Reichweite ihrer Schwerter wagten. Mstislav von Kiew und seine Bojaren erlitten einen grausamen Tod. Wie der Chronist von Kiew berichtet, streckte man sie auf dem Boden aus und legte Planken über ihre Leiber. Die Mongolen nahmen darauf Platz und feierten ihren Sieg, während die Gefangenen unter ihnen qualvoll erstickten.

In den folgenden Tagen machten die Sieger Jagd auf die führerlos in der Gegend umherirrenden Truppen, die den Gefechten und dem Massaker entkommen waren. Sie töteten viele Flüchtlinge, darunter sechs Fürsten und siebzig hohe Offiziere und Bojaren. Die russische Armee, die mit 80 000 Mann gegen die Streitmacht der Mongolen ausgerückt war, existierte nicht mehr.

Es wird berichtet, daß von zehn Soldaten nur einer lebend heimkehrte. Die dritte Armee von Kiew hatte allein zehntausend Tote zu beklagen. Ein nicht geringer Anteil davon kam auf das Konto der Qyptschaq, die nach dem Desaster ihren Waffengefährten heimtückisch in den Rücken fielen und ihre russischen Verbündeten wegen ihrer Pferde oder gar wegen ihrer Stiefel umbrachten, als diese kaum ihren Verfolgern entronnen waren.

Von der allgemeinen Katastrophe verschont blieb nur das Heer des Großfürsten Jurij von Wladimir, der sich zu seinem Glück nicht rechtzeitig zur Schlacht eingefunden hatte. Als dem Großfürsten die Nachricht vom Untergang der anderen Armeen überbracht wurde, schwenkte er schleunigst nach Norden ab und kehrte in weitem Bogen in seine Heimat am Oberlauf der Wolga zurück, »Gott inbrünstig dafür dankend, daß er ihm das Leben auf ehrenvolle Weise belassen habe«. Vermutlich war der Großfürst auch nicht ganz frei von Schadenfreude über den Untergang Mstislavs, denn der Fürst von Kiew war von jeher sein Rivale im Kampf um die Vormachtstellung gewesen.

Wie einst Sultan Muhammad, dessen Unheil gleichfalls mit der Ermordung einer Gesandtschaft begonnen hatte, suchte Mstislav von Galizien in panischer Furcht das Weite. Er floh in einem Boot über den Dnjepr und machte nicht halt, bevor er seine Hauptstadt Halitsch in der Nähe der ungarischen Grenze erreicht hatte.

Die Mongolen benahmen sich in Rußland entsprechend ihrem Ruf: sie plünderten, brandschatzten und schändeten die Frauen. Es half auch nichts, wenn die Einwohner der Städte sich samt ihren Priestern mit beschwörend hochgehaltenem

Kreuz ergaben, denn, wie die Mongolen zu sagen pflegten, »der Unterworfene kann nie zum Freund des Siegers werden, wenn dieser seine Sicherheit nicht gefährden will«.

Ganz Rußland zitterte. In den Kathedralen lagen Priester und Gläubige auf dem Boden ausgestreckt vor Kruzifixen und goldenen Ikonen und flehten um Gottes Hilfe gegen die Barbaren. Der Himmel erhörte ihre Bitten – wenigstens für dieses Mal. Dschingis Khans Generäle kehrten um, da Eilboten des Mongolenherrschers sie zurückriefen. Die Eroberung des Westens blieb einem späteren Zeitpunkt vorbehalten.

Sübütai und Djebe ritten durch die Wolganiederungen nach Osten. Hinter dem Heer wand sich ein langer Zug vollbepackter Wagen. Auf einigen saßen Mädchen, die für den Harem Dschingis Khans bestimmt waren, alle anderen folgten auf bloßen Füßen. Abends mußten sie nach dem erschöpfenden Tagesmarsch zur Unterhaltung der Truppen noch singen und tanzen – kein Wunder, daß die Tränen in ihren Augen nie versiegten.

Ganz Rußland atmete erleichtert auf, als der Heerhaufen der Mongolen endlich im Osten verschwunden war. Man war noch einmal davongekommen und deutete den Abzug als ein Wunder der göttlichen Vorsehung. Der Metropolit von Kiew hielt in der Sophienkathedrale einen feierlichen Dankgottesdienst ab, Diakone opferten dicke Kerzen, schwangen die Weihrauchgefäße und ließen die Glocken ertönen.

Der Chronist von Kiew kommentiert:

»Und die Mongolen kehrten am Dnjepr um und wandten sich ab. Wir wissen nicht, woher sie kamen und wohin sie gegangen sind. Gott allein weiß, weshalb er sie zur Strafe für unsere Sünden geschickt hat.«

Natürlich waren die Mongolen nicht verschwunden, sie hatten sich vielmehr an der Wolga nordwärts gewandt und marschierten nun auf die an der Kama ansässigen Bulgarenstämme zu, die sie in der Gegend von Kasan vernichtend schlugen. Im Verlauf dieses Feldzugs starb der große Feldherr Djebe. Sübütai kehrte allein über den Ural nach Asien zurück. Erst vierzehn Jahre später, im Herbst 1237, überschritt er abermals die russische Grenze, nun aber mit dem erklärten Ziel, ganz Rußland unter mongolische Herrschaft zu zwingen. Die Mongolen nahmen das Land entlang der Wolga in Besitz, ihr Anführer erhielt die Lehensherrschaft über Rußland und ging als »Tataren-Zar« in die Geschichte ein.

Die Niederlage am Kalka wurde zum Wendepunkt in der Geschichte Rußlands. Sie leitete die Entwicklung ein, in deren Verlauf das Bojarenreich für zweieinhalb Jahrhunderte eine mongolische Kolonie wurde. Noch heute neckt man die Ukrainer mit dem Spitznamen *khokol* (ein Wort, das sich vom mongolischen *kegul* herleitet und »Stirnlocke« bedeutet) nach der Haartracht von Sübütais Kriegern. Dieselbe Frisur trugen später die Saporosher Kosaken an den Stromschnellen des Dnjepr.

Der meeresgewaltige Khan

In China begann sich ein Kriegsgeschehen größeren Ausmaßes abzuzeichnen. Feldherr Muqali, der mit sechs Tümen Mongolenkriegern und entsprechenden Hilfstruppen aus Öngüten und Ch'itan im Fernen Osten residierte, erfreute sich eines hohen Ansehens. Regierende Fürsten hielten ihm abwechselnd den Steigbügel, wie es die islamischen Würdenträger bei Dschingis Khan getan hatten.

Muqali hatte sich nicht nur im Felde als General bewährt, er war auch ein Staatsmann von Format, außerdem war er großherzig und hatte Sinn für Humor. Als Dschingis Khans Stellvertreter und Vizekönig hatte er die Praxis verheerender Reiterüberfälle aufgegeben und war zu einträglicheren Eroberungstaktiken übergegangen. Seine Aufgabe war nicht leicht, China war ein riesiges, dichtbesiedeltes Staatsgebilde, das einer festen Hand bedurfte. Die bald wieder ergänzten Truppen des Goldenen Kaisers erhoben sich immer wieder, und manche strategisch wichtige Stadt wechselte mehrmals den Besitzer. Muqalis Hauptziel war jedoch nicht die Unterwerfung durch Waffengewalt, sondern eine methodisch betriebene, friedliche Erweiterung der eroberten Gebiete. Immer näher rückte er an K'ai-feng-fu heran, die neue Hauptstadt des Kaisers am Gelben Fluß in der Provinz Honan.

In den Südprovinzen Chinas herrschte die Dynastie der Sung-Kaiser. Im Jahre 1221 schickte der regierende Sung-Kaiser eine Abordnung zu Muqali. Mit Interesse hatte er dessen Vorgehen gegen seinen Amtsbruder in K'ai-feng-fu beobachtet. Vielleicht, daß man durch ein Bündnis mit dem mongolischen Vizekönig sich gleichfalls ein Stück des Nordreichs aneignen konnte?

Muqali empfing den Unterhändler Chao Hung mit ausgesuchter Höflichkeit. Die diplomatischen Verhandlungen ließen sich gut an, bis Chao Hung eines Tages ins Zelt Muqalis bestellt wurde.

Der Feldherr saß, umringt von seinen Frauen und Konkubinen, von den Noyan und Bagadur, auf seinem Thronsessel und lauschte den Weisen musizierender Mädchen. Als der südchinesische Gesandte eintrat, erhob sich Muqali und herrschte den Bestürzten an: »Warum bist du heute nicht gekommen? Wir haben Handball gespielt.«

Der Chinese stammelte, niemand habe ihn dazu eingeladen.

Muqali brach in dröhnendes Gelächter aus. »Seit dem Tag, da du mein Gebiet betreten hast, behandle ich dich als Freund. Du bist willkommen, wann immer ein Festmahl abgehalten, wann immer zu Spiel oder Jagd gerufen wird. Komm und vergnüge dich, ohne daß du jedesmal eigens eingeladen wirst.«

Als Buße für sein Versäumnis mußte Chao Hung sechs große Becher voll schäumenden Weines leeren. Beim letzten schwanden ihm die Sinne, und er sank stockbetrunken in sich zusammen. Muqali bemerkte augenzwinkernd: »Unser Gast ist uns besonders teuer, wenn er berauscht ist. Tragt ihn sanft in sein Zelt!«

Als Chao Hung sich schließlich von seinem Gastgeber verabschiedete, entließ dieser ihn mit aller Freundlichkeit. Er gab ihm eine Ehreneskorte mit auf den Weg und befahl dem Anführer, den Gesandten des Sung-Kaisers unterwegs mit allem zu versorgen, dessen er begehrte. Es dürfe ihm nie an wohlschmeckenden Speisen, würzigem Wein und duftendem Tee mangeln, auch seien Flötenbläser und Lautenmädchen zu seiner Unterhaltung bereitzustellen.

Dank der Fürsorge des mongolischen Vizekönigs traf Chao Hung in bester Stimmung am heimatlichen Hof ein und berichtete dort von den »herzlichen und unverdorbenen, wenn auch etwas archaischen Sitten und Gebräuchen der Mongolen«. Er bedauerte nur, daß die Steppensöhne durch den Kontakt mit den zivilisierten Chinesen ihre ursprüngliche Lebensart allmählich aufgaben: »Sie verlieren leider bereits ihre unschuldige Einfalt, sie entfernen sich von den natürlichen Gesetzen des Himmels und bedienen sich niederträchtiger Listen. Welch ein Jammer!«

Als der taoistische Weise Ch'ang-ch'un, zu dem Dschingis Khan übrigens eine herzliche Zuneigung gefaßt hatte und von dessen Lehren er sich tief beeindruckt zeigte, über Kalgan nach China zurückgekehrt war, ging ihm der Ortsvorsteher von Hsuan-teh, einer Stadt im Süden von Kalgan, ein Stück entgegen und führte ihn feierlich zum größten Tempel des Bezirks. Dort erzählte er ihm von einer Geistererscheinung: Einer seiner Schüler, der in Samarkand verstorben war, sei zum Tor hereingekommen und habe sein Pferd am Zügel geführt ...

Im Dezember 1223 erschien ein Kurier Dschingis Khans bei Ch'ang-ch'un mit der Botschaft:

»Verehrter Meister, das Reisen im Frühling und Sommer ist beschwerlich. Ich wünsche zu wissen, ob du mit Pferden und Vorräten gut versorgt warst. Hat man dir an den Orten, wo du zur Rast abstiegst, eine bequeme Unterkunft geboten? Findet deine Rede Gehör beim Volk und wächst die Zahl deiner Anhänger? Ich denke stets an dich und hoffe, daß auch du mich nicht vergißt.« Beigefügt war die Anordnung, Ch'ang-ch'un als Oberhaupt aller taoistischen Glaubensanhänger in China zu betrachten.

Der Statthalter von Peking bat den Weisen dringend in einem Brief, er möge ihn besuchen, ja, er solle sich doch für immer in der alten Hauptstadt niederlassen. Ch'ang-ch'un erklärte sich nach einigem Zögern dazu bereit und wurde im Triumphzug nach Peking geleitet. Die jubelnden Zuschauer säumten die geschmückten Straßen so dicht, daß der Zug nur mit Mühe durchkam.

Im Februar 1224 traf erneut ein Bote ein:

»Heiliger Mann, nun da du wieder in China wohnst, bekehre das Volk zu deiner reinen Lehre, zitiere Sprüche aus deinen heiligen Büchern und bete für mich, auf daß mir langes Leben beschieden sein möge. Deine Heilslehre verdient einen angemessenen Rahmen, wähle den Ort, an welchem du zu wohnen wünschest. Ich habe meinen Bevollmächtigten beauftragt, für die Tage deines hohen Alters zu sorgen. Vergiß nicht, was ich dir einst gesagt habe.«

Dschingis Khans Interesse für den Tao-Mönch verschaffte diesem hohes Ansehen in China. Einer seiner Jünger berichtet:

»Seit der Rückkehr des Meisters strömten die Taoisten aus allen Himmelsrichtungen zusammen, und die Gegner unserer Lehre büßen von Tag zu Tag an Einfluß ein. In der Hauptstadt läßt sich jedermann gern zu unserem Glauben bekehren, dessen Prinzipien ständig in aller Leute Mund sind. In der Tat, die Haltung des Volkes gegenüber dem Taoismus hat sich völlig gewandelt.«

Anfang Juli traf ein alter Baldjunier namens Dschafar bei dem Gelehrten ein und übermittelte folgenden persönlichen Auftrag Dschingis Khans:

»Seit du gegangen bist, habe ich deiner nicht einen Tag lang vergessen. Ich hoffe, daß auch du mich nicht vergißt. Falls es in meinem Reich einen Ort gibt, an dem du besonders gern verweilst, so lasse mich das wissen, und du sollst dort eine Heimstatt erhalten. Ich wünsche, daß deine Jünger die Gebetssprüche für mich wiederholen, damit mein Leben noch lange währe.«

Der greise Lehrer wandelte abends besonders gern in einem alten Garten auf der Insel der blühenden Jade, die zum Palastbezirk gehörte. Hier saß er oft mit seinen Jüngern im Schatten einer Konifere* und dichtete Verse in seinen Mußestunden.

Nun boten ihm der Gouverneur von Peking und Dschafar das Grundstück mit Garten und Teich zum Geschenk an. Ch'ang-ch'un lehnte zunächst ab, ließ sich dann aber doch zur Annahme überreden, als man ihm bedeutete, wie sehr sich der Platz für einen taoistischen Tempel eignete. Tao-Mönche zo-

* Zapfentragendes Nadelholz.

gen mit allem nötigen Gerät auf das Grundstück, und eine eifrige Bautätigkeit begann.

Nachdem der chinesische Weise ihn verlassen hatte, hielt sich der Khan noch längere Zeit in der Nähe Taschkents am Syr-darja auf und wartete in Gesellschaft seines Sohnes Tului auf die Ankunft der anderen Söhne.

Tschaghatai und Ügedai verbrachten ihre Tage auf der Jagd im Karakulgebiet, von wo aus sie dem Vater jede Woche eine Karawane mit Wildbret, vor allem mit Wildvögeln schickten. Zu Beginn des Frühlings kehrten sie ins väterliche Lager am Syr-darja zurück, wo sie den ruhmreichen Sieg über Chorezm und Afghanistan durch eine Reihe rauschender Feste feierten.

Im Sommer setzte sich der riesige Heerwurm erneut in Bewegung und zog in geruhsamen Tagesmärschen in Richtung Norden. Vorläufiges Reiseziel war die Steppe von Qulanbachi, wohin Dschingis Khan einen großen Qurultai einberief. Auch Gutschi war geladen. Seit zwei oder drei Jahren hatte der Khan seinen ältesten Sohn nicht mehr gesehen.

Nach der Eroberung der Stadt Gurgandj im Jahre 1221 hatte sich Gutschi in die einsamen Steppen zwischen dem Kaspischen Meer und dem Aralsee zurückgezogen. Er grollte seinen Brüdern, insbesondere Tschaghatai, der aus Eifersucht ständig den Zweifel wachhielt, ob Dschingis Khan wirklich sein Vater war. Dschingis Khan, dem dies ziemlich gleichgültig war, hatte jedoch eine hohe Meinung von Gutschis Fähigkeiten. Er überließ ihm die Provinz Chorasan, die nördlich davon gelegenen Steppen der Qyptschaq und von den Gebieten Südsibiriens alles, was Gutschi den dortigen Völkern zu entreißen vermochte.

Obwohl Gutschi sich oft über das Verhalten seiner Brüder ärgerte, war er im Grunde zufrieden mit seinem Anteil. Er liebte das weite Land des Westens, das ihm zugefallen war, und versuchte, die grünen Steppen und klaren Gewässer vor Zerstörung zu bewahren.

Im späten Frühling des Jahres 1223 näherten sich Djebe

und Sübütai von Nordwesten her seinem Herrschaftsbereich. Sie hatten die russische Armee am Kalka besiegt und befanden sich nun auf dem Marsch zur oberen Wolga. Sie hatten die Absicht, die dort siedelnden Bulgaren, ein Turkvolk islamischen Glaubens, zu überfallen und baten Gutschi um Verstärkung ihrer Truppen.

Gutschi sandte den größeren Teil seiner Krieger ins Lager der Feldherren und eilte mit den übrigen Truppen zum großen Qurultai am Qulan-bachi, der nördlich des Alexander-Gebirges abgehalten wurde. Als er sich dem Lagerplatz näherte, stellte er seine Leute im riesigen Halbkreis auf und begann eine Jagd, indem er alles Wild dem Lager zutrieb. Dschingis Khan, der die Jagd zur Proviantierung der Streitkräfte angeordnet hatte, kam seinem Sohn in ebensolcher Aufstellung entgegen, so daß die äußersten Postenglieder aufeinandertrafen, der Ring geschlossen war und die Jagd auf das eingekreiste Wild begann. Jeweils nach ihrem Rang und Stand jagten die Mongolen das edlere und das weniger edle Wild. Nur ausgewachsene Tiere wurden erlegt, die Jungen mochten entkommen und bis zur nächsten Jagd weiterwachsen. Einige der seltenen Wildesel waren vom langen Treiben so erschöpft, daß sie sich sogar mit dem Ukriuk einfangen ließen.

Erst nachdem die Jagd zu Ende war, begrüßte der Khan seinen Sohn.

Gutschi hatte reiche Geschenke aus seinem Land mitgebracht. Die kostbarste Gabe für seinen Vater waren 100 000 Pferde von den Weiden der Qyptschaq, jeweils zu 20 000 sortiert in den Farben Weiß, Schwarz, Grau, Scheckig und Braun.

Und obwohl die Steppe von Qulan-bachi sich in ost-westlicher Richtung über fünfzig Kilometer erstreckt, konnte sie kaum mehr die Vielzahl von Wagen und Zelten fassen. Das Zelt des Eroberers umgab eine Wagenburg, die unermeßliche Schätze barg. Dennoch war keiner der Wagen bewacht oder auch nur verriegelt, so groß war die Ehrlichkeit, die das Gesetz des Yassaq dem mongolischen Kriegsvolk auferlegte.

Man sah im Lager vornehme Mongolinnen mit ihren Boktas, die sie nach neuester Mode mit Goldbrokat überzogen und mit Edelsteinen bestickt hatten. Auch schminkten sich die Frauen seit kurzem; sie bestäubten die Wangen reichlich mit Reispuder, malten rote Apfelbäckchen darauf und schwärzten die Augenlider mit Bleiglanz. Nicht immer entsprach das Ergebnis dem kunstvollen Vorbild vornehmer Chinesinnen.

Diese Mongolinnen waren allerdings in der Minderzahl, da nur höhere Offiziere ihre Frauen auf Feldzügen mitführen durften. Die Truppen mußten sich unter den Töchtern der besiegten Völker umsehen. So gab es außer den schon erwähnten Chinesinnen Mädchen aus den Gebirgsgegenden Afghanistans, turkmenische Schöne aus Buchara und Mädchen aus den Südprovinzen Persiens, die ihre Gesichter scheu verhüllten, so daß nur ihr zarter Körperbau und ihr graziöser Gang die versteckte Schönheit ahnen ließen, über die Hafis seinen feinsinnigen Vierzeiler schrieb:

»Dürft' ich der spröden Türkin aus Shiras
Mein Herz empfehlen in die kleine Hand,
Ich gäbe für das Grübchen ihres Kinns
Ganz Buchara und Samarkand.«

Dschingis Khan eröffnete die Versammlung in einem großen Empfangszelt, in dem tausende Platz fanden. Nachdem der Qurultai die neuen Gesetze im Yassaq verankert hatte, die durch die Verwaltung der vielen neu hinzugekommenen Gebiete nötig geworden waren, empfing der große Khan die Gesandten und Delegationen der tributpflichtigen Völker, die bislang draußen gewartet hatten. Da für sie das Gesetz des Yassaq nicht galt, wurden sie vorher nach versteckten Waffen durchsucht. Außerdem hatte man sie zuvor eindringlich gewarnt, ja nicht die Schwelle oder die Schnüre des Zeltes beim Eintreten zu berühren, da dort nach dem Glauben der Mongolen der Sitz der Schutzgötter war. Ihre Namen wurden von einer Liste verlesen, woraufhin sie einzeln vor den Khan traten.

Bald nach Verabschiedung der Abgesandten schloß der Herrscher den Qurultai.

Die Delegierten kehrten in ihre Heimatländer zurück, die Mongolen blieben den Sommer über auf den fetten Weiden von Qulan-bachi. Die Kriegsdisziplin war aufgehoben, jedermann vergnügte sich nach Herzenslust auf der Jagd, bei Gelagen und mit den gefangenen Frauen. Dschingis Khan ließ für besonders tapfere Krieger ein Festmahl nach dem anderen ausrichten. Wildbret lieferten die nahen Berge im Überfluß, und an persischem Wein in bauchigen Lederflaschen, an Reiswein aus China und an einem gegorenen Getränk aus wildem Honig, dem germanischen Met nicht unähnlich, herrschte ebenfalls nie Mangel.

Auch Kumyß trank man nach alter Sitte aus den Hörnern der *arkali*, der wildlebenden Pamirwidder, wie später auch Marco Polo in seinem Reisebericht schildert. Die vollen Trinkhörner waren oft so schwer, daß nur ein starker Mann sie zum Mund emporheben konnte.

Und da der Kumyß neben seinen vielen anderen Vorzügen auch erotisch stimulierend wirkt, wurden die Trinkgelage im Laufe des Abends oft zu bacchantischen Orgien.

Als der Qurultai vorüber war, zog es Gutschi mächtig heim in seine Westländer. Dschingis Khan bestätigte ihn als Regenten über die gesamte Qyptschaqsteppe und wies ihn ausdrücklich an, die angrenzenden Länder Georgien und Südrußland, die Djebe und Sübütai zwar durchzogen, aber nicht annektiert hatten, in seine Gewalt zu bringen und mit einer mongolischen Verwaltung zu versehen. Zur Durchführung der Aufgabe überließ er Gutschi die Tümen, die bislang Sübütai kommandiert hatte. Den General beorderte er zu neuen Aufgaben in die Mongolei.

Der Tod Djebes, der einst als junger Taighigutkrieger das Streitroß Dschingis Khans getötet hatte und dann sein treuer Gefolgsmann geworden war, kam den Herrscher hart an. Sübütai und Djebe hatten gemeinsam eine Strecke von über neunzig Längengraden abgeritten und ohne nennenswerte

Verluste in vielen Schlachten gesiegt, so daß der Khan mit Recht stolz auf seine getreuen alten Kampfgenossen war. Der Historiker Djuweyni bemerkt dazu:

»Die Taten Djebes und Sübütais beweisen die unfehlbare Überlegenheit der mongolischen Kampftruppen, oder, wenn man so will, den Ratschluß des einzigen und allmächtigen Gottes. Denn diese eine Abteilung des mongolischen Heeres hat eine Reihe von Völkern niedergezwungen, ohne daß auch nur eines sich gegen sie zu behaupten vermochte!«

Gemäß dem Auftrag des Khans übergab Sübütai den Großteil seiner Krieger an Gutschi und reiste mit einer kleinen Mannschaft und leichtem Gepäck zum Lager seines Herrn. Die mit Beutegut hochbepackten Wagen folgten unter der Aufsicht einer Wachtruppe.

Aber Dschingis Khan war bereits nach Osten aufgebrochen. Nahe dem Balchaschsee am Fluß Imil erwartete ihn eine freudige Überraschung. Seine Lieblingsenkel Hülägü und Kubilai, die Söhne Tuluis, waren mit einer Eskorte dem Großvater entgegengereist. Kubilai war etwa neun, Hülägü zwei Jahre älter. Die Knaben hatten unterwegs gejagt und zeigten stolz ihre erste Beute vor: Kubilai einen Hasen und Hülägü sogar einen jungen Hirschen. Bei den Mongolen herrschte der Brauch, den Mittelfinger des Knaben mit dem Fett des Tieres einzureiben, das er als erstes erlegt hatte. Dschingis Khan ließ es sich nicht nehmen, diese Zeremonie bei seinen Enkeln selbst zu vollziehen und rieb die Finger der Knaben mit dem Fett des Rotwildes bzw. des Hasen ein. Er freute sich mit den Jungen über ihr Jagdglück und gab ihnen zu Ehren ein Fest.

Wenige Tage später holte Sübütai mit seiner kleinen Gruppe den Heereszug Dschingis Khans ein. Herzlich begrüßte der Khan seinen alten Waffengefährten. Die Geschichte kennt keinen Feldherrn, der sich als Taktiker und Stratege mit dem mongolischen General Sübütai messen könnte. Selbst Napoleon rühmte das militärische Genie der Mongolen: »Es ist müßig zu glauben«, sagte er, »die Mongoleninvasion sei der ziellose Ausbruch einer zügellosen asiatischen Räuberhorde gewesen. Es war vielmehr der bis ins einzelne geplante Eroberungszug einer Armee, die mit ihrer Organisation und Disziplin eine unvergleichlich höhere Stufe erreicht hatte als die Heere ihrer Gegner.« Eine Erkenntnis, die in den Tagen Napoleons nicht selbstverständlich war.

Während Dschingis Khan und Sübütai gemeinsam weiterzogen, mußte der Feldherr seinem Khan täglich eine Stunde lang ausführlichen Bericht über seine Schlachten erstatten. Nachdem Sübütai den Herrscher über den gesamten Ablauf seines Feldzuges informiert hatte, schickte sich der alte Haudegen an, wieder bescheiden seinen Platz an der Spitze der Vorhut einzunehmen. Aber Dschingis Khan verwehrte es ihm und wies ihm den Platz an seiner Seite an.

Der große Khan war außerordentlich beeindruckt vom Reichtum der immensen Steppen, die sich nördlich und westlich des Schwarzen Meeres erstreckten. Er faßte den Entschluß, in den Westen zurückzukehren und Südeuropa für sein Reich zu erobern, sobald sich seine Armeen von dem jahrelangen Kriegszug erholt hatten. Drei Tümen hatten genügt, um Rußland empfindlich zu treffen, was würde erst geschehen, wenn die gesamte Heeresmacht Südeuropa überrollte? Außerdem war das Gelände für Reitertruppen sehr günstig; man brauchte keine Gobi zu durchqueren und keinen Hindukusch zu besteigen.

Der Heimritt durch die von Mongolen besetzten Länder glich einem einzigen Triumphzug. Am Irtysch gab der Khan zu Ehren Sübütais ein Festmahl, bei dem er ihm einen goldenen, mit Edelsteinen besetzten Pokal schenkte. Er ließ den General an seiner Seite Platz nehmen, trank ihm zu und sagte tiefbewegt:

»Sübütai hat für mich in fernen Ländern gekämpft. Stets war er ohne Furcht, nie wankte er in seiner Treue gegen mich oder gegen seine Gefährten. Ich bringe meinem Feldherrn die höchste Achtung entgegen.«

Den Sommer des Jahres 1224 verbrachte der Khan mit den Seinen am Irtysch, im ehemaligen Land der Naiman.

Immer wieder gaben die Tanguten im Reich Hsi-Hsia zwischen der Mongolei und Tibet Anlaß zur Sorge. So hatten sie beispielsweise die Uighurenstämme in West-Kansu zur gemeinsamen Rebellion angestiftet. Und obwohl Muqali den Aufstand rasch niederschlug, gärte es weiter in jenem unruhigen Landstrich. Die gefangenen Rebellenführer waren vor Dschingis Khan gebracht und von diesem zum Tode verurteilt worden.

Durch eine Gesandtschaft erklärte der Tangutenkönig seine Bereitschaft zum Frieden. Der Khan willigte ein unter der Bedingung, daß der König seinen Sohn als Geisel zu den Mongolen schickte, damit er durch seine Abwesenheit den Vater ständig an den Verrat erinnere – und ein erneuter verhindert würde.

Aschagambu, der Dschingis Khan von jeher feindlich gesonnene Tangutengeneral, knüpfte insgeheim Beziehungen zum Goldenen Kaiser in Honan und zum Sung-Kaiser in Südchina an, die er für eine Koalition gegen die Mongolen zu gewinnen versuchte. Mit vielen falschen Ausreden verzögerte er immer wieder die Abreise des Tangutenprinzen.

Im Frühling 1225 überschritt Dschingis Khan den Orchon bei Karakorum, wo sein Sohn Ügedai zehn Jahre später die Hauptstadt des mongolischen Weltreichs gründen sollte.

Noch einige Tagesreisen – und Dschingis Khan war zu Hause, zwischen Tola und Kerulen, angelangt. Zum erstenmal seit nahezu sieben Jahren atmete er wieder den Duft der heimatlichen Erde.

Nacheinander trafen dann auch die Tümen an ihren heimatlichen Weideplätzen ein. Reich mit Beute beladen präsentierten sich die Krieger in den Zelten ihrer Angehörigen. Und da viele von ihnen nach einer mongolischen Braut Ausschau hielten, kletterten die Preise für heiratsfähige Mädchen innerhalb kürzester Zeit in ungeahnte Höhen. Auch Mädchen, die die erste Jugendblüte bereits hinter sich hatten, fanden nun Gelegenheit, doch noch unter die Haube bzw. Bokta zu kommen und brachten ihren Eltern einen stattlichen Kaufpreis.

Wegen der Unruhen im Tangutenreich Hsi-Hsia und den Gerüchten aus Honan gönnte sich der Khan nur wenige Wochen Ruhe. Noch immer war der Tangutenprinz nicht eingetroffen, obwohl bereits mehrfach die Aufforderung dazu ergangen war. Der König meinte es ernst mit seinem Friedensangebot, konnte sich aber gegen die »Falken« im Staatsrat, Aschagambu an ihrer Spitze, nicht durchsetzen. Aschagambu hatte gut vorgesorgt: Das Land stand unter Waffen, das Bündnis mit den Uighuren und Tibetern war perfekt, und mit Honan bestand ein Pakt der gegenseitigen Hilfeleistung. Zur Übermittlung der Nachrichten hatten die Verbündeten einen Code aus Feuersignalen entlang der gemeinsamen Front vereinbart.

Das Bündnis zwischen Hsi-Hsia und Honan wurde im Oktober in aller Stille unterzeichnet. Erst im November gelangte die Kunde davon zu Dschingis Khan, der sofort Maßnahmen einleitete, um gegen die alliierten Feinde vorzugehen.

Wenige Tage später waren die ersten Reitertrupps auf dem Weg nach Hsi-Hsia. Die Korps und Divisionen der Hauptarmee, die eben erst aus Westasien zurückgekehrt waren und sich in die Zeltlager ihrer Klans verteilt hatten, brauchten erst im folgenden Frühjahr wieder zu marschieren, diesmal in Richtung Osten.

»Geh, und diene dem Khan in der anderen Welt!«

Der König der Tanguten nannte sich *Tängri Khan*, »Himmelskhan«, und als treuer Anhänger des Buddhismus außerdem noch *Iluqu-burqan*, »Buddha der Eroberer«. Er glaubte, zumindest bis weit in den Frühling hinein vor den Strafexpeditionen Dschingis Khans sicher zu sein, und war daher peinlich überrascht, als die ersten Mongolen schon im Dezember an der Nordgrenze auftauchten. Auf Aschagambus Anraten hielt er seine Krieger innerhalb der Schutzmauern zurück und ließ sich nicht auf Gefechte mit den umherschweifenden feindlichen Stoßtrupps ein.

Mit dem Frühling kam der Khan selbst an der Spitze von fünfzehn Tümen, als 150 000 Mann, aus den Lagern am Kerulen angeritten. In dem bunten Völkergemisch des Heeres gab es Krieger aus allen Teilen des mittlerweile riesig gewordenen Mongolenreiches, darunter Kontingente von Afghanen und Ghoriden, die der strenge Gelayr Bala kommandierte. Rein mongolische Truppen gab es längst nicht mehr, die Zahl der Mongolenkrieger hätte dazu nicht ausgereicht. Von Anfang an war Dschingis Khan bestrebt gewesen, die Krieger der unterworfenen Völker seinem Heer einzugliedern; zuerst die feindlichen, aber verwandten Stämme der Tataren, Kereiten und Naiman, dann aber auch Chinesen und zuletzt die eben erwähnten Afghanen und Ghoriden. Wer sich fügte und dem Khan treu diente, wurde nach kurzer Zeit den Mongolen gleichgestellt und konnte, wenn er die Fähigkeit dazu besaß, bis in die höchsten Ränge aufsteigen.

Das Heer nahm den Weg durch das Flußtal des Tola, stieg über die Wasserscheide der Onghinberge und ritt dann in Richtung Süden weiter. Trotz seines hohen Alters nahm

Dschingis Khan hier nochmals an einer Jagd teil. Nach unserer Berechnung hatte er das 71., nach der der Mongolen das 72. Lebensjahr vollendet. Bei der Verfolgung einer Herde wilder Esel scheute sein Pferd, und der Khan wurde unsanft zu Boden geschleudert.

Als seine Begleiter ihm aufhalfen, spürte er starke Schmerzen. An Ort und Stelle wurde sein Zelt aufgeschlagen, Ärzte und Schamanen hielten einander abwechselnd den Türlappen auf. Als sich sein Zustand während der Nacht nicht besserte, schlugen ihm die Ratgeber vor, den Feldzug abzubrechen oder zumindest auf einen späteren Zeitpunkt zu verschieben. Aber davon wollte Dschingis Khan nichts hören: »Wenn wir uns jetzt zurückziehen, glaubt der Feind, wir hätten Angst!«

Er bewilligte lediglich eine kurze Rast. Dschingis Khans zähe Konstitution trug auch diesmal den Sieg davon, und Ende März war er wieder so weit hergestellt, daß der Feldzug fortgesetzt werden konnte. Weiter ging der Zug durch die Wüste Gobi und über die öden Hügelketten des Gurban-Saikhan-Gebirges.

An der Grenze zu Hsi-Hsia wartete ein Verteidigungsheer, das hauptsächlich aus Tibetern und Türken bestand und von den Mongolen in die Flucht geschlagen wurde. Als im Juni die Sommerhitze über das Land hereinbrach, suchte Dschingis Khan, dem die Folgen seines Sturzes immer noch schwer zu schaffen machten, unter den kühlen Schneegipfeln des Nanschan-Gebirges Erfrischung.

Das Heer unten in der Ebene eroberte währenddessen die Handelsstadt Sutschou an der Karawanenroute und erstürmte danach Kantschou, wo das Nanschan-Gebirge eine Art Korridor bildet, der den Weg aus der Wüste Gobi ins Innere der Provinz Kansu freigibt.

Durch diesen Korridor zogen die Mongolen zur Hauptstadt der Tanguten, dem heutigen Liangtschou, damals die zweitgrößte Stadt des Chin-Reiches, die ohne Widerstand ihre Tore öffnete. Die Übergabe der Stadt erschreckte nicht nur den Tangutenkönig, sondern auch Aschagambu, der die Befehlsgewalt über die tangutischen Truppen innehatte.

Im September übernahm wieder der Khan selbst das Kommando über seine Streitkräfte. Die Zeit war reif für die Entscheidungsschlacht mit den Tanguten.

Aschagambu war derselben Ansicht. Von seinem Standort, dem heutigen Ninghsia, aus rückte er mit einer gewaltigen Armee, insgesamt wohl an die 500 000 Mann, gegen das Heer der Mongolen vor.

Dschingis Khan reagierte sofort. Er setzte über den Gelben Fluß und erwartete den Feind auf einem überfluteten Gelände, das ein vorzeitiger Frosteinfall in eine einzige Eisfläche verwandelt hatte. Die Mongolen umwickelten die Hufe ihrer Pferde mit Tüchern, damit sie nicht rutschten, und stürmten über das Eis auf die Tanguten zu. Kurze Zeit später hatte sich das Tangutenheer aufgelöst, drei Fünftel der Krieger waren in der Schlacht gefallen.

Dschingis Khan folgte den Fliehenden bis ins Alaschan-Gebirge, wo Aschagambu mit dem Rest seiner Leute Zuflucht gefunden hatte. Viele der Flüchtigen versteckten sich in Höhlen und Schluchten, die meisten wurden jedoch gefunden, so daß letztlich nur wenige mit dem Leben davonkamen.

Im Alaschan feierten die Mongolen ihren Sieg mit einem großen Trinkgelage, bei dem diesmal rotwangige Tangutenmädchen aufwarten mußten.

Obwohl die Armee zerschlagen war, hielt sich die Metropole noch lange Zeit dank ihrer starken Befestigungsanlagen. Dschingis Khan schickte eine große Belagerungstruppe vor die Stadt. Seinem General Sübütai erteilte er den Auftrag, die nordchinesische Regierung in Honan nach Mongolenart zu bestrafen. Sübütai verwüstete die westlichen Grenzländer Honans, eroberte viele Städte und trieb 5000 Pferde von den Weiden ins Heerlager des Khans.

Da erreichte den Khan die Nachricht, daß sein Sohn Gutschi gestorben war, noch bevor er Südrußland und Georgien hatte erobern können. Der Mongolenkhan schickte seinen jüngsten Bruder Temüge ins Land der Qyptschaq, um Batu, den Sohn Gutschis, als dessen Nachfolger einzusetzen und zu bestätigen. Batu war zwar nicht der älteste von den vierzehn Söhnen

Gutschis, wohl aber der begabteste und tatkräftigste. Nach einer Trauerfeier wurde Gutschis Leiche zum oberen Irtysch gebracht und auf einem hohen Berg mit großem Gepränge beigesetzt. Bei seinem Tod im Februar 1227 war Gutschi rund fünfzig Jahre alt.

Dschingis Khan versuchte, sich von seiner Trauer durch militärische Unternehmungen abzulenken. Er eroberte Ho-chou am Oberlauf des Gelben Flusses und begab sich von dort aus nach Hsining am Kuku-nor, wo in den Hochtälern zwischen Hsi-Hsia und Tibet die Karawanenstraße nach Lhasa führte.

Mit dem Fall der Stadt Hsining im März 1227 war fast aller Widerstand des Tangutenreiches gebrochen. Die Hauptstadt hielt sich zwar noch, aber es war nur eine Frage der Zeit, wann die in konzentrischen Ringen um die Mauern lagernden Mongolen in die Metropole eindrangen. Dschingis Khan überließ es einem seiner Generäle, die Belagerung zu Ende zu führen, und zog nach Osten in die Liupinschanberge. Er besetzte Lung-te, einen strategisch wichtigen Ort nahe dem Punkt, wo die Grenzen der drei Länder Hsi-Hsia, Nord- und Südchina aufeinanderstießen. Von dort aus wollte der Khan gegen das Fort T'ung-kuan (heute Tungkwan) am Zusammenfluß des Weiho und des Gelben Flusses vorgehen. Dort gab es nämlich eine Furt, wo die Kavallerie den Fluß überqueren und den Marsch auf Honan fortsetzen konnte.

Auch im Sommer 1227 zog sich Dschinigs Khan in kühlere Gegenden zurück, diesmal in die Höhen des Liupinschan-Gebirgszuges, von dessen bis zu 2700 Meter hohen Gipfeln klare Bergbäche in die Täler niederrauschten. Hier empfing er auch eine Abordnung des Tangutenkönigs, der in der belagerten Hauptstadt eingeschlossen war und um Frieden bat.

Der Mongolenkhan war einverstanden unter der Bedingung, daß König Iluqu-burkan innerhalb eines Monats die Stadt ohne weiteren Widerstand übergab. Von seiner Königswürde und seinem Titel müsse er sich allerdings trennen und unter dem Namen *Schidurqo*, »treuer Vasall«, persönlich vor Dschingis Khan erscheinen und ihm als Lehnsherrn huldigen.

Etwa zur gleichen Zeit erschien ein Gesandter aus Honan

mit wertvollen Geschenken, um den Khan für einen Friedensschluß mit Nordchina zu gewinnen. Unter den Gaben befand sich ein großes Gefäß voll erlesener Perlen. Dschingis Khan hieß seine Offiziere nach Belieben davon auswählen, den Rest ließ er vor dem Zelt in den Staub schütten – mochte sich davon holen, wer wollte. Noch lange Zeit danach konnte man zwischen den Steinen einzelne Perlen finden.

Auch während der Kriegsereignisse vergaß Dschingis Khan nicht den Weisen in Peking, den er zum Oberhaupt des Taoismus ernannt und ihm zum Zeichen dieser Würde einen seiner berühmten goldenen Tigerstäbe geschenkt hatte.

Meist hielt sich der greise Philosoph an seinem Lieblingsplatz, auf der Insel der Jadeblüten, auf. Als das Land unter einer großen Dürre litt, bat der Gouverneur Pekings ihn, durch seine Fürbitte der Trockenheit ein Ende zu setzen. Trotz seines hohen Alters verbrachte Ch'ang-ch'un drei Tage und zwei Nächte im Gebet und vollzog die Zeremonie der Himmelsanrufung. Am dritten Tag stiegen dunkle Wolken am Horizont auf, und erquickender Regen prasselte in schweren Tropfen auf die durstige Erde nieder.

Als der Gouverneur dem Philosophen für den Einsatz seiner magischen Kräfte dankte, erwiderte dieser schlicht:

»Was hat das mit Magie zu tun? Die Kraft des Gebets ist nicht neu, man muß nur an sie glauben. Das haben die Alten gemeint, als sie sagten, der rechte Glaube könne Berge versetzen.«

Der alte Meister hatte vor, die Geschichte des taoistischen Glaubens zu schreiben, konnte aber seinen Plan nicht mehr ausführen. Mitte August 1227 befiel ihn ein starker Durchfall, vermutlich infolge einer Infektion. Die Schüler scharten sich ehrfürchtig um die Lagerstätte des immer schwächer atmenden Greises. Am Nachmittag des 20. August sagte er plötzlich mit lauter Stimme:

»Leben und Tod sind wie Morgen und Abend eines Tages.«

Es waren seine letzten Worte.

Dschingis Khan hatte das Lager in Lung-te abbrechen lassen und war einen Tagesritt weitergezogen zu einer Stelle, wo die südlichen Ausläufer des Liupinschan sich ins Tal des Weiho senken. Seine Gedanken kreisten um die Festung T'ungkuan. Das Fort war uneinnehmbar, aber es mußte doch irgendwie zu umgehen sein, damit man Honan auf einem anderen Weg erreichte.

Mitten während der Vorbereitungen für den Feldzug wurde der Khan krank. Die Ärzte gaben den üblen Dünsten und dem schlechten Wasser der Ebene Schuld an der Krankheit. Vermutlich hatte ihn Malaria oder ein anderes schweres Fieber befallen.

Die Krieger schlugen das Zelt ihres kranken Herrschers hoch oben auf einem bewaldeten Hügelkamm des Liupinschan auf, weitab vom Lager, damit ihn der Lärm des Alltagslebens nicht störte. Außer seinen Söhnen hatten nur die Leibwache und die Generäle Zutritt zu dem Kranken.

Trotz aller ärztlichen Bemühungen verschlechterte sich der Zustand Dschingis Khans zusehends. In den wichtigen Dingen des Lebens hatte er sich nie etwas vorgemacht – er wußte, daß er sterben würde. Eines Nachts quälte ihn ein Alptraum, und von düsteren Vorahnungen erfüllt wachte er im Dunkeln auf und rief nach seinen Söhnen.

Bei Tagesanbruch waren Ügedai und Tului zur Stelle, Tschaghatai war in der Mongolei zurückgeblieben. Zusammen mit den alten Kampfgefährten und engsten Freunden betraten sie das Zelt und umringten die Lagerstätte. Der Khan begrüßte sie und ließ ihnen ein Frühstück bringen. Als alle fertig gegessen hatten, sagte er:

»Ich habe etwas mit meinen Söhnen zu besprechen.«

Leise zogen sich die hohen Militärs und Würdenträger zurück. Dschingis Khan sagte zu Ügedai und Tului:

»Die Stunde naht, in der ich euch verlassen muß. Mit der Hilfe des Himmels habe ich für euch ein Reich erobert, dessen äußerste Grenzen eine Jahresreise weit auseinanderliegen.« Dann bestimmte er Ügedai zu seinem Nachfolger. Nachdem die Würdenträger wieder hereingekommen waren, teilte er ihnen seinen Entschluß mit, den sie durch einen feierlichen Eid bekräftigten. Und weiter befahl der Khan, daß bis zum Qurultai, der nach den Gesetzen des Yassaq die Herrscherwürde Ügedais bestätigen mußte, seine Frau Börte die Regentschaft über das Weltreich führen sollte.

Tului erhielt als jüngster Sohn das väterliche Stammland in der Region der Flüsse Onon, Kerulen und Tola; der abwesende Tschaghatai bekam als Erbteil die ehemaligen Reiche Qara-Qytai und Chorezm zugesprochen.

Dschingis Khan verfügte ferner, daß sein Tod zunächst geheimgehalten werden müsse. Wenn der Tangutenkönig zur Huldigung erscheine, solle er sofort getötet werden, damit nicht wieder ein Aufstand den Osten des Reiches erschüttere.

Der Tangutenkönig, der sich nun »Schidurqo« nannte, hatte seine Stadt mit großem Pomp und Gefolge verlassen. Mitte August traf er im Heerlager des Khans ein. Aber Dschingis Khan war schon zu schwach, um ihn zu empfangen, und Schidurqo wurde für einen späteren Zeitpunkt bestellt.

Ein paar Tage darauf rief der Khan Tului zu sich und sagte:

»In T'ung-kuan sind die besten Truppen Honans stationiert, im Süden wird die Festung durch den Berg, im Norden durch den Gelben Fluß geschützt. Es ist kaum möglich, sie zu belagern. Du mußt deshalb von Südchina freien Durchzug für deine Truppen fordern. Obwohl sie zusammen mit den Tanguten gegen uns gekämpft haben, sind die Sung dem Regenten in Honan feindlich gesinnt und werden den Durchzug deiner Truppen gestatten. Wenn du von Süden kommst, wirst du kaum auf Widerstand in Honan stoßen, denn sie erwarten den Angriff von Nordwesten. Ohne große Verluste wirst du K'ai-feng-fu einnehmen, das seine besten Krieger nach T'ung-kuan geschickt hat. Wenn sie der Hauptstadt zu Hilfe eilen wollen, wird es zu spät sein, und du wirst die vom langen Marsch Erschöpften leicht besiegen.«

Der Große Noyan versprach seinem Vater, den Feldzug nach dessen Plan durchzuführen, und eroberte später tatsächlich auf diese Weise die chinesische Hauptstadt.

Den Generälen befahl Dschingis Khan, nach seinem Tode die Hauptstadt der Tanguten dem Erdboden gleichzumachen.

Dann dankte er seinem Diener Tolun Tscherbi, der ihn auf den Feldzügen in Westasien und China begleitet hatte, und schenkte ihm für seine treuen Dienste die Goldplatten, die der Tangutenkönig mitgebracht hatte.

Dschingis Khan starb am 24. August 1227.*
Sein Tod blieb lange geheim.

Erst als das große Heer der Krieger in Richtung Heimat aufgebrochen und mit seinen schwankenden Wagen in der Ferne verschwunden war, baute die Leibwache das Zelt des toten Khans ab.

Ein Zug des Schweigens begleitete den Wagen, auf den man die Leiche des großen Eroberers gebettet hatte. Schweigen blieb zurück, auch wenn der Zug vorüber war, denn alle Lebewesen, die in Sichtweite kamen, wurden niedergemetzelt. Marco Polo berichtet später:

»Wenn die sterblichen Überreste eines Mongolenkhans in die mongolische Heimat zurückgebracht werden, schlagen die Begleiter des Leichenzuges alles nieder, was ihnen entgegenkommt. Sie sagen dazu: ›Geh, und diene dem Khan in der anderen Welt.‹ Denn sie sind vom Teufel besessen und glauben, die Geister der Erschlagenen würden ihrem toten Herrscher im Jenseits dienen. Sie töten nicht nur die Menschen, sondern auch die Pferde, die sie auf der Straße schlachten, um sie dem Geist des Toten zu opfern. Als man den toten Großkhan Möngke, den Vorgänger und Bruder des heute regierenden Kubilai Khans, in die Mongolei zu seiner Begräbnisstätte brachte, töteten die Soldaten der kaiserlichen Eskorte zwanzigtausend Menschen auf diese Weise.«

Fast könnte man sagen, das Volk der Tanguten sei Dschingis Khan als Totenopfer dargebracht worden.

* Indem ich den Todestag Dschingis Khans mit dem 24. August 1227 angebe, folge ich der Datierung Dschamal Karschis. Der Bericht dieses Chronisten aus dem Jahre 1282 enthält auch sonst zuverlässige Daten, die mit anderen Quellen übereinstimmen. Djuweyni nennt den 18. August als Todestag, während Raschid ad-Din nur schreibt, der Leichenzug sei am 28. August in der Mongolei eingetroffen.

Der Tod des Herrschers wurde erst bekanntgegeben, nachdem der Leichenzug im Ordu Börtes zwischen Tola und Kerulen eingetroffen war, im alten Lager an der Eselskruppe beim See der Wildgänse.

Nach einer angemessenen Trauerzeit wurde Dschingis Khans Totenbahre auf den Burqan-qaldun oberhalb des Kerulentales getragen, wo man den Khan zur letzten Ruhe bettete.*

Djuzdjanis schreibt:

»Bei den Mongolen herrscht der Brauch, für den Verstorbenen eine unterirdische Kammer auszuheben, deren Größe je nach Rang und Stellung des Toten die Ausmaße eines Zimmers oder einer Halle erreichen kann. Sie errichten einen Thron darin und bedecken den Boden mit Teppichen, auf denen sie zahlreiche Gefäße aufstellen und Gebrauchsgegenstände sowie die Waffen und die persönliche Habe des Verstorbenen niederlegen. Auch Sklaven, männliche und weibliche, müssen in der Kammer Platz nehmen. Und nachdem man die Leiche auf den Thron gesetzt hat, wird das Grab in nächtlicher Stunde zugeschüttet und eine Pferdeherde darüber getrieben, damit alle Spuren verwischt werden.«

Der Perser Raschid ad-Din, der im 13. Jahrhundert eine Chronik der Mongolen schrieb, berichtet, daß in der Grabkammer Hülägüs, eines Enkels Dschingis Khans, große Mengen von Gold und Edelsteinen aufgehäuft wurden, als man ihn heimlich in der Nähe des Urmiasees im Iran bestattete. Und damit er sich im Tod nicht langweilte, gab man ihm seine festlich gekleideten Geliebten mit ins Grab.

Die Berichte über die Totenbräuche der Mongolen stimmen bei allen Chronisten überein. Man weiß, daß diese Riten weit über die Zeit der Mongolen hinaus bis in die Tage der Hunnen zurückreichen.

Als man Dschingis Khan, versehen mit allen erdenklichen

* Nach den persischen Quellen ist Dschingis Khan auf einer Ebene am Burqan-qaldun begraben worden, während das *Yüanshih*, die Geschichte des mongolischen Kaiserhauses in China, die Begräbnisstätte ins Tal des Kerulen verlegt.

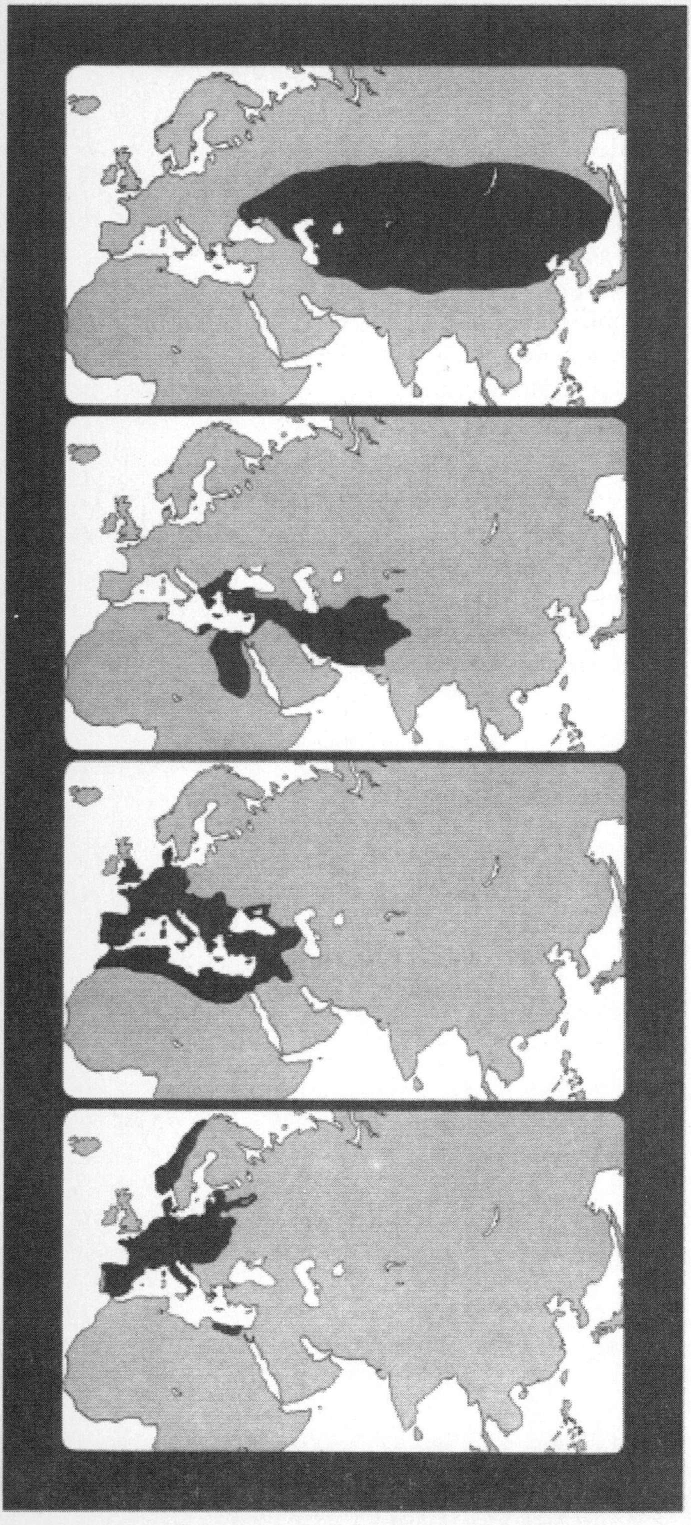

»Größenvergleich der Weltreiche« – von oben nach unten: Das Reich Dschingis Khans, Alexanders des Großen das Römische Reich zu seiner Glanzzeit und das Kaiserreich Napoleons. Wie man sieht, übertrifft der Herrschaftsbereich des mongolischen Eroberers an Ausdehnung alle übrigen Imperien.

Kostbarkeiten und den Geistern einer Vielzahl von Dienern, auf dem Gipfel des Burqan-qaldun beigesetzt hatte, wurde die Gegend in weitem Umkreis für »tabu« erklärt. Niemand durfte sich dem Berge nähern. Tausend Männer wurden zu Wächtern der heiligen Stätte bestellt und eigens zu diesem Dienst vom Heer abkommandiert. Der Wächterposten vererbte sich vom Vater auf den Sohn. Nach Dschingis Khan hat man noch mehrere seiner Nachkommen im oberen Tal des Kerulen bestattet, unter ihnen Tului, den Großen Noyan.

Dann aber keimten Samenkörner am verbotenen Ort, dichter Wald wuchs heran, bis nicht einmal mehr die Nachkommen der Wächter wußten, an welcher Stelle des Flußlaufs die Mongolenkhane begraben worden waren.

Und so schläft Temudschin der Eroberer, hoch überm Tal des Kerulen, an einsamer Stätte unter Kiefern und Zedern bis heute ungestört seinen letzten Schlaf.

Bibliographie

Alinge, Kurt, *Mongolische Gesetze*, Leipzig 1934 (Leipziger Rechtswissenschaftliche Studien, Heft 87).
Altunian, Georg, *Die Mongolen und ihre Eroberungen in kaukasischen Ländern im 13. Jahrhundert*, Berlin 1911.

Bar Hebraeus Gregorius, *Chronicum syriacum* (Entstehungszeit: 1285), hrsg. von Paul Bedjan, Paris 1890.
Barthold, Wilhelm, *Turkestan Down to the Mongol Invasion*, London 1928.
Brent, Peter, *Das Weltreich der Mongolen*, Bergisch Gladbach 1977.

Carpine, Giovanni del Piano di, *Geschichte der Mongolen* und *Reisebericht 1245–1247* (übers.: von Friedrich Risch), Leipzig 1930.
Croix, Petis de la, *Histoire du Grand Genghiscan*, Paris 1712.
Curtin, Jeremias, *The Mongols*, Boston 1908.

Djuweyni, Ala ad-Din, »Geschichte des Eroberers der Welt« (Entstehungszeit: 1260), übers. von J. A. Boyle, *The History of the World-Conqueror*, 2 Bde., Manchester 1958.
Djuzdjanis, *The Tabakat-i-Nasiri* (Erstveröffentlichung: Delhi 1260), übers. von Raverty, London 1881–97.

Grousset, René, *Le Conquerant du Monde*, Paris 1944.
–, *Die Steppenvölker. Attila – Dschingis Khan – Tamerlan*, München 1970.

Haenisch, Erich, *Die Geheime Geschichte der Mongolen ...*, erstmalig übers. und erl., Leipzig ²1948.
–, »Die letzten Feldzüge Tschinggis Chans und sein Tod«, in: *Asia major* IX, 3.
Herbst, Hermann, *Der Bericht des Franziskaners Wilhelm von Rubruck über seine Reise ...*, Leipzig 1925.
Howorth, H. H., *History of the Mongols from the 9th to the 19th Century*, 4 Bde., London 1876–88, 1927.

Ibn al-Athir, *Chronicon, quod perfectissimum inscribitur*, Bd. XII (der letzte des 1189/90–1230/31 entstandenen Werkes), hrsg. von Karl Johann Tornberg, Leiden 1853; Neudruck: Beirut 1966.
Ibn Battuta, »Reisen«, frz. Übers. von Charles Defrémery u. B. R. Sanguinetti, Paris ²1877; engl. Übers. hrsg. von Sir Hamilton Gibb, Cambridge 1958 (Bd. 1) und 1962 (Bd. 2).

Kraus, Willy (Hrsg.), *Afghanistan. Natur, Geschichte und Kultur, Staat, Gesellschaft und Wirtschaft*, Tübingen u. Basel 1972.
Krause, F. E. A., *Cingis Han. Die Geschichte seines Lebens nach den chinesischen Reichsannalen*, Heidelberg 1922.

Lamb, Harold, *Genghis Khan*, New York 1927.
Legg, Stuart, *Die ersten Reitervölker*, Tübingen 1971.
Li Chih-chang, »Bericht über die Reise des taoistischen Lehrers Ch'iu Ch'ou Ch'ang-ch'un«, übers. von Waley, *The Travels of an Alchemist*, London 1931.

Marco Polo, *The Description of the World* (in engl. Übers. wiederhergestellter Text), hrsg. von A. Ch. Moule u. Paul Pelliot, London 1938.

Nessawi, »Leben des Sultans« (Entstehungszeit: 1241), übers. von Houdas, *Histoire du Sultan Djelal ed-din Mankboirti*, Paris 1895.

Ohsson, A. G. M. d', *Histoire des Mongols*, 4 Bde., Haag u. Amsterdam 1834/5; Neudruck in Japan 1950.
Orlandi, Enzo (Hrsg.), *Dschingis Khan und seine Zeit*, Wiesbaden 1968.

Pelliot, Paul, »Histoire Secrète des Mongols«, in: *Journal Asiatique*, Paris 1920.
Prawdin, Michael, *Tschingis-Chan und sein Erbe*, Berlin 1934.

Raschid ad-Din, »Gesammelte Chroniken« (Entstehungszeit: 1310), übers. von Franz von Erdmann, *Temudschin der Unerschütterliche*, Leipzig 1862.

Sanang Setschen, *Geschichte der Ostmongolen und ihres Fürstenhauses* (1662), mongol. Text mit dt. Übers. hrsg. von I. J. Schmidt, St. Petersburg 1829.
Spuler, Bertold, *Geschichte der Mongolen. Dargestellt nach östlichen und europäischen Zeugnissen des 13. und 14. Jahrhunderts*, Zürich u. Stuttgart 1968.
–, *Die Mongolen in Iran. Politik, Verwaltung und Kultur der Ilchanzeit 1220–1350*, Berlin ³1968.

Trippett, Frank, *Die ersten Reitervölker*, Time-Life-International 1976.
Tucci, Guiseppe/Heissig, Walther, *Die Religionen Tibets und der Mongolei*, Stuttgart 1970 (Religionen der Menschheit 20).

Wladimirtsow, B. J., *The Life of Genghis-Khan*, Berlin 1922.
Wolf, O., *Geschichte der Mongolen und Tataren*, Breslau 1872.

Yule, E., *The Book of Sir Marco Polo*, 2 Bde., London 1921.

Bildquellennachweis (soweit nicht bereits in der entsprechenden Legende angegeben):

Grousset, René, *Die Steppenvölker. Attila – Dschingis Khan – Tamerlan*, München 1970: S. 14, 142, 276.
Kraus, Willy (Hrsg.), *Afghanistan. Natur, Geschichte und Kultur, Staat, Gesellschaft und Wirtschaft*, Tübingen u. Basel 1972: S. 222.

Personen- und Sachregister